“文化之都”建设与公共文化发展研究

陈 慰 著

国家图书馆出版社

图书在版编目（CIP）数据

“文化之都”建设与公共文化发展研究 / 陈慰著 . — 北京 : 国家图书馆出版社 , 2020.10

ISBN 978-7-5013-6906-5

Ⅰ . ①文… Ⅱ . ①陈… Ⅲ . ①公共管理—文化工作—研究—中国 Ⅳ . ① G123

中国版本图书馆 CIP 数据核字（2020）第 003065 号

书　　名 “文化之都”建设与公共文化发展研究
著　　者 陈　慰
责任编辑 王炳乾
封面设计 翁涌工作室

出版发行 国家图书馆出版社（北京市西城区文津街 7 号　100034）
（原书目文献出版社　北京图书馆出版社）
010-66114536　63802249　nlcpress@nlc.cn（邮购）
网　　址 http://www.nlcpress.com
排　　版 九章文化
印　　装 河北鲁汇荣彩印刷有限公司
版次印次 2020 年 10 月第 1 版　2020 年 10 月第 1 次印刷

开　　本 710 × 1000　1/16
印　　张 21.5
字　　数 330 千字

书　　号 ISBN 978-7-5013-6906-5
定　　价 80.00 元

本书系国家社科基金艺术学青年项目“文化和旅游公共服务深度融合机制、路径研究”（批准号：20CH192）成果之一

序

与1985年美国哈佛商学院教授特·莱维把“全球化”一词引入商业领域几乎同时，当时的“欧共体部长理事会”根据希腊文化部长美莲娜·梅尔库丽的提议，启动了第一批“欧洲文化之都”评选。这两件事跨大西洋同时发生，并非纯属巧合，而是另有历史机缘。

早在1948年，《关税与贸易总协定》（GATT）诞生，随后世界贸易快速增长，各国经济的交融度日益扩大，依存度日益加深，经济全球化在实践层面以明显快于理论创新的速度向前推进。在1948年到1985年的30多年中，世界贸易中关税壁垒逐步递减甚至消解，原先被忽视的非关税因素形成的贸易壁垒逐步显现。所谓非关税因素壁垒，其第一层面的形成原因，主要是特定世界贸易参与国的主权、法律及其政策制度与其他世界贸易参与国之间的矛盾。进一步深化世界贸易合作，就需要深层次化解国家主权与国际贸易合作的冲突，这在原有GATT框架中，难以找到完满的答案。

1973年，美国总统尼克松发起关贸总协定缔约国部长级会议，发表《东京回合宣言》。史称“东京回合”的谈判，首次向非关税壁垒发起冲击，在补贴和反补贴税、反倾销、技术性贸易、海关估价、进口许可证、政府采购、民用航空器等涉及参与国内部政策或其他参与享受“国民待遇”方面达成新的协议。但是此次会议仍属原有贸易框架的修补。到了1985年，全球化浪潮汹涌奔腾，以至于特·莱维在发表于《哈佛商业评论》的《市场全球化》一文中，以似乎随意而略显突兀的方式，说出了世界经济学界久经思索的话语。全球化浪潮也把世界经济贸易体制逼到了变革的临界点。就在此后的1986年，在乌拉圭的埃斯特角城，史上历时最长、涉及最广、规模最大的关贸总协定部长级“乌拉圭回合”谈判启动，谈判于1994年4月在摩洛哥的马拉喀什结束，谈判重要成果之一是世界贸易组织的建立，这标志着世界多边贸易体制的真正确立。

从上述梳理中，我们不难发现，1985年是世界经济史进程跨越到全球化阶段具有标志意义的年份。经济贸易领域全球化强大的推动力，也同步引发了文化这一更为深层次领域的国际性、区域性乃至世界范围的波澜。1985年同时也是世界文化史中，在经济全球化背景下，国际文化交流与合作深化的重要年份，欧盟举行首批“欧洲文化之都”评选便是这一年度的标志性历史事件。

从欧盟启动“欧洲文化之都”评选之日算起，之后的30年间，“文化之都”建设从欧洲扩展到阿拉伯国家，1995年阿拉伯国家联盟启动了“阿拉伯文化之都”评选；继而扩展到美洲，2000年，南美诸国启动了“美洲文化之都”；2001年，分布广泛的伊斯兰合作组织国家启动了“伊斯兰文化之都”评选；2004年，联合国教科文组织启动了“创意城市网络”评选；2010年，东南亚国家联盟启动了“东盟文化城市”评选；2013年，中日韩三国启动“东亚文化之都”评选；2015年，南亚区域合作联盟国家启动“南亚区域联盟文化之都”评选；同年，以西语葡语为母语的伊比利亚美洲国家也启动了“伊比利亚美洲文化之都”评选。在这一时期，英国、意大利、土耳其、立陶宛等国家，也在国内开展了“文化之都”评选。“文化之都”评选无疑成为这一时期普遍性的世界文化潮流。

经济全球化在实践推进了35年之后，激发了经济领域的学术热议。如今“文化之都”建设实践恰好也走过了35年历程，陈慰博士《“文化之都”建设与公共文化发展研究》，正是在这一历史时间点上准时出现的一本学术著作。可以预料，其后一段时间，有望引发国内外文化领域的学术关注。

“文化之都”建设，落点为城市，行动在区域，影响在世界，方式为评选。以评选方式确定“文化之都”，体现为相互联结的两个方面：一是同一国家、区域或国际性“联盟”内城市文化的多样性呈现。2001年11月联合国教科文组织《世界文化多样性宣言》指出，“文化多样性是交流、革新和创作的源泉，对人类来讲就像生物多样性对维持生物平衡那样必不可少”。“文化多样性增加了每个人的选择机会；它是发展的源泉之一，它不仅是促进经济增长的因素，而且还是享有令人满意的智力、情感、道德精神生活的手段”。在开放的时代，特别是全球化不断向纵深发展的大背景中，城市文化的多样性及其呈现，越来越变得与不同国家、民族的文化多样性同样重要。二是具有一定价值一致性的区域或国际性“联盟”对于本区域或“联盟”内城市文化建设的价值引导。2005年10月，联合国教科文组织通过的《保护和促进文化表现形式多样性公约》指出，“文化多样性不仅体现在人类文化遗产通过丰富多彩的文化表现形式来表达、弘扬和传承的多种方式，也体现在借助各种方式和技术进行的艺术创造、生产、传播、销售和消费的多种方式。文化多样性是人类社会的基本特征，也是人类文明进步的重要动力”。世界各大区域相继推出“文化之都”评选，或许正是出于加强对域内城市文化引导，从而激发其创新创造动能的考虑和设计。

《“文化之都”建设与公共文化发展研究》的作者，对“文化之都”概念的演进、建设的必要性和意义进行了较为深入的挖掘，并且兼顾了多样性呈现以及价值引导功能的分析。以此为基点，进而对“文化之都”进行了颇具首创性的分类，划分为“城市复兴型”“文创带动型”“增进互信型”“促进和谐型”。如此分类，与联合国教科文组织关于保护文化多样性的指引完全契合，也与各类区域性国家“联盟”及相关国际组织推动“文化之都”建设的动议十分贴合。作者对于相关理论、观点的学术查询也值得一提，由于此前系统性理论研究成果的缺乏，作者把参考的视野扩展到“文化软实力”“城市规划”“文化传播”“文化创意”“公共文化”等领域，以便在较为广阔的国际学术视野下逐步聚焦，避免了因视野狭窄而带来武断立论的学术风险。

作者从“文化之都”切入，把研究的重心聚焦于“文化之都”建设与公共文化服务发展的关系层面，对于这一点需要提及作者导师睿智的指导和安排。作者导师李国新先生，既是北京大学信息管理系知名教授，同时也是文化和旅游部国家公共文化服务体系专家委员会主任委员。“‘文化之都’建设与公共文化服务发展研究”这一选题，把中国当下快速推进的“现代公共文化服务体系”与“文化之都”建设这一世界文化潮流无缝联结起来。这一联结，又在“文化之都”建设的各种案例中得到了全面确证，无论是在“欧洲文化之都”还是“东亚文化之都”，无论是在英国的格拉斯哥、韩国的济州，还是在中国的长沙和宁波，文艺创作、公民文化权益保障、城市物质和非物质文化遗产保护、城市文化产品和服务供给、城市富有个性的风貌构筑和文化氛围或生态的营造等，皆为城市决策者、管理者需要深思和勉力为之的“公共文化”。而巧妙的是，从“公共文化”反观“文化之都”，则又有利于“文化之都”建设找到正确的路径和方法。

这部基于博士论文而形成的学术著作，不仅有较强的历史感和一定深度的学术性，其更为突出的特点还表现在具有对“文化之都”建设领域进一步探索、推动创新发展的实践性。书中特别提及该项研究与时下已经得到国际广泛认同的“一带一路”倡议的关系，“文化之都”建设汇入“一带一路”，从不具有明显利益冲突的“公共文化”着手，加强“一带一路”沿线城市的文化交流与合作，推动“一带一路”城市间文化艺术、文化旅游、非物质文化遗产、民间人文以及民众文化权益保障和实现方式等交流互动。对于这些方面存在的广阔发展前景的讨论虽尚未充分展开，但这些关注与思考是此著作已隐含的重要学术贡献。

巫志南

2019年4月9日

目　录

图目录

表目录

第一章 引 言

第一节 研究缘起

当大家兴致勃勃地讨论下一个“东亚文化之都”会由哪个城市当选时，有几个问题总是被反复提出：什么是“东亚文化之都”？为什么要发起“东亚文化之都”评选？

随着我国经济社会持续高速发展和国际地位、国际影响力的不断提升，我国城市越来越积极地参与各类国际性城市文化品牌的评选活动，愈加重视各种以文化为主题的国际性城市交流活动。其中，“东亚文化之都”作为首个由我国参与发起并持续推进的国际性文化城市评选品牌，在国内外产生了一定影响力，吸引了中日韩三国众多城市参与。迄今为止，连续五届“东亚文化之都”的评选，已逐渐形成我国以公共文化发展为主要内容、以“文化之都”建设为平台、向世界展现我国城市文化建设成就的独特模式。

“文化之都”建设具有十分鲜明的载体、平台特点。长期以来，国内外城市参与“文化之都”评选，出发点总是期望最终受益的是城市文化的长远、可持续发展，最终保障的是公众的基本文化权益。唯有如此，所谓“文化之都”才不会沦为一个流于形式、止于设想的概念，才能建成名副其实、与众有益的“文化之都”。笔者近年来十分关注“东亚文化之都”“欧洲文化之都”等各类“文化之都”建设，关注“文化之都”建设在城市发展中所起到的功能与作用，并在相关知识积累、样本观察中发现，各类“文化之都”城市具有十分突出的共同点，即均非常注重公共文化的发展。基于这一现象，本书设想，“文化之都”建设过程中对公共文化的普遍重视是偶然还是必然？如果是必然的，其中就有基本轨迹可寻，就可找出内在规律。追寻、考察其中的内在规律，不能立足于“孤证”，而是需要在对世界上目前正在开展的、有一定影响力的、已取得一定成效的“文化之都”城市的研究中取得广泛印证，需要在“文化之都”视野下，具体考察“文化之都”评选机制是否具有普遍带动当选城市公共文化发展的关键要素。进而言之，研究并掌握这一规律，对于指导、推动和提升我国的“文化之都”建设，从而能够在世界范围内的各类“文化之都”建设中发挥引领作用，具有重要的现实意义和深远的历史意义。这既是本书的出发点，也是归宿点。

第二节　研究意义

一、梳理“文化之都”建设中公共文化发展的理念与实践

本书对“文化之都”建设中公共文化发展的梳理主要集中在设施、资源、服务、管理等方面。一般而言，“文化之都”城市的公共文化建设情况普遍处于国内或国际领先水平。在“文化之都”当选城市中，既有希腊雅典、法国巴黎、卢森堡、爱尔兰都柏林、比利时布鲁塞尔、西班牙马德里等一国的首都，有奥地利格拉茨、英国利物浦、德国埃森鲁尔、丹麦奥胡斯等城市化进程中转型发展成效显著的城市，也有瑞典于默奥、法国阿维尼翁、匈牙利佩奇、葡萄牙吉马良斯等传统中小型城市。公共文化的相关内容是申请、评选“文化之都”的关键性因素，是“文化之都”建设的重要内容：城市大型公共文化设施，如公共图书馆、博物馆、文化馆、美术馆、纪念馆等，为“文化之都”建设提供场地、空间和资源支持；分布在市民身边的社区文化中心，为“文化之都”建设提供便捷的参与和共享渠道；历史建筑、文化产业园区以及地区性节庆活动等，为“文化之都”城市文化交流和展示搭建公共平台；文化政策、文化经费投入，为“文化之都”建设提供了强有力的保障。

二、总结“文化之都”带动公共文化发展的主要经验

“文化之都”本身就是一个展示文化多样性的国际平台，不同的文化背景使得“文化之都”城市的发展模式和途径各不相同。本书聚焦“文化之都”建设中公共文化的发展，旨在通过对其做法、成效和问题的分析，梳理“文化之都”公共文化发展的关键要素和普遍经验，分析“文化之都”不同的发展路径和模式，以“他山之石”为推进我国“文化之都”的可持续发展，尤其是公共文化的创新带来启示。

实践表明，“文化之都”当选城市在公共文化发展建设上率先迈出了步伐：在公共文化基础条件方面，“文化之都”城市普遍拥有较好的公共文化基础设施和服务水平，并且在一定地区内具有较强的国际交流和互动能力；在公共文化运行机制方面，形成较为完整和成熟的模式，市场、民间组织和公众参与文化事务的能力较强；“文化之都”建设，又进一步带动了公共文化服务体系的完善，特别是提升了国际化水平。因此，本书在总结规律的基础上，无论是从理论研究层面，还是从实际层面对未来如何完善、提升、创新我国“文化之都”建设和公共文化发展，都具有一定指导意义。

三、探索“东亚文化之都”实现可持续发展的路径

本书希望通过对“文化之都”推进公共文化设施建设、改进公共文化资源和服务供给、促进公共文化国际合作与交流以及“文化之都”建设中对公共文化的评估等方面的分析研究，从理论中发掘“文化之都”建设推动公共文化发展的共性和内在规律，并重点通过对“文化之都”城市公共文化建设的典型案例分析，对公共文化设施、资源供给、经费保障、人才队伍、效能评估等方面的做法进行归纳总结，从实践中梳理、总结出“文化之都”公共文化发展的经验、成效、问题和挑战，为我国“东亚文化之都”的可持续发展以及未来可能开展的“一带一路文化之都”“金砖国家文化之都”的建设提供国际经验借鉴。这些可以为增强我国城市文化影响

力、提升国家文化软实力以及形成“文化之都”建设中具有世界意义的“中国方案”提供理论思考、研究支撑和实践启发。

四、为我国公共文化扩大国际合作与交流提供经验借鉴

随着国际文化交流合作的繁荣开展，公共文化的国际交流合作也有了较大提升。2017年3月1日正式实施的《中华人民共和国公共文化服务保障法》明确提出“国家鼓励和支持在公共文化服务领域开展国际合作与交流”，将公共文化服务领域开展国际合作与交流的方针政策法律化。本书以“文化之都”为切入点，探索如何以“文化之都”为平台，构建与现代化、城市化、国际化“文化之都”相匹配的公共文化服务。可以肯定的是，我国城市应继续努力在“文化之都”城市交流中获得更多话语权，通过推动我国优秀文化走出去，在国际舞台上展示我国文化创造力，增强文化自信；通过引进国外优秀的文化活动成果，活跃和丰富国内城市的文化建设。因此，本书对未来进一步开展公共文化领域的国际合作与交流，提供了可资借鉴的经验参考和相关理论研究。这也对未来丰富、完善我国多层次对外文化交流格局，具有一定意义。

第三节　研究现状

一、国外相关研究

关于“文化之都”的国外文献来源，目前主要为各“文化之都”官方网站公布的相关评估报告、建设规划以及来自权威英文数据库[①]中关于“文化之都”的相关学术研究论文。国外关于“文化之都”建设的各类文献资料较多聚焦于“欧洲文化之都”，其他区域性国际“文化之都”则散

① 英文数据库主要包括：Emerald数据库、EBSCO学术期刊集成全文库（Academic Search Premier）、ProQuest学术期刊图书馆（ProQuest Research Library）、Elsevier学术数据库（Elsevier Science）以及“欧洲数字图书馆”（Europeana）等。

见于论文、媒体报道之中。

在第一个“文化之都”——“欧洲文化之都”（European Capital of Culture）发展至今的三十多年历程中，国外关于“欧洲文化之都”的相关研究、文献资料可谓最为丰富、翔实。从欧盟官方于2013年公布的1985年至2012年间关于“欧洲文化之都”文献资料普查的总体情况来看[①]：欧盟关于“欧洲文化之都”的总体文献资料（政策文件、城市资料、评估报告、学术研究等）从2006年开始逐渐增多。一定程度上说明，随着经济社会发展、全球一体化进程的加快以及世界各国关于文化对城市发展重要性认识的提升，“欧洲文化之都”受到的关注度开始提升。并且，在欧盟的众多文献资料中，英国工业城市格拉斯哥（1990）和利物浦（2008）、芬兰首都赫尔辛基（2000）、法国历史文化名城里尔（2004）、德国埃森鲁尔（2010）等“文化之都”城市积累的相关资料数量较多（图1-1）。

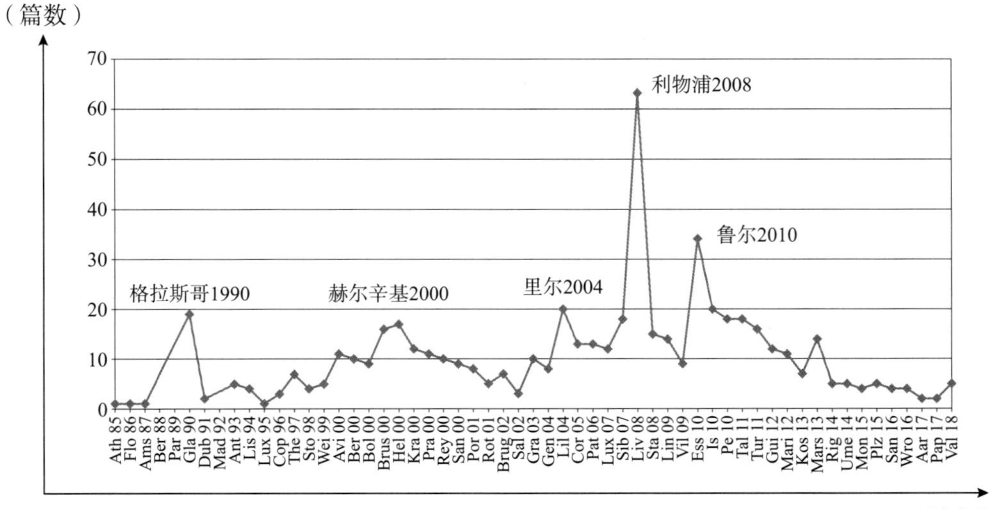

图1-1　欧盟关于“欧洲文化之都”当选城市各类型文献篇数[②]

①② European Capitals of Culture: success strategies and long-term effects [EB/OL]. [2017-05-08]. http://www.europarl.europa.eu/RegData/etudes/etudes/join/2013/513985/IPOL-CULT_ET (2013) 513985_EN.pdf.

1.关于“文化之都”促进城市文化建设带动城市复兴的研究

从20世纪80年代开始，“文化之都”作为城市发展建设的新形态，开始逐步得到学界的关注。根据欧盟官方对“欧洲文化之都”的阶段性总结评估报告，“欧洲文化之都”的连续举办不同程度地推动了很多欧洲城市的发展，并可归结为以下几个方面：改善城市文化基础设施和服务，如希腊萨洛尼卡（1997年）、意大利博洛尼亚（2000年）、荷兰鹿特丹（2001年）、意大利热那亚（2004年）；推进全社会在文化领域的参与度，如法国里尔（2004年）、葡萄牙波尔图（2001年）、奥地利格拉茨（2003年）；促进城市发展成为旅游目的地，如德国魏玛（1999年）、意大利博洛尼亚（2000年）、西班牙圣地亚哥德孔波（2000年）、罗马尼亚锡比乌（2007年）；促进文化产业的长期持续发展，如比利时布鲁塞尔（2000年）、瑞典斯德哥尔摩（1998年）、丹麦哥本哈根（1996年）、芬兰赫尔辛基（2000年）；展示作为国家和地区文化中心城市的显著地位，如捷克布拉格（2000年）、冰岛雷克雅未克（2000年）、挪威卑尔根（2000年）、波兰克拉科夫（2000年）[①]。

卡洛斯·巴尔萨斯（Carlos Balsas）（2004）认为，“一直寻求发展突破的葡萄牙后工业城市波尔图利用当选2001年‘欧洲文化之都’这一契机，实现了城市中心老旧城区的复兴，其关键就是政府对文化建设的重视和投入，特别是对城市文化基础设施的修缮、维护和升级”[②]。同样，也正是得益于当选2004年“欧洲文化之都”，法国里尔开始实现了城市的转型升级和飞速发展。对此，劳伦特·德雷安诺（Laurent Dreano）等（2012）表示“正是‘欧洲文化之都’的建设，使文化成为里尔城市建设的核心，成为维系社会关系、保持经济发展活力的关键因素”[③]。此外，以埃森鲁尔为代表的欧洲后工业时代城市如格拉斯哥、利物浦，通过“欧洲文化之都”建设的契机，将更多文化方面的内容注入城市公共空间中，逐渐形成

---

① Report on European cities and capitals of culture [EB/OL]. [2017-01-08]. https://ec.europa.eu/programmes/creative-europe/document-library/capitals-culture-palmer-report_en.

② Balsas C. City centre regeneration in the context of the 2001 European Capital of Culture in Porto, Portugal [J]. Local Economy, 2004 (4): 396-410.

③ Dreano L, Jean M E. European Capital of Culture in 2004: creative Lille [J]. Urban Planning International, 2012 (3): 17-24.

许多欧洲其他同类城市转型发展的路径。格拉斯哥甚至在当时被认为是"第一个发现文化艺术对城市复兴之价值的英国城市"①。拉尔夫·埃伯特（Ralf Ebert）等（2007）认为"虽然整个发展建设和转型过程漫长，但终究是有效地促进了欧洲城市社会、经济结构和城市空间的共同发展"。弗朗哥·比安基尼（Franco Bianchini）在对格拉斯哥、利物浦、法兰克福等欧洲大中型城市的研究中发现，"不可否认，城市大型文化艺术活动所兴建的众多'旗舰'（flagship）文化设施，在这些城市的空间意象塑造和城市整体形象改善方面起到了重要作用"。

2.关于"文化之都"增强城市文化认同的研究

"文化之都"的逐年开展为区域性国际组织构建文化认同起到了很大作用。早在1989年，斯康纳尔（Scannell）就指出"这些文化项目使所有的欧洲人产生一种持久的'集体感'，并在'欧洲公民'的潜意识中树立了一个以多元共存为特征的欧洲整体形象，将分散的、完全不同的民众联结起来，形成一种全体欧洲民众共享的文化，一种全新的共同政治和文化生活"②。汉斯·克莱恩斯特博（Hans Kleinsteuber）（2007）指出"此类欧洲大规模文化项目的开展，是在大众层面上对欧洲经验与记忆、传统与价值的反映，有利于一种欧洲文化认同的形成"，"'欧洲文化之都'设立的初衷是为了欧盟创造一种共有的、值得向往的'社会理想'，突出欧洲的文化特色"③。萨拉·高金（Sarah Goggin）（2009）认为对于曾经一度遭遇"合法性危机"（legitimation crisis）的欧盟来说，"'欧洲文化之都'作为一项文化政策来推行则很好地将东欧和西欧、新欧洲和旧欧洲联系到了一起，进而强化'欧洲身份'认同感，巩固了社会和谐"④。当然，在文化认同方面，其他"文化

---

① 埃伯特，纳德，昆斯曼著；刘佳燕，译.鲁尔区的文化与创意产业［J］.国际城市规划，2007（3）：41-46.

② Scannell P. Public service broadcasting and modern public life [J]. Media, Culture and Society. 1989 (2):138.

③ Kleinsteuber H. Europa als Kommunikationsraum [M]. Opladen: Leske Budrich, 1994.

④ Goggin S. The European Capital of Culture: the politics of a becoming Europe [D]. Los Angeles: University of California, 2009.

之都”也有异曲同工之妙。阿里·阿贝尔·萨达（Ali Abel Sadah）（2013）认为“历经了多年战乱的阿拉伯和伊斯兰国家正需要在文化上取得国际社会的认同，特别是巴格达、耶路撒冷、大马士革、突尼斯等城市，尤为需要改善和提升国际形象，但一直以来这些国家和地区并没有显著的、有突出影响力的国际文化交流活动”①。因此，对于许多国家和地区而言，以“文化之都”的方式来塑造城市文化形象的意义和作用就不言而喻。

3.关于“文化之都”管理运行的研究

国外学者关于“文化之都”管理运作的研究主要集中在“欧洲文化之都”。路易斯·艾贾德·汉森（Louise Ejgod Hansen）（2008）以当年正在筹备申请的丹麦城市奥胡斯为案例，指出奥胡斯市在“欧洲文化之都”建设中存在项目管理方面的风险和难度，并认为“‘利益相关者’管理方式应与地方政府文化部门和城市各类文化艺术机构之间紧密配合”②。奥图·胡德（Oto Hudec）和彼得·祖卡（Peter Dzupka）（2016）以2013年斯洛伐克“文化之都”当选城市科希策为研究案例，指出尽管城市在申请和筹备“欧洲文化之都”过程中主要会遇到文化经费、城市经济和城市空间等问题，但“‘欧洲文化之都’评选的开展关键在于体现‘文化引领城市复兴’这一理念，核心要素在于需要发动年轻组织者、企业和欧洲各国文化艺术相关机构的共同参与”③。

4.关于“文化之都”建设效能评估的研究

在“文化之都”建设中，当属“欧洲文化之都”最早实行评估。因此，其评估的全面性、体系化程度相对较高，研究资料也较丰富。就“欧洲文化之都”的整体运行效能评估方面，欧盟先后发布了《欧洲文化之

① Sadah A A. Iraqi debate over Baghdad as Arab Cultural Capital [EB/OL]. (2013-11-06) [2017-03-09]. http://www.al-monitor.com/pulse/originals/2013/11/iraq-baghdad-arab-culture-capital-debate.html.

② Hansen L E. From applicant to designated European Capital of Culture [J]. International Journal of Managing Projects in Business, 2008 (8):715-731.

③ Hudec O, Dzupka P. Culture-led regeneration through the young generation: Košice as the European Capital of Culture [J]. European Urban and Regional Studies. 2016 (23):531-538.

都研究报告》(*Report on European Cities and Capitals of Culture*)、《欧洲文化之都发展二十五周年欧盟委员会总结报告》(*Summary of the European Commission Conference Celebrating 25 Years of European Capitals of Culture*)以及《欧洲文化之都：成功战略和长期影响》(*European Capitals of Cultures: Success Strategies and Long-term Effects*)等阶段性官方评估报告。其中，欧盟与第三方评估机构帕尔默/雷协会(Palmer/Rae Association)2004年共同发布的《欧洲文化之都研究报告》结合了“欧洲文化之都”当选城市的具体案例，对1985年至2004年“欧洲文化之都”的发展进程、任务、文化项目等内容进行评估。该报告指出，在“欧洲文化之都”二十多年的发展历程中，在城市文化设施建设、文化活动开展、媒体报道、经济效益、社会效益、文化旅游发展、成功经验、远期效果等指标上总体取得了相当大的成功[①]。2010年3月欧盟委员会发布的《欧洲文化之都发展二十五周年欧盟委员会总结报告》指出，“欧洲文化之都”在过去25年的发展中显示出了强大的力量，成为欧洲城市文化发展的重要品牌，提出了要继续坚持对“欧洲文化之都”长远影响力的评估，并主要是通过总结已举办城市的经验，为未来的申办城市提供参考，从而提升“欧洲文化之都”的建设质量[②]。欧盟2013年发布的《欧洲文化之都：成功战略和长期影响》对“欧洲文化之都”的发展历史、遴选过程、项目开展、中长期效果、挑战和机遇、对策和建设进行了分析，并强调对“欧洲文化之都”的评估和分析要有数据、指标方面的支撑，建议成立数据库，对城市文化、旅游、教育等一系列体现成效的关键性指标进行搜集、整理、公开[③]。

在城市层面，随着“欧洲文化之都”建设机制的不断完善，当选城市

---

① Report on European Cities and Capitals of Culture [EB/OL]. [2017-01-08]. https://ec.europa.eu/programmes/ creative-europe/document-library/capitals-culture-palmer-report_en.

② Summary of the European Commission Conference celebrating 25 years of European Capitals of Culture [EB/OL]. (2010-03-23) [2017-01-08]. https://ec.europa.eu/programmes/creative-europe/sites/creative-europe/files/library/capitals-culture-25-years-conclusions_en.pdf.

③ European Capitals of Cultures: success strategies and long-term effects [EB/OL]. [2017-01-08]. http://www.europarl. europa.eu/RegData/etudes/etudes/join/2013/513985/IPOL-CULT_ET (2013) 513985_EN.pdf.

也在欧盟的统一要求下开展了事后自我评估（Ex-post Evaluation）。2008年，利物浦市政府联合利物浦大学、利物浦约翰摩尔斯大学和西北文化研究院联合撰写《2008影响力：利物浦模式》（*Impacts 08: The Liverpool Model*）分析报告。作为首个当选城市的自评估报告，该报告确立了“欧洲文化之都”当选城市的综合评估样板，从经济、旅游、市民参与、城市形象、城市文化活力等方面评估了利物浦在当选“欧洲文化之都”前后5年的发展变化[①]。图尔库大学开展了针对2011年“欧洲文化之都”芬兰图尔库的评估项目“ARVIO2011”，分两个阶段（2010—2012年和2013—2016年）对图尔库当选“欧洲文化之都”前后的情况进行分析，认为当选“欧洲文化之都”扩大了图尔库的知名度，促进了旅游产业的发展，并在当选年结束后的多年，对图尔库的影响依旧深远，为图尔库文化发展带来长久的推动力[②]。

目前，除“欧洲文化之都”外，有关其他“文化之都”的评估实践和相关研究较少，一些总结性的论述也多散见于相关材料和新闻报道中。这也是“文化之都”研究在未来发展中需要逐步建立并完善的内容之一。

5.关于“文化之都”跨文化合作与交流的研究

科连德（Cogliandro）（2001）认为“欧洲文化之都”赋予一座城市的“思想、精神和创意”具有很强的吸引力，“正是这种其他城市所不具有的‘气质’让文化、艺术、人类遗产实现了集聚和交流”[③]。在科连德等学者看来，文化的多元发展成为了促进“欧洲文化之都”乃至整个区域的文化交流的“动力”[④]。欧克卡（Ochocka）等（2000）也认同正是当选城市与众不同的城市“文化气质”促进了文化的多元化发展[⑤]。三十多年来，“文

① Impacts 08: The Liverpool Model [EB/OL]. [2017-01-08]. http://www.beatrizgarcia.net/?portfolio=impacts-08-the-liverpool-model.

② The Turku 2011 evaluation programme final report [EB/OL]. [2017-03-10]. http://www.utu.fi/fi/Ajankohtaista/Uutiset/Documents/arvio2011.pdf.

③④ Cogliandro G. European Cities of Culture for the Year 2000—a wealth of urban cultures celebrating the turn of the century [M]. Brussels: European Commission, 2001.

⑤ Ochocka A, Ruszar J, Stacz D, et al. Events Krakow 2000 [M]. Krakow: Krakow 2000 Festival Bureau, 2000:38-60.

化之都"所形成的影响辐射和带动示范效应早已经超过区域性国际经济组织所覆盖的地域范围本身，它朝着国际化、跨文化的发展方向迈进。伍德（Wood）（2000）认为，跨文化城市的政府会运用各种政策和活动，鼓励不同文化背景的民众更广泛交流和融合，而一座城市的信任度高、社会凝聚力强，对民众和投资商才会更具吸引力[①]。

二、国内相关研究

本书以"欧洲文化之都""阿拉伯文化之都""美洲文化之都""伊斯兰文化之都""东盟文化城市"和"东亚文化之都"为检索词以全文、主题、篇名、关键词为限定条件在国内主要中文数据库中进行了检索[②]。排除无关文献并去重后，检得涉及"东亚文化之都"的论文16篇、"欧洲文化之都"的论文11篇（表1-1）。但在对"阿拉伯文化之都""美洲文化之都""伊斯兰文化之都""东盟文化城市"进行检索后发现，国内关于"阿拉伯文化之都"等"文化之都"的专门性学术研究论文寥寥无几，相关媒体报道篇数也较少。

表1-1　国内关于"东亚文化之都"和"欧洲文化之都"的论文发表数量

论文类型	主　题	
	东亚文化之都	欧洲文化之都
博士论文	0	0
硕士论文	1	1
期刊论文	15	10
合　计	16	11

① Wood P. Intercultural cities: towards a model for intercultural integration [M]. Strasbourg: Council of Europe, 2010:17.

② 国内主要中文数据库包括：CALIS联合书目数据库、超星数字图书馆（汇雅电子书）、方正Apabi数字图书馆、CNKI中国知网全文数据库、中文科技期刊数据库（维普全文电子期刊）、万方学位论文数据库、中文社会科学引文索引等。检索日期：2017年5月1日。

1.关于“文化之都”以文化大事件带动城市发展的研究

“文化之都”评选的逐年开展是带动城市文化发展的一种新模式，也是城市文化可持续发展的一种转型策略。在国内外众多城市复兴的实践中，不同形式的文化事件正日益成为城市营销和重新树立形象的重要方式。唐纳德·盖茨（Donald Getz）将“事先经过策划的事件”总结为八种类型，分别为“文化庆典、文化娱乐、商贸会展、私人事件、体育赛事、教育科学、休闲事件和政治事件”①。方丹青等（2017）以“欧洲文化之都”为研究对象，探讨其对城市再生的触媒作用，并以英国利物浦为重点，论证“以‘欧洲文化之都’为典型的城市文化大事件能够改善物质环境、增强文化供给能力、带动旅游和文化创意产业、提升城市形象”②。对于“欧洲文化之都”给城市带来的促进作用，姚子刚（2016）从文化事件营造扩散效应的角度进行分析，认为“文化事件已经成为推动城市复兴的强力引擎和重要载体，文化事件的组织已经成为推动城市复兴的重要途径”③。薛芃（2014）从城市复兴的角度指出，“‘欧洲文化之都’这一大型城市文化事件，由不同规模、不同类型的文化活动构成，从主题到持续的时间都具有一定灵活性，使之具有了极强的适应性和可塑性，为城市公共空间的复兴提供了可能”④。

国内更多的学者从个别当选城市的角度剖析“文化之都”建设之于城市的深刻意义和影响。董奇、戴晓玲（2007）以英国格拉斯哥当选1990年“欧洲文化之都”为典型，认为“在新技术的迅猛发展下，格拉斯哥这座西方传统工业城市是文化发展策略更新、实现原有文化和历史内涵再利用的成功典范，通过保护、改善文化设施，满足了格拉斯哥城市文化的新

---

① Getz D. Event management & event tourism [M]. New York: Cognizant Communication Corporation, 1997.

② 方丹青，陈可石，陈楠.以文化大事件为触媒的城市再生模式初探——“欧洲文化之都”的实践和启示［J］.国际城市规划，2017（2）：101-107.

③ 姚子刚.城市复兴的文化创意策略［M］.南京：东南大学出版社，2016：163.

④ 薛芃.事件驱动的城市公共空间复兴策略初探——以德国埃森为例［D］.北京：清华大学，2014.

需求，从而实现城市竞争力的提升”[①]。张兴国、周挺（2011）指出“‘欧洲文化之都’是德国埃森鲁尔旧工业区转型的新路径，通过当选2010年‘欧洲文化之都’这一契机，更多文化内容被注入鲁尔旧工业区，用文化解决区域内发展的许多深层次的问题和矛盾”[②]。戴艺璇（2015）以“东亚文化之都”泉州为研究对象，认为泉州在开展这种全市性的重大文化项目过程中，借鉴了“欧洲文化之都”的成功经验，“发挥政府部门、社会团体和社会大众的力量，以文化为核心资源和发展要义，运用历史文化遗产，策划提升城市文化发展空间，塑造城市文化品位和格调，并以此为契机进一步推动城市的成功转型和长远发展”[③]。不可否认，以文化大事件作为触媒的城市发展策略在实践中已显现出积极的作用。当然，方丹青等学者（2017）同时也客观指出，并非所有期望以文化大事件为触媒的城市，在此之后都能取得理想的预期效果，这有赖于一系列实施策略的相互配合；对于那些成功的城市案例，其城市发展的长期性也需进一步观察[④]。

2.关于“文化之都”推动区域文化交流、构筑文化认同的研究

文化认同是欧洲一体化中一个重要的概念，影响和制约着欧洲一体化的整体进展。王欢（2006）认为，“发起‘欧洲文化之都’的根本目的在于通过文化交流与合作建构超越民族的欧洲文化，使欧洲发展为一个更加紧密的统一体”，“欧洲一系列文化项目和计划提出的总目标都与一体化紧密相关，是重要的意识形态手段”[⑤]。宿琴（2012）认为这些大规模的文化政策得到欧盟机构的配套资助，是对欧洲公民在思想上解决文化障碍的潜移默化的教育，通过文化合作促进不同国家文化之间的交流对话，增进文化人员的跨国流动，带动艺术作品和文化产品的跨国流通，其目的是使民

---

① 董奇，戴晓玲.英国“文化引导”型城市更新政策的时间与反思［J］.城市规划，2007（4）:61-62.

② 张兴国，周挺.2010年欧洲文化之都活动——德国埃森鲁尔旧工业区转型新路径［J］.新建筑论坛，2011（4）:108-111.

③ 戴艺璇.泉州市建设“东亚文化之都”的文化政策研究［D］.泉州：华侨大学，2015:34-35.

④ 方丹青，陈可石，陈楠.以文化大事件为触媒的城市再生模式初探——“欧洲文化之都”的实践和启示［J］.国际城市规划，2017（2）:101-107.

⑤ 王欢.欧洲一体化进程中的欧洲认同探析［D］.兰州：兰州大学，2006.

众树立“欧洲公民”意识[①]。在东亚地区，中国、韩国、日本、越南等国的文化有着明显的共性。顾丽姝（2009）指出，“以儒家文化为中心的中日韩三国被视为一个东亚文化共同体，在东亚一体化进程中，东亚各国逐渐意识到东亚文化是区域一体化的重要基石，东亚文化开始在东亚一体化进程中扮演越来越重要的角色”[②]。杨保筠（2014）从国际关系和外交战略的角度认为，这种同源文化的共性可以促进东亚国家和民族之间的相互了解和沟通，增强彼此间的联系，更有助于东亚合作的发展；反之，则会对东亚地区的和谐稳定产生不利的影响[③]。马先玉（2015）认为“东亚文化之都”使中、日、韩之间的文化经贸交流合作有了牢固的精神纽带和感情基础；他在肯定了“东亚文化之都”促进三国经贸合作成效时也指出，目前三国间文化经贸交流存在着诸如民间文化交流不够深入、文化贸易发展不够平衡、文化产业互植程度较低、文化旅游产业发展差距较大等不足[④]。

3.关于“文化之都”带动文化及相关产业研究

在“文化之都”建设过程中，公共文化的发展能不同程度地促进文化、旅游等相关产业的发展，使产业与事业形成良性互动。研究表明，公共文化与文化产业在“文化之都”建设过程中呈现相得益彰的效果。杨灿荣（2015）以泉州为例，认为公共文化服务体系的不断完善带动了泉州“东亚文化之都”招商项目的全面铺开推介，实现了公共文化与产业文化之间、传统文化与现代文化之间的联动整合[⑤]。公共文化建设既通过公共设施的完善，为文化内容的普遍共享提供平台，又通过内在文化内容的综合性展示及市民的公共性消费来提升市域的人文素养。吕拉昌、黄茹（2013）认为，文化产业与城市经济形成了良性互动：一方面，良好的经济基础为

① 宿琴.多元维持与共识建构：欧盟文化政策研究［M］.北京：中国政法大学出版社，2012：169-177.

② 顾丽姝.东亚文化对东亚一体化的影响［J］.云南民族大学学报，2009（6）：69-73.

③ 杨保筠.进一步夯实中国与东盟战略合作伙伴关系的基础［J］.中国国际战略评论，2014（7）：150-159.

④ 马先玉.“东亚文化之都”间文化经贸交流合作与发展研究［J］.厦门特区党校学报，2015（2）：55-59.

⑤ 杨灿荣.“东亚文化之都”建设与泉州文化资源整合［J］.福建论坛（人文社会科学版），2015（3）：162-165.

文化产业的发展提供了平台和物质基础；另一方面，文化产业化又为经济的发展提供了精神动力和智力支持。文化产业和城市经济相辅相成，二者是一种相互促进的关系[①]。

不少学者还聚焦“文化之都”建设对旅游业的促进和带动作用。王春雷、赵中华（2010）指出“举办大型文化活动成为城市旅游业获得再发展的有效途径，城市大型节庆活动被广泛作为促进旅游业发展的方式之一，毕竟大型文化活动为当地居民和游客提供了重要的参与机会和文娱休闲渠道”[②]。黄鹤（2006）认为“这些大型活动的举办对于城市而言意味着城市面貌的改善，旅游经济的发展，城市知名度与地位的提高以及更多投资与人才的集聚”[③]。我国首座“东亚文化之都”泉州，就将其旅游发展策略定位为“东亚文化之都、旅游休闲胜地”，以“海上丝绸之路”的起点城市和“东亚文化之都”称号的获得为平台，为泉州塑造良好城市形象、提升城市综合竞争力提供了良好契机[④]。梁良等（2015）认为当选“东亚文化之都”“使泉州拥有较高的旅游城市整体形象，是旅游竞争力的重要条件之一，也是城市吸引游客的重要资源之一，其带动效应非常深远”[⑤]。周建标（2015）指出，“泉州应该通过‘东亚文化之都’，选择社区文化旅游一体化发展模式，全方位调动社区居民广泛参与打造‘东亚文化之都’旅游目的地，提高泉州知名度和影响力，同时在与韩国光州、日本横滨的互动中交流合作、传承保护和创新发展，形成东亚文化认同，打造‘东亚文化精神’”[⑥]。

---

① 吕拉昌，黄茹.世界大都市的文化与发展［M］.广州：华南理工大学出版社，2013：93.

② 王春雷，赵中华.2009中国节庆产业发展年度报告［M］.天津：天津大学出版社，2010：47.

③ 黄鹤.文化政策主导下的城市更新——西方城市运用文化资源促进城市发展的相关经验和启示［J］.国际城市规划，2006（21）：34-39.

④ 沈晓敏，贾玉祥.基于城市形象塑造视角提升泉州市竞争力对策探析［J］.对外经贸，2016（10）：72-73.

⑤ 梁良，杨诗源，王中山.泉州“东亚文化之都”旅游形象感知调查与形象提升研究［J］.科技经济市场，2015（2）：157-159.

⑥ 周建标.泉州建设东亚文化之都发展文化旅游业的路径选择［J］.湖南工程学院学报（社会科学版），2015（3）：11-22.

4.关于"文化之都"促进公共文化建设研究

国内许多研究均从不同角度认识到申请和创建"文化之都"是对城市公共文化资源进行整合和实现高效利用的过程，进而使"文化之都"的品牌效应在城市文化建设中发挥更大功效。"文化之都"对于公共文化所起到的作用依据不同城市背景和发展状况而异，既有促进快速扩张式建设的增量作用，又有基本公共文化服务体系建设完成后对现有存量的优化作用。杨永清（2015）认为，泉州作为首届"东亚文化之都"，拥有强有力的地域文化辐射能力，应在社区教育方面大力挖掘和利用"东亚文化之都"带来的城市文化资源，使"文化之都"经济社会实现全面发展[①]。周松峰（2014）认为在"东亚文化之都"中，泉州通过"东亚文化之都"这一契机带动了全域文化资源的联动，拓展了惠及民生的公共文化服务。他认为，"泉州作为文化大市，文化建设主要依托于丰富的历史文化资源，而文化资源决定着文化都市建设发展的形态与方向，在'东亚文化之都'建设过程中，泉州以宽广的文化视域联动、梳理、整合与提升所有的文化资源，并形成一种合力来造就具有特定内涵的都市文化"[②]。

国内已有许多研究对公共文化在"文化之都"建设过程中所起到的积极作用予以肯定和认同。瞿世镜（2004）在《国际大都市文化竞争力比较》一文中指出，"公共文化""文化设施"都是一座国际大都市文化发展的重要因素[③]。赵德兴、陈友华等人（2006）把包括各种文化设施在内的城市文化事业作为城市文化竞争力的主要指标[④]。万林艳（2006）认为，在城市国际化建设过程中，"公共文化通过一系列公共性、集体性的精神文化活动，使人们在思维方式、行为模式、道德规范、文化价值观念和审美取向

① 杨永清.基于东亚文化之都背景下泉州社区教育发展策略[J].江西科技大学学报,2015(2):102-107.

② 周松峰.在"东亚文化之都"建设中的文化资源价值及其全域联动提升路径[J].中外企业家,2014(29).10-15.

③ 瞿世镜.国际大都市文化竞争力比较[J].上海行政学院学报,2004(6):88-97.

④ 赵德兴,陈友华,等.城市文化竞争力指标体系研究[J].南京社会科学,2006(6):20-25.

等方面逐渐形成较一致的文化认同”[①]。刘瑾（2015）认为，“许多公共文化服务内容的文化共享指标是城市文化发展的绩效，是城市文化竞争力不可或缺的部分”[②]。高梦楚（2014）分析了公共图书馆在“欧洲文化之都”建设中所起到的三个作用：一是作为“欧洲文化之都”的重要建设者，参与了城市竞选、举办和后期评估等不同工作环节；二是作为城市文化活动中心，图书馆是“欧洲文化之都”中各种公益性活动的主要举办场所和文化阵地；三是作为“欧洲文化之都”工程的文化信息纽带，为“欧洲文化之都”提供了文化信息资源保存，并开展了相关参考咨询、科研服务，促进文化资源的流动、文化信息的传播和文化活动范围的扩大[③]。

5.关于“文化之都”之间的比较借鉴研究

一是国内外“文化之都”建设的整体性比较。齐镭（2012）将“欧洲文化之都”与我国的“历史文化名城”进行了一些成效和做法上的比较，认为“欧洲文化之都”建设可持续的关键在于注重文化共享和机会平等，注重权衡活动的竞争性与公益性；相比之下，我国的“历史文化名城”更加偏向于传统保护，对城市整体发展的带动力度稍显不足[④]。齐镭认为，应当借鉴“欧洲文化之都”的成功经验，提高“历史文化名城”的品牌影响力，并配套制定标准，对城市人文精神和非物质文化给予更多关注。此外，高梦楚（2014）将“东亚文化之都”和“欧洲文化之都”进行了比较，认为二者的相同之处在于目的上都是为了传达城市发展的文化诉求，形式上都采用文化活动贯穿全年集中展示的方式，文化规划上都做到了全面与重点突出相结合；而不同之处在于二者的发展阶段不同，“东亚文化之都”在申请、遴选、资金投入、评估等方面与“欧洲文化之都”尚存在一定差距[⑤]。

二是中日韩三国在推进“文化之都”建设的具体工作和成效上的对比。叶惠珍（2015）对“东亚文化之都”中日韩三国首届当选城市（泉州、

① 万林艳.公共文化及其在当代中国的发展[J].中国人民大学学报,2006(1):98-103.

② 刘瑾.首都文化竞争力研究[M].北京:中国社会科学出版社,2015:106-107.

③ 高梦楚.欧洲文化之都发展与图书馆建设[D].北京:北京大学,2014.

④ 齐镭.由“欧洲文化之都”展开的思考[J].中国旅游报,2012(7):1-2.

⑤ 高梦楚.欧洲文化之都发展与图书馆建设[D].北京:北京大学,2014:64-65.

光州、横滨）的英文官网进行了网站质量指数WQI① 比较，分析对象包括英文官网的设计、网站内容、信息构架、易获得性、网站排名、网站推广、品牌塑造、话语分析、交互性、移动终端适用性等。叶惠珍认为，泉州英文官网除了在“话语分析”指标中“表现优秀”之外，在其他所有指标上都逊色于光州和横滨的英文官网。因此，面对在“东亚文化之都”官网建设方面的差距，叶慧珍认为，“中国的‘东亚文化之都’应重视并进一步优化英文官网质量，加强对外话语体系建设，提高文化竞争力，为传播中华文化搭建有效的网络话语平台，提高中华文化的国际竞争力”②。

三、国内外研究述评

综合以上文献资料，“文化之都”建设对城市文化发展的作用和影响已经得到了一定重视，国内外学者们开始从不同角度将其与城市发展的方方面面联系起来，并取得了许多有价值的研究成果，这对本书的选题和进一步研究起到了很好的启迪作用。总的来看，本书认为，目前国内外对“文化之都”的研究呈现出以下几个特点：

一是实践案例分析多，理论研究少。从“欧洲文化之都”开始，“文化之都”已历经了三十多年的发展，但目前国内外学者针对“文化之都”城市文化建设的研究多集中和围绕部分当选城市开展个案研究，对“文化之都”发展的系统梳理概括和综合性理论分析较欠缺。并且，受学科和资料积累的限制，研究落后于实践。

二是“欧洲文化之都”和“东亚文化之都”受关注多，其他“文化之都”相对较少。虽然国内围绕“东亚文化之都”“欧洲文化之都”等“文

① WQI（Web Quality Index）指网站质量指数，该分析指数由西班牙学者Fernandez Cavia于2014年提出，具体包括，网站首页、网站内容、信息构架、可用性与可获得性、网站排名、城市营销、多语种、品牌塑造、话语分析、交互性、社交网络、移动终端适用性等12个一级指标，每个指标又分别下设多个二级指标。

② 叶惠珍.文化竞争视域中的亚洲城市英文官网建设研究——对中日韩“东亚文化之都”英文网的WQI比较分析[J].宁夏大学学报（人文社会科学版），2015（4）：166-171.

化之都”有过不少事实性的阐述和事件报道，其中也不乏一些真知灼见，国内近年来对“东亚文化之都”和“欧洲文化之都”的关注较多，相应的报道和研究也相对丰富，但对“阿拉伯文化之都”“伊斯兰文化之都”“美洲文化之都”“东盟文化城市”等其他“文化之都”的关注则明显偏少。而“东亚文化之都”相较“欧洲文化之都”所受的国际关注度方面，也有较大差距。虽然近年来“东亚文化之都”在国内受到了一定关注，但国外鲜有对“东亚文化之都”开展的专门研究。“东亚文化之都”所受的国际关注度远低于“欧洲文化之都”。

三是关注城市转型发展的分析多，以公共文化为视角切入的少。目前，国内外学者均更倾向于将“欧洲文化之都”和“东亚文化之都”作为带动城市转型发展机制来阐述“文化之都”产生的背景和发展建设概况，以“文化之都”当选作为城市复兴的有效工具和成功范式来解剖“文化之都”带来的综合效应。“文化之都”研究虽是综合性的，但其研究核心应立足文化，因为“文化之都”设立的宗旨就决定了这种综合性的城市文化现象与公共文化建设存在内在的、本质的耦合关系。但目前尚缺乏公共文化视角的更全面、深入分析，这也为本书提供了更多的学术空间。

第四节　研究思路和章节内容

一、研究思路

首先，本书需要回答什么是“文化之都”？本书在基于“欧洲文化之都”“阿拉伯文化之都”“伊斯兰文化之都”“东盟文化城市”“东亚文化之都”等“文化之都”兴起的趋势和多年来发展中体现出的特征，分析“文化之都”的类型、现状、发展阶段以及它与相关概念的差异。这是本书首先要明确和界定的内容。

其次，本书对“文化之都”建设视野下公共文化发展进行了理论梳理。当然，可以肯定的是，能够获得“文化之都”称号的城市，总是拥有比本地区、本国其他同级别城市更加完善的公共文化设施网络、公共文化资源供给和服务体系、公共文化国际交流的基础和渠道。即便在申请时未能达到一定水准，通过创建，也在原有基础上实现了进一步发展。

同时，本书将对国内外“文化之都”在公共文化设施建设、资源和服务供给、文化交流合作等方面的主要做法、经验、一般规律进行梳理，从国内外城市中发现更多普遍规律、新颖做法和显著成效。

最后，在前述经验、做法的基础之上，本书将分析我国推进“文化之都”建设的特殊意义及公共文化发展的战略方位作为本书的“落脚点”。将国内外已有经验运用于由我国发起和参与的中日韩“东亚文化之都”以及未来有可能开展的“文化之都”建设上，提出我国推进“文化之都”公共文化创新发展的路径。

二、章节内容

第一章为绪论，主要说明本书的缘起，阐述本书的目的、意义、方法和主要内容。

第二章对“文化之都”进行了界定和相关概念辨析，对“文化之都”发展的不同阶段进行了划分，对发展现状和发展类型进行了梳理，对“文化之都”主要的评审和遴选机制进行了描述。

第三章是“文化之都”视阈中公共文化发展的相关理论梳理，从城市定位与规划、公共管理、城市竞争力与交流、大型城市活动、城市空间、城市资源开发与创意等角度，分析“文化之都”建设是如何带动公共文化发展的、又如何以公共文化发展为“文化之都”提供支撑并撬动整个城市文化建设的。

第四章研究了“文化之都”建设推进公共文化设施建设的实践，分析了“文化之都”与公共文化在设施建设需求上的契合性。“文化之都”实现了重大公共文化设施建设水准的提升、公共文化设施总量的扩大以及老旧城市文化空间的激活和再利用。

第五章研究了“文化之都”建设改进公共文化资源和提升服务供给的实践，分析了“文化之都”与公共文化在资源和服务供给上的相互带动。“文化之都”增加了城市的文化资源总量，优化了文化资源结构，扩大了资源的开放程度，提升了公共文化服务供给质量。

第六章研究了“文化之都”建设促进公共文化国际交流合作的实践，分析了“文化之都”与公共文化在国际交流上的相互协同性。“文化之都”通过将公共文化国际交流与特定国际战略或重大国际项目结合、应用数字网络技术手段提升“文化之都”公共文化国际传播能力等途径，不断提升公共文化国际化水平。

第七章研究了“文化之都”建设中对公共文化的评估，并以“欧洲文化之都”和“创意城市网络”为典型，分析了“文化之都”的评估方式以及“文化之都”评估中对公共文化维度逐步聚焦的过程。在格拉斯哥、利物浦、格拉茨、林茨、锡比乌、泉州等“文化之都”城市的数据支撑下，论证公共文化在带动城市发展所发挥的重要作用。

第八章是本书的“落脚点”，探讨了我国“文化之都”未来发展及公共文化创新发展的路径。在分析了我国推进“文化之都”建设的特殊性和重要意义的前提下，从明确定位、构建核心指标、提升国际交流、扩大社会力量参与等方面创新我国“东亚文化之都”公共文化的未来发展，提出我国未来构建“一带一路文化之都”和“金砖国家文化之都”的设想。

第五节 研究方法及创新点

一、研究方法

一是实地调研。在撰写本书过程中，笔者跟随北京大学国家现代公共文化研究中心调研组对泉州、青岛、宁波、长沙、哈尔滨这五座我国“东亚文化之都”当选城市进行了调研。走访了泉州市开元寺、泉州海外交通史博物馆、泉州源和1916创意产业园、长沙市博物馆、长沙市城市规划馆、湖南雨花非遗馆等“东亚文化之都”当选城市代表性公共文化设施，了解其开展的重要活动。对当选城市公共文化服务体系建设情况和“东亚文化之都”当选年活动开展情况有较为直观的感受，也为本书获得了大量一手资料和前沿信息。

二是场景观察。笔者在撰写本书的过程中还积极参与“文化之都”相关活动，如2017年12月在宁波召开的“东亚文化之都”工作会议、2017年8月在北京举行的“2018年东亚文化之都评选终审”以及2017年11月14日在上海举行的“东亚文化之都与欧洲文化之都合作论坛”等会议，不断跟踪、了解“文化之都”发展的最新动态。

三是深度访谈。在调研期间，笔者与国内“东亚文化之都”城市的文广新局、文都办、市城乡规划局、市旅游局、市住建局等部门的主要负责人和相关工作人员就本市“东亚文化之都”建设进行了座谈交流，也就中日韩“文化之都”发展运行现状、存在问题、国外“文化之都”建设情况、未来发展等进行了座谈交流。在“东亚文化之都与欧洲文化之都合作论坛”会议召开期间，笔者还同与会的欧盟“欧洲文化之都”评审专家、部分“欧洲文化之都”当选城市市长和相关人员进行了交流。

四是案例研究。笔者通过对国内外相关数据库、网站、专著、媒体报道等文献调研，对“欧洲文化之都”“东亚文化之都”“东盟文化城市”等“文化之都”建设的主要情况进行整理和搜集，集中关注典型“文化之都”城市在公共文化设施建设、服务供给、文化交流和评估评价等方面的做法，对“文化之都”公共文化发展的相关经验进行梳理、提炼。

五是综合比较。作为研究对象，“文化之都”涉及了众多不同类型、不同发展水平的城市和地区，覆盖范围广，情况复杂。本书通过城市间大量的横向和纵向比较，进行信息的归纳、总结，探索“文化之都”建设中公共文化发展的主要特点和普遍做法，发现客观规律，从而提升研究的有效性和针对性。

二、研究创新点

一是选题创新。在现阶段，对“文化之都”的研究明显滞后于“文化之都”的建设实践。本书以“文化之都”为切入点，重点聚焦公共文化发展，力求在“文化之都”的建设机制及其与城市公共文化的关联和互动中，找出二者之间的规律和共同点，为实践中运用这一机制加速城市现代公共文化服务体系建设提供借鉴。

二是框架创新。本书把相关理论用于“文化之都”建设与公共文化发展的分析中，建构了一个具有较大包容性的研究框架，对公共文化发展与城市文化规划、公共管理、城市竞争与交流、城市大型事件、城市空间与资源、文化和创意产业等领域在“文化之都”这一文化现象中的紧密联系进行分析。在总结提炼的基础上，适当兼顾个案分析，力求避免局部性、片面性观察可能产生的理论偏差，为日后进一步研究打下基础。

三是实现了对重点问题的突破。本书在对大量“文化之都”文献资料的收集和整理之上，界定了“文化之都”的概念，辨析了相关概念，梳理了“文化之都”演进历程，划分了“文化之都”主要类型，提出了我国推进“文化之都”城市公共文化发展的路径、建设的核心指标，对未来我国的“文化之都”建设进行了展望。

第六节　研究难点

一是国内外关于“公共文化”概念的差异。“公共文化”是十分有中国特色的一个概念，国外没有与国内“公共文化”完全对应的概念。因此，本书所研究的“文化之都”公共文化主要是指由政府主导、社会力量参与的、为满足社会的共同需要而形成的文化形态。相对于文化产业而言，公共文化重点保障的是社会全体公众的基本文化权益。但是，不同国家对“公共文化”的界定和理解取决于它们的政治制度和意识形态，因此，本书在对国外的“公共文化”进行研究和分析时，不可避免地会与文化产业、公共艺术、文化遗产、艺术管理、文化旅游等方面存在一定交叉。

二是研究对象范围分布较广。“文化之都”的建设不是静止的，这就决定了对“文化之都”的研究过程是历时性的、跨地域的，是一个逐步深入、蔓延的动态发展过程。“文化之都”分布在世界各地，城市数量多、范围广、时间跨度大，且国家之间国情、政体均不尽相同。同时，随着“文化之都”建设的逐年开展，“文化之都”城市不仅在数量上会继续增多，研究的范围和视角也需要不断深入。

而以上两点就形成了第三个难点，由于没有相对统一的指标体系，研究中出现数据公开性差、统计数据不全、统计口径不一致等问题，从一定程度上增加了本书的研究难度。

第二章 “文化之都”的概念、演进及类型

第一节 “文化之都”的概念界定

“文化之都”是指在“欧洲文化之都”“东亚文化之都”等此类评选和建设中产生并得到认可的城市。“文化之都”评选大多在地域、民族、历史、文化、语言等方面有密切联系的国家和地区之间开展，以城市为场域，以促进文化发展、实现文化合作和交流为直接目的，并以贯穿全年、带动全城的活动方式，激发当选城市的文化活力。在实践中，“文化之都”建设显现出有利于彰显文化传统、活化文化空间、增进文化融合、提升区域共识、优化社会环境的特点，加速了城市文化潜在资源向现实优势的转变，丰富了城市公共文化产品和服务的供给，成为促进城市公共文化发展、推动社会进步的重要力量①。近30年来，“文化之都”建设能够持续发展、不断深入，与其创建城市文化品牌、改善城市文化服务、带动城市综合发展、促进整个区域文化交流合作和创新发展的内在动因是分不开的。

经过多年的实践，“文化之都”建设为当选城市带来了一系列积极的影响。20世纪90年代美国学者维恩·奥图（Wayne Attoe）提出的“城市触媒”理论认为，“促使城市结果发生持续的、渐进的再生，最重要的是要有一个能够刺激和引导一系列后续发展的要素”②。“文化之都”建设通过文化艺术交流和传播，促进了城市文化建设，提升了城市国际化形象，与

---

① 陈慰.从功能城市到文化城市：“欧洲文化之都”公共文化建设研究［J］.山东大学学报(哲学社会科学版)，2017(5)：72–83.

② Watson D, Plattus A J, Shibley R G. Time-saver standards for urban design [M]. Shibley: McGraw-Hill, 2003:50–88.

城市固有的公共文化发展相得益彰。国内外一些学者在对类似于“文化之都”评选这种大型城市文化建设的相关研究中指出，它们的举办所带来的积极影响可主要概括为以下四点：

> 一是改善公共文化基础设施，夯实文化发展基础；二是催生文艺精品，提高文化生产力；三是促进公共服务体系建设，创新服务方式，让高雅艺术进社区，群艺精品进殿堂；四是优化城市形象，增强国际竞争软实力。①

“文化之都”是全球化和文化多样性在城市发展方面博弈的必然结果，并正在以网络化趋势发展。从1985年最早评选的“欧洲文化之都”至今，越来越多的国家和地区从“文化之都”建设中获得了实际的收获，扩大了影响，改善了城市文化环境，提升了城市形象，增加了城市文化氛围，为城市文化发展注入了新活力②。部分城市在成为“欧洲文化之都”之后，还相继成为“欧洲体育之城”“世界图书之都”，加入联合国教科文组织的“创意城市网络”，成为“文学之都”“设计之都”“音乐之都”等（表2-1）。一方面，这说明，越来越多的城市从“文化之都”这种城市评选中获得了实实在在的益处；另一方面，这也说明，“文化之都”作为一个综合性的城市发展机制，其所发挥的功能、传递的意义以及对城市发展的影响力远远超出了“文化”的一般范畴，体现出了其在全球化竞争和城市化进程中对城市发展的引领带动作用。

表2-1　1985—2017年部分“文化之都”城市所获的国际性城市头衔

城　市	所获头衔
雅　典	1985年欧洲文化之都、1997年欧洲文化之都、2018年世界图书之都
阿姆斯特丹	1987年欧洲文化之都、2008年世界图书之都

---

① “第九届中国艺术节对区域文化建设作用研究”课题组.中国艺术节对区域文化建设作用的分析报告：以第九届中国艺术节为例［J］.福建论坛，2010（10）：50-55.

② 李亚娟.现代城市治理与城市文化建设研究［M］.上海：上海人民出版社，2015：47.

续表

城　市	所获头衔
柏　林	1988年欧洲文化之都、2005年创意城市网络设计之都
格拉斯哥	1990年欧洲文化之都、2003年欧洲体育之都、2008年创意城市网络音乐之都
都柏林	1991年欧洲文化之都、2010年创意城市网络文学之都
马德里	1992年欧洲文化之都、2001年世界图书之都
安特卫普	1993年欧洲文化之都、2004年世界图书之都
里斯本	1994年欧洲文化之都、1994年伊比利亚美洲文化之都
沙　迦	1998年阿拉伯文化之都、2014年伊斯兰文化之都、2015年阿拉伯旅游之都、2019年世界图书之都
博洛尼亚	2000年欧洲文化之都、2006年创意城市网络音乐之都
雷克雅未克	2000年欧洲文化之都、2011年创意城市网络文学之都
克拉科夫	2000年欧洲文化之都、2013年创意城市网络文学之都
布拉格	2000年欧洲文化之都、2014年创意城市网络文学之都
赫尔辛基	2000年欧洲文化之都、2014年创意城市网络设计之都
卑尔根	2000年欧洲文化之都、2015年创意城市网络美食之都
格拉茨	2003年欧洲文化之都、2011年创意城市网络设计之都
利物浦	2008年欧洲文化之都、2015年创意城市网络音乐之都
林　茨	2009年欧洲文化之都、2014年创意城市网络媒体艺术之都
伊斯坦布尔	2010年欧洲文化之都、2012年欧洲体育之都
新加坡	2012—2013年东盟文化城市、2015年创意城市网络设计之都
弗罗茨瓦夫	2016年欧洲文化之都、2016年世界图书之都
长　沙	2017年东亚文化之都、2017年创意城市网络媒体艺术之都

注：作者根据“欧洲文化之都”“创意城市网络”“世界图书之都”等官方网站整理而成。

第二节 “文化之都”与相关概念辨析

一、世界城市

世界城市，又称全球城市（Global City），是指在政治、经济、社会、文化层面直接影响全球事务的城市，是国际城市的高端形态，是城市国际化水平的高端标志。这一概念最初由帕特里克·格迪斯（Patrick Geddes）于1915年提出。1966年，彼得·霍尔（Peter Hall）将“世界城市”解释为“对全世界或大多数国家发生全球性经济、政治、文化影响的国际第一流大都市”[①]。20世纪80年代以来，作为一种特殊的城市类型，世界城市成为越来越多学者关注的对象。世界城市重在强调城市是在世界范围内对资源和生产要素配置具有关键作用，尤其是产业发展、金融、品牌等领域的影响力和组织能力是世界性的、全球性的，对所在国家和地区的发展具有重大贡献，如伦敦、纽约、东京、巴黎、香港、新加坡等城市[②]。萨斯基亚·萨森（Saskia Sasen）（1991）曾制定了一套评价标准来作为确定某一城市世界重要性的标杆——通过确定世界不同区域最大经济体，即通过将国内生产总值按购买力平价排序的方式进行遴选[③]。

“文化之都”与“世界城市”在性质和内容上有一定交叉，但“文化之都”是更综合全面的城市建设机制。从城市规模上，当选城市并不都是世界城市或国际大都市，更多的是需要发展、亟待复兴的中小型城市、新兴城市，如鲁尔、图尔库、利物浦、奥胡斯、帕福斯、瓦莱塔、圣塞瓦斯蒂安等。从影响力上，世界城市强调城市的组织能力对全球产生的影响，而“文化之都”城市的影响力正在培育，并逐步向世界城市的目标靠近。如果以纽约、巴黎、东京、伦敦等世界城市的角度和指标去衡量，大部分“文化之都”城市无论是从经济体量还是文化发展水平等，离“世界城市”还相差甚远，但作为“文化之都”，它们对本国、本地区的影响力、辐射力、带动力都远远大于国内同级别的其他城市，未来也拥有更广阔的发展空间。

---

① 李文丽.论彼得·霍尔的世界城市理论[D].上海：上海师范大学，2014：6.

② The world according to GaWC 2016 [EB/OL]. [2017-05-10]. http://www.lboro.ac.uk/gawc/world2016t.html.

③ [英]欧文斯著；黄昌勇，侯卉娟译.世界城市文化报告[M].上海：同济大学出版社，2013：105-106.

二、文化年

李志斐、于海峰（2007）等将“文化年”的定义归纳为“是服务于国家整体外交战略的一种外交形式，是国家之间为了推动文化交流而开展的一项周期性活动”[①②]。王青璇等（2017）认为它是“国家根据对外关系的整体工作格局与部署，在双边国家约定的特定时间和特定区域内，以文化表现形式为载体，以人们喜闻乐见、易于接受的丰富的文化表现形式为手段来开展的国家或国家间的公关活动”[③④⑤]。以我国为例，早在2003年至2005年，中国与法国互办文化年；从2006年开始，中俄“国家年”、中印“文化年”、德国汉堡“中国文化节”、意大利罗马“中国文化节”等陆续拉开帷幕[⑥]。陈留俊（2015）在研究中发现，我国的“文化年”活动时间或长或短，地点覆盖面或大或小，名称也各不相同，各类文化节、艺术节、文化年、文化季和文化周等数量近200个[⑦]。

“文化之都”与“文化年”之间在文化对外交流上有着较为相近的功能和意义，但是二者的出发点和目的均有所不同：“文化年”被视为一种新型的文化传播和国家形象提升方式[⑧]，主要以文化活动的形式，加强海外华人的交流学习，增强民族凝聚力，增强外国友人对中国文化的认同。而“文化之都”以城市为载体，以文化的长期建设为主要方式，是特定主题的国际文化交流发展平台，更侧重于通过城市的文化建设实现以文兴城、以城会“友”的目的。“文化之都”在提升城市综合发展水平、建设更优质文化环境和氛围的同时，拓展其国际影响力。

---

①⑥ 李志斐，于海峰.试论“中国文化年”现象[J].理论界，2007(2):109-111.

②⑦ 陈留俊.海外中国文化年与中国国家形象的传播[D].上海:上海社会科学院，2015.

③ 王青璇.文化外交视阈下中外文化年活动的价值探析[J].今传媒，2017(7):65-66.

④ 宋冰.中国文化年，让世界感受中国魅力[N].人民日报海外版，2007-11-23(1).

⑤ 刘文俭.城市文化国际交流的路径与合作方式研究[J].理论学习，2010(7):17-20.

⑧ 中华人民共和国文化部网站[EB/OL].[2017-09-26]. http://www.mcprc.gov.cn.

三、历史文化名城

历史文化名城是由我国政府为保存文物特别丰富、具有重大历史价值或者纪念意义且正在延续使用的城市而进行的命名，是我国为保护城市文化、扩大影响力而采取的一种保护性机制，主要侧重于体现城市大量的历史文化资源和悠久的城市历史，其初衷是从保护文化遗产的角度设立的一项措施。我国历史文化名城按照特点分为“历史古都型”“传统风貌型”“一般史迹型”“风景名胜型”“地域特色型”“近代史迹型”和“特殊职能型”七大类。至2017年7月16日，国务院已将133座城市列为历史文化名城，并对这些城市的文化遗迹进行了重点保护。

从功能和内容上看，城市的历史文化遗产保护是“文化之都”建设所覆盖的内容和所要实现的城市文化功能的一部分。但除了历史文化，“文化之都”的建设还覆盖了城市各类单体文化设施和综合性文化设施，兼及文化景观、文化线路、文化空间等，是一个更加综合、全面的城市文化发展的概念。“文化之都”建设不仅限于城市的历史，突出城市固有的历史文脉和得天独厚的资源，而是更加整体性地强调文化建设在一座城市发展过程中的重要性。现实的、历史的成果都可以成为“文化之都”的文化表达，这就与单纯侧重于历史文化的发展模式不尽相同。许多“文化之都”城市并没有上千年的发展历史，但却在“文化之都”的带动下，形成了拥有特定时代内涵的、更符合城市个性的城市文化。

四、全国文明城市

全国文明城市是一个反映我国城市整体文明水平的综合性荣誉称号，是对城市政治、经济、文化、社会以及生态建设“五位一体”的全方位考核。全国文明城市由中央精神文明建设指导委员会命名，是目前国内城市综合类评比中的最高荣誉，也是最具价值的城市品牌。被授予“全国文明城市”称号的城市是在全面建设小康社会中市民整体素质和城市文明程度较高的城市。

全国文明城市的评选始于2005年9月，测评周期为三年，测评标准中对城市文化环境、文化服务、文化设施等方面有具体要求。全国文明城市虽然也是以城市为创建单位，但与“文化之都”城市文化的整体性建设还存在显著区别。与“文化之都”相比较，文明城市主要是国内城市间的遴选，重在关注城市建设的各项综合指标是否达标；而“文化之都”建设更加侧重城市文化建设方面的内容，既有对文化建设的基本要求，又有在国际交流等方面的高水准要求。但总的来说，在我国，文明城市为“文化之都”建设奠定了十分重要的政治、经济、社会和人文环境基础，夯实了“文化之都”城市建设的整体水平，如2015年“东亚文化之都”青岛市和2016年“东亚文化之都”宁波市，于2005年10月被评为第一届“全国文明城市”，2014年“东亚文化之都”泉州市于2015年2月被评为第四届“全国文明城市”，2017年“东亚文化之都”长沙市于2011年12月被评为第三届“全国文明城市”，2018年“东亚文化之都”哈尔滨市于2015年2月被评为第四届“全国文明城市”。“文化之都”城市将在“全国文明城市”的基础上，向文化建设的更高水准和方向发展。

五、国家公共文化服务体系示范区

国家公共文化服务体系示范区是指能够结合当地实际，坚持公益性、基本性、均等性、便利性以及满足群众基本文化需求的基础上，形成了网络健全、结构合理、发展均衡、运行有效、惠及全民的公共文化服务体系的能够提供实践示范和制度建设经验的地区。国家公共文化服务体系示范区是我国文化部、财政部于2012年联合启动的一项战略性文化惠民项目，其重点是围绕加快构建现代公共文化服务体系，以创新为引领，结合示范区创建实践，探索建立公共文化服务体系可持续发展的长效保障机制，为所在省（区、市）乃至全国探索路径，积累经验，提供示范。至2019年6月，全国已有90个城市（区）获得“国家公共文化服务体系示范区”称号，有29个城市（区）正在创建第四批“国家公共文化服务体系示范区”。

“文化之都”建设与国家公共文化服务体系示范区建设在理念、目的、成效方面存在高度一致和契合性，均以文化服务的普遍均等、惠及全民为目标。二者在建设过程中，围绕提高市民群众的获得感和幸福感这一宗旨，在建设过程中不断整合优质文化资源供给渠道、完善公共文化服务网络、搭建市民群众文化共享平台，推动实现设施成网、资源共享、服务联动、城乡一体的城市文化，让全体市民都能共享文化建设的成果。当然，与公共文化示范区相比，“文化之都”的建设内容更广泛，在公共文化之外，还涉及文化产业、旅游、教育、科技、宗教等诸多领域、不同业态、多元形式的国际、城际交流。可以说，在我国，公共文化是“文化之都”建设的重中之重，且多年实践表明，国家公共文化示范区建设已经对我国的“文化之都”建设形成了强有力的支撑。青岛、长沙和宁波的鄞州区，均已取得了国家第一批公共文化服务体系示范区的称号；泉州的公共文化服务体系建设也处于福建省乃至全国前列，并获得了第四批国家公共文化服务体系示范区的创建资格；哈尔滨也是国内公共文化服务体系建设的领先城市，其南岗区获得了国家第二批公共文化服务体系示范区的称号，道里区正在创建国家第三批公共文化服务体系示范区。

第三节 “文化之都”的演进历程

一、阶段一：发端于欧盟

“文化之都”发端于经济社会发展水平较高的欧盟，集中体现为以文化带动城市复兴的功能。“欧洲文化之都”项目始于1985年，由当时的欧共体部长理事会根据希腊文化部长美莲娜·梅尔库丽（Melina Mercouri）的提议而开展[①]，是“文化之都”的源头。该项目是在当时欧洲面临日益增多的城市转型问题和全球化带来的各种城市发展困境的背景下诞生的，其目的在于突出欧洲宝贵的文化财富和欧洲城市的文化多样性，强调共同的文化传统，是一个旨在结合城市复兴，推动欧洲城市文化发展的重要文化

① 1999年以前叫作“欧洲文化之城”（European City of Culture），2000年以后正式更名为“欧洲文化之都”。

事件[①]。在“欧洲文化之都”称号当选年中，该市不仅有机会展示其文化亮点、文化遗产和文化领域的发展与创新，还能有机会与欧洲及国际上的优质文化艺术资源进行交流。经过多年的发展，“欧洲文化之都”已拥有清晰的操作指导框架。现在，每年都有两座城市荣获这个称号。可以说，发展至今，“欧洲文化之都”的实践意义已超越了原有的内涵，向更深远的外延拓展。

当然，各个城市的规模、历史、特点、文化不同，对“欧洲文化之都”的理解不同，各自设定的任务与目标也有所不同，但有一些目标是大多数城市所共同认可的[②]。从欧洲文化发展层面来看，举办“欧洲文化之都”的目标主要有：保持并展示欧洲文化的丰富多样性；发挥文化纽带作用，加强欧洲各国、各民族的团结；促进人的交流，增进彼此之间的理解；培育欧洲公民的身份认同感等。在参与竞争的过程中，欧盟十分关注候选城市的规划是否符合“欧洲范畴”（European Dimension）的宗旨，是否能实现欧洲文化的长远发展。更重要的是，从城市角度，能够利用“欧洲文化之都”所带来的发展机遇，完善文化基础设施、提升城市知名度、塑造城市品牌、扩大城市交流、实现城市复兴。

二、阶段二：联合国支持“文化之都”在全球拓展

“文化之都”发展的第二阶段表现为进入21世纪以后，在联合国支持下，各类“文化之都”向全球范围拓展，“文化之都”的发展进入“快车道”。其标志是“创意城市网络”和“世界图书之都”的设立，以及联合国对部分重点地区的“文化之都”建设进行指导（如联合国教科文组织对“阿拉伯文化之都”的支持），体现发达国家带动发展中国家的理念。

“创意城市网络”（Creative Cities Network）是伴随着联合国教科文组织《世界文化多样性宣言》（2001）和《保护和促进文化表现形式多样性公约》（2005）的生效而发展起来的，是联合国联合世界各国及组织，将

① 姚子刚.城市复兴的文化创意策略［M］.南京：东南大学出版社，2016：162.

② 高梦楚.欧洲文化之都发展研究［J］.上海文化，2014（2）：13.

保护文化多样性的文化诉求进一步在城市场域深度推广的关键环节，是落实上述宣言和公约的有效措施。2004年至2017年间，联合国教科文组织陆续认定了72个国家和地区的180个城市为“创意城市网络”的成员城市。目前，联合国“创意城市网络”的成员城市覆盖五大洲，遍布发达国家和发展中国家。

与此同时，“世界图书之都”（World Book Capital）是在联合国教科文组织文化发展框架下的另一项重要国际性文化项目。2001年（即在1995年发起“世界图书与版权日”的六年后），国际出版商联合会（International Publishers Association，IPA）“受马德里成功经验的激发，提出了在两个世界图书与版权日之间，把‘世界图书之都’的头衔授予有最好的促进图书事业发展项目计划的城市的建议”①。于是，2001年10月联合国教科文组织第三十一届大会在第5.15项议程中，通过并颁布了《第29号决议》，正式设立“世界图书之都”②。《第29号决议》规定，由联合国教科文组织与国际出版商联合会、国际书商联合会（International Booksellers Federation，IBF）、国际图书馆协会和机构联合会（International Federation of Library Associations and Institutions，IFLA）一起，每年在全世界范围评选出一个城市作为“世界图书之都”，任期始于当年的4月23日，终于翌年的4月23日。“世界图书之都”称号获选城市应当在当选年期间举办大量阅读主题文化活动，实施促进图书事业发展、推广全民阅读的计划。从2001年启动以来，超过19座城市当选。

此外，在1996年启动的“阿拉伯文化之都”（Arab Culture Capitals）从2000年开始得到了来自联合国教科文组织的帮助和支持。这也是联合国教科文组织落实2000年通过的《千年发展计划》的一项重要举措。《千年发展计划》旨在帮助大多数亚洲、西非、拉美和加勒比等地区的国家在经济、社会等各方面的发展，鼓励发达国家对发展中国家提供更多支持和援助。“阿拉伯文化之都”源于1988年《阿盟文化发展国际合作的十年行动

① IPA. World Book Capital [EB/OL]. [2017-09-26]. http://www.internationalpublishers.org/policy-issues/literacy-reading/world-book-capital-cities?showall=&start=1.

② UNESCO. Resolutions (of the General Conference 31st session) [EB/OL]. [2017-09-26]. http://unesdoc.unesco.org/images/0012/001246/124687e.pdf.

计划（1988—1997）》（International Decade for Cultural Development（1988—1997）），目前在联合国教科文组织的支持下，围绕《阿拉伯文化发展公约（2005—2014）》（Arab Convention for Cultural Development（2005—2014））框架运行[①]。“阿拉伯文化之都”的目标包括：通过激活多边合作，提升阿拉伯国家之间的文化合作水平，在国内和国际层面实现互补；采取法律措施保护文化领域的版权；鼓励企业和个人以税收减免的方式积极参与文化事业。“阿拉伯文化之都”涉及的领域广泛，包括艺术展、节庆活动、竞赛、学术交流、创办文化艺术和研究机构、艺术作品翻译、文创、旅游等。部分阿拉伯学者和文化界人士认为，“‘阿拉伯文化之都’推动了温和的文化艺术形式，所开展的系列文化活动是对极端主义的消除”[②]。

三、阶段三：全球其他地区及部分国家内部相继推进

“文化之都”发展的第三阶段表现为“文化之都”在全球范围内其他地区继续拓展，主要体现在以下三个方面：

一是美洲、亚洲、中东等的国家和地区纷纷借鉴“欧洲文化之都”的成功经验和模式，开启了“美洲文化之都”（2000年至今）、“伊斯兰文化之都”（2005年至今）、“东盟文化城市”（2010年至今）和“南亚区域合作联盟文化之都”（SAARC Cultural Capital）（2015年至今）的评选。与此同时，“文化之都”逐步向非洲等不发达国家和地区延伸。虽然，目前非洲地区没有开展专属的“文化之都”评选，但非洲的不少国家都已作为阿拉伯国家联盟和伊斯兰合作组织的成员国，参与了“阿拉伯文化之都”和“伊斯兰文化之都”的评选，如苏丹的喀土穆当选了2005年“阿拉伯文化之都”、乌干达的坎帕拉当选了2017年“伊斯兰文化之都”、几内亚的比绍当选了2019年“伊斯兰文化之都”等。此外，几内亚首都科纳克里不仅当选了2011年“伊斯兰文化之都”，还是2017年“世界图书之都”

① Capitals of Culture [EB/OL]. [2017-03-04]. https://sites.google.com/site/worldfactsinc/capitals-of-culture.

② Arab Culture Capitals project [EB/OL]. (2016-12-20) [2017-03-04]. http://www.alecso.org/en/2015-11-05-10-00-46.Html.

当选城市。甚至还有个别城市已经是联合国教科文组织创意城市网络的成员，如塞内加尔达喀尔是“媒体艺术之都”、刚果共和国首都布拉柴维尔是“音乐之都”、刚果民主共和国卢本巴希是“民间手工艺之都”等。

二是借助地缘优势，联合部分周边国家共同开展。如“伊比利亚美洲文化之都”“东亚文化之都”“芬兰一乌戈尔文化之都”“土耳其世界文化和艺术之都”以及由“国际文化之都组织”（International Bureau of Cultural Capitals，IBOCC）[①]作为第三方发起的“加泰罗尼亚文化之都”等。

“伊比利亚美洲文化之都”（Ibero-American Capital of Culture 2017）是非政府组织“伊比利亚美洲首都城市联盟”（Union of Ibero-American Capital Cities）[②]于2015年11月在危地马拉召开的文化部门委员会上提出的，其目的是立足于城市之间的团结与合作，促进伊比利亚美洲地区首都城市或大城市的均衡发展，让伊比利亚美洲国家[③]之间更加团结、发展，更加稳定和谐。每年在不同城市举办的“伊比利亚美洲文化之都”交流活动，就是促进各成员国之间彼此了解和增进友谊的重要一环。目前已评选出了5座“伊比利亚美洲文化之都”，分别是危地马拉城（2015）、安道尔（2016）、里斯本（2017）、拉巴斯（2018）和巴拿马（2019）[④]。

中日韩三国“东亚文化之都”评选活动是为落实2012年5月三国领导人在第五次中日韩领导人会议上达成的重要共识，以及根据第四次中日韩文化部长会议签署的《上海行动计划》而开展的一项文化活动，是中日韩三个国家共同发起的首个多边性的文化交流活动。“东亚文化之都”于2013年启动。2014年，中国泉州、韩国光州、日本横滨共同当选为首届“东亚文化之都”。

---

① “国际文化之都组织”成立于1998年，总部设在西班牙巴塞罗那市，其任务是评选“美洲文化之都”“加泰罗尼亚文化之都”“巴西文化之都”“西班牙文化之都”等。

② 成立于1982年10月，总部设在西班牙的马德里。其成员包括24个首都城市和5个非首都的大城市，如巴西的里约热内卢、圣保罗和西班牙的巴塞罗那。

③ 伊比利亚美洲国家是指包括拉丁美洲19个讲西班牙语和葡萄牙语的国家以及欧洲伊比利亚半岛的西班牙、葡萄牙和安道尔在内的22个国家。

④ UCCI and the Ibero-American Capitals of Culture [EB/OL]. [2017-09-04]. http://lisboacapitaliberoamericana.pt/en/about-us.

与此同时，随着东南亚国家联盟和中日韩三国这两大区域之间合作水平和经济建设的不断加强，"东盟文化城市"和"东亚文化之都"两大"文化之都"的评选产生。同时，由于东盟与中日韩（10+3）合作的进一步深化，亚洲各方共同制定"东亚经济共同体蓝图"的需求愈发强烈，这对东亚和东南亚各国互联互通水平的提升提出了更高的要求。因此，"东盟文化城市"和"东亚文化之都"对拓展亚洲人文交流和促进更大范围的包容发展所发挥的意义和作用将更加显著。

三是部分国家内部展开评选，即单一国家内部开展旨在促进城市文化发展的"文化之都"评选。如"英国文化城市""加拿大文化城市""意大利文化城市""立陶宛文化城市""西班牙文化城市""巴西文化城市"等。在此以"英国文化城市"为例。

"英国文化城市"（UK City of Culture）的设立源于利物浦当选"欧洲文化之都"的显著成效。在2008年利物浦当选"欧洲文化之都"的一年时间里，旅游人数增加了970万，旅游收入增加了7350万英镑。受其启发，英国文化、媒体和体育部（Department for Culture，Media and Sport，DCMS）开始策划并实施这项名为"英国文化城市"的计划。"英国文化城市"由英国文化、媒体和体育部每隔四年评选一次，全英各城市和地区均有资格参选"英国文化城市"，目前已完成了两届评选。在2010年7月第一届"英国文化城市"的评选中，德里获得了首届"英国文化城市"（2013）的称号；2013年11月，赫尔获得了第二届"英国文化城市"（2017）称号；第三届当选城市（2021年）为考文垂。与"欧洲文化之都"一样，"英国文化城市"旨在促进当选城市的文化建设，拉动当地经济发展，吸引海外投资，吸引更多旅游者，增强社会凝聚力，提升国际关注度。

第四节 "文化之都"发展现状与类型

一、"文化之都"的发展现状

"文化之都"是城市文化发展到一定阶段的产物。它连接着不同的城市文化样态，贯穿着不同意识形态的社会。随着人类社会文明的进步和发展，文化价值的交流与认同愈加重要，文化带动经济社会发展的作用愈加显现。因此，“文化之都”的产生是必然的，其发展也将是持续的。

当前，正在开展的“文化之都”评选主要有“欧洲文化之都”“阿拉伯文化之都”“美洲文化之都”“伊斯兰文化之都”“东盟文化城市”和“东亚文化之都”等。从1985年诞生的第一个“文化之都”——“欧洲文化之都”开始，至今已产生了大批拥有“文化之都”称号的城市。之后，“欧洲文化之都”这一概念跨越了欧盟，并于90年代开始向其他地区传播。据不完全统计，至2017年底，已公布获得各类“文化之都”头衔的城市数量近400个（表2-2）。其中，始于1985年的“欧洲文化之都”已有67个当选城市（详见附录一），分布在欧洲32个国家；始于1996年的“阿拉伯文化之都”已有27个当选城市，分布在阿拉伯地区的18个国家；始于2000年的“美洲文化之都”已有19个当选城市，分布在南美洲11个国家；始于2004年的“创意城市网络”已有180个当选城市，分布在全球72个国家和地区；始于2005年的“伊斯兰文化之都”已有67个当选城市，分布在亚洲和非洲的53个国家；始于2010年的“东盟文化城市”已有4个当选城市，分布在东南亚4个国家；始于2014年的“东亚文化之都”已有18个当选城市（详见附录二），分布在中日韩3个国家；始于2015年的“南亚区域合作联盟文化之都”已有4个当选城市，分布在南亚区域合作联盟的2个国家；始于2015年的“伊比利亚美洲文化之都”已有5个当选城市，分布在伊比利亚美洲的5个国家。仅2017年，世界各地至少有18个城市获得各类“文化之都”头衔[①]（表2-3）。

表2-2　已公布获得各类“文化之都”头衔的城市数量[②]

“文化之都”头衔	评选时间	城市数量（座）
“欧洲文化之都”	1985—2022	67

① Steve G. 2017: the year of 18 “Capitals of Culture” [EB/OL]. (2016-12-28) [2017-07-24]. http://prasino.eu/2016/12/28/2017-the-year-of-18-capitals-of-culture/.

② 统计时间:2017年11月。

续表

“文化之都”头衔	评选时间	城市数量（座）
“阿拉伯文化之都”	1996—2022	27
“美洲文化之都”	2000—2017	19
“创意城市网络”	2004—2017	180
“伊斯兰文化之都”	2005—2025	67
“东盟文化城市”	2010—2017	4
“东亚文化之都”	2014—2018	15
“南亚区域合作联盟文化之都”	2015—2017	4
“伊比利亚美洲文化之都”	2015—2019	5

注：作者根据“欧洲文化之都”“美洲文化之都”“创意城市网络”等官方网站整理而成。

表2-3　2017年获评各类“文化之都”的城市情况①

城　市	国　家	获得的“文化之都”头衔
奥胡斯	丹　麦	欧洲文化之都
帕福斯	塞浦路斯	
赫　尔	英　国	英国文化城市
皮斯托亚	意大利	意大利文化城市
克莱佩达	立陶宛	立陶宛文化城市
里斯本	葡萄牙	伊比利亚美洲文化之都
沃基尼米	俄罗斯	芬兰—乌戈尔文化之都
卢克索	埃　及	阿拉伯文化之都
博格拉	孟加拉国	南亚区域合作联盟文化之都
安　曼	约　旦	伊斯兰文化之都
森那尔	苏　丹	
马什哈德	伊　朗	
坎帕拉	乌干达	

① 来源：http://prasino.eu/2016/12/28/2017-the-year-of-18-capitals-of-culture/。

续表

城　市	国　家	获得的“文化之都”头衔
长　沙	中　国	东亚文化之都
京　都	日　本	
大　邱	韩　国	
梅里达	墨西哥	美洲文化之都
突厥斯坦	哈萨克斯坦	土耳其世界文化和艺术之都

实际上，近年来，“文化之都”的数量和类型还不止以上这些。“文化之都”建设的持续开展，使许多城市从中获得了实际收获，越来越多的国家和地区开展“文化之都”评选。在区域性国际组织、联合国、非政府组织等各方的共同努力和统筹协调下，对于无论是处于政治中心地位的政治之都、经济发达与市场繁荣的经济之都，还是诸者兼容的都市[①]，城市文化正逐步被认为是“城市营销和国际化策略中的一个重要组成部分”[②]。尽管区域发展和城市情况存在诸多不同，参与“文化之都”建设的城市的共同特征是可以被总结归纳的，即文化在城市整体性发展方面扮演越来越重要的角色。黄鹤在《文化规划——基于文化资源的城市整体发展策略》一书中指出：

> 奥运会、世博会、欧洲文化之都等大型文化活动的开展促进了城市建设中对文化重要作用的进一步认识。西方学者亨廷顿在他颇具影响力的著作《文明的冲突》一书中所提出的观点——“世界上众多国家随着意识形态的终结将被迫或主动转向自己的历史和传统，寻求自己的文化特色，试图在文化上重新定位”——预示了未来的世界城市竞争将是以文化为主导；事实上，随着对文化及其作用的讨论，世界范围内基于文化的全球城市竞争已经开始显现。各个地区、城市相继

① 周松峰.在“东亚文化之都”建设中的文化资源价值及其全域联动提升路径[J].中外企业家，2014(29):10-15.

② 比安基尼著；王列生译.重建欧洲城市：文化政策的角色[J].福建论坛（人文社会科学版），2016(8):117-126.

注意到文化对于城市发展的巨大潜力，以期通过城市的文化特色来提高城市的竞争力，在全球城市竞争中占据有利的节点位置……全球范围内，文化正成为城市发展的一个核心议题。①

二、“文化之都”的主要类型

1.城市复兴型：欧洲文化之都

欧盟国家率先推行文化导向的城市复兴政策，实施“欧洲文化之都”评选的宗旨不止于城市的文化宣传和交流，还通过文化建设推进城市旅游业、文化产业等诸多方面发展，进而为城市建设的更新和复兴带来巨大的机遇。1985—2018年，“欧洲文化之都”举办了33届，产生了67个当选城市，分布在欧洲的32个国家，基本上是每年分别从东、西欧各选出一个城市来共同当选。

“欧洲文化之都”被认为是欧盟促进城市转型发展最成功的一个项目。大多数当选城市都成功搭建了拥有正确城市发展目标、涵育城市文化发展潜力、壮大城市文化集聚效应、优化城市文化品牌、提升城市文化服务质量的长效发展平台。在欧洲，各国在经历了20世纪80年代初的经济衰退后，开始寻求解决城市问题的新方法。这些手段包括新建旗舰型文化设施、举办文化大事件、规划和发展文化产业或创意产业集聚区等。方丹青等认为，参与“‘欧洲文化之都’的城市，其城市空心化、经济增长乏力、城市认同感下降以及其他后工业城市问题均得到了有效改善，城市再生效果较为显著”②。

20世纪80年代，欧共体成员国持续扩大，欧洲一体化进程不断推进（表2-4）。1981年1月，希腊正式加入欧共体，成为第十个成员国。希腊的加入，不仅显示了欧共体在文化上加快欧洲整合的决心，还推动着欧共

---

① 黄鹤.文化规划——基于文化资源的城市整体发展策略［M］.北京：中国建筑工业出版社，2010：3.

② 方丹青，陈可石，陈楠.以文化大事件为触媒的城市再生模式初探——“欧洲文化之都”的实践和启示［J］.国际城市规划，2017（2）：101-107.

体历史上的第二次文化扩大[①]。

表2-4 欧洲一体化扩大进程表[②]

时　间	加入国家
1950年	创始国：法国、意大利、荷兰、比利时、卢森堡、西德（现联邦德国）
1973年	爱尔兰、丹麦、英国加入，欧共体扩大为9国
1981年	希腊加入，欧共体扩大为10国
1986年	葡萄牙、西班牙加入，欧共体扩大为12国
1995年	奥地利、芬兰、瑞典加入，欧盟扩大为15国[③]
2004年	波兰、拉脱维亚、立陶宛、爱沙尼亚、匈牙利、捷克、斯洛伐克、斯洛文尼亚、马耳他、塞浦路斯加入，欧盟扩大为25国
2007年	保加利亚、罗马尼亚加入，欧盟扩大为27国
2013年	克罗地亚加入，欧盟扩大为28国

1983年，欧共体理事会在斯图加特峰会召开后发布了《神圣宣言》，进一步推动了欧共体文化发展。该宣言指出，欧共体理事会应该鼓励在各项文化事务之间建立更紧密的合作关系，把提升欧洲公民的文化认同意识作为重要手段，以此作为未来欧共体理事会各项文化行动的政策依据。于是，在1984年欧共体理事会召开的文化部长会议上，欧共体理事会与各国文化部长对欧共体的各项文化发展建议做了进一步探讨，并正式成立了欧洲文化委员会，完善了欧共体文化事务发展机制[④]。此后，欧洲文化委员会采取了各种措施来加强和提升欧洲文化的认同，从而满足欧洲各方对文化发展的期望与诉求[⑤]，开展了诸如“欧洲文化之都”“欧洲音乐年”等一系列在当时颇具影响力的文化项目（表2-5）。

---

① Commission of the European Communities. Cultural action in the european community [M]. Luxembourg: Office for Official Publications of the European Communities, 1980: 30.

② 来源：https://data.worldbank.org.cn/region/EU。

③ 1993年11月1日，欧洲联盟正式成立，欧洲三大共同体纳入欧盟。——编者注

④ 张生祥.欧盟的文化政策：多样性与同一性的地区统一［M］.北京：中国社会科学院出版社，2008：103.

⑤ 参见：European Community bulletin 6, part I, chapter 1, article 6。

表2-5 1985—2007年欧盟的主要文化政策和项目[①]

时间	内容
1985年	举办欧洲雕塑比赛
1985年	启动“欧洲文化之都”
1985年	欧洲试听产品在非欧共体国家内生产
1985年	加强欧洲各图书馆之间在数据处理方面的合作
1985年	为年轻人接近博物馆和参加各种文化活动创造有利条件
1986年	制定各类跨国文化活动的形成路线
1986年	保护欧洲建筑遗产
1986年	启动“欧洲电影与电视年”活动
1987年	通过促进欧洲文学作品翻译活动的决议
1996年	启动“万花筒计划”促进欧洲文化和艺术交流
1997年	启动“阿丽亚娜计划”推动欧洲文学、阅读和翻译
1997年	启动“拉斐尔计划”保护文化遗产
2000年	启动“文化2000计划”促进文化合作交流
2006年	启动“文化2007—2013”计划促进文化领域人员和产品的跨国流动
2007年	启动“公民的欧洲”计划提升欧洲公民的文化参与、增进认同

从以上列举的欧共体文化发展项目来看，它们的提出均与欧洲一体化紧密相关，即通过文化项目的开展促进欧共体国家之间、欧共体与欧洲其他各国以及全世界之间的对话。这对于当时增进欧洲资金、人才、资源等要素的跨国、跨地域流动、树立“欧洲公民”意识而言，具有显著的意义[②]。

从鼓励欧盟新成员国和更多非欧盟国家参加的角度，“欧洲文化之都”可以分为三个阶段（表2-6）。在1985年至1996年的第一阶段中，12个“欧洲文化之都”当选城市来自欧盟的12个成员国，即每国一个城市。1997年至2004年为第二发展阶段，其标志为欧盟出台了允许非欧盟成员国参选

① 来源：http://www.europarl.europa.eu/RegData/2013/513985/IPOL-CULT_ET(2013)513985_EN.pdf。

② 宿琴.多元维持与共识建构：欧盟文化政策研究［M］.北京：中国政法大学出版社，2012：169-177.

“欧洲文化之都”的《90/C162/01决议》。在这一阶段的19个当选城市中，出现了2个非欧盟成员国和2个即将加入欧盟的国家。“欧洲文化之都”开始了“迈向”全欧洲的步伐。在2005年至2019年的第三个发展阶段中，“欧洲文化之都”更注重鼓励欧盟新成员国的参与（表2-7），并逐步固定为每年两座当选城市，以求在更大范围和更广层面上体现欧洲文化认同意识。

表2-6 欧盟推动“欧洲文化之都”形成三大发展阶段的相关政策[①]

发展阶段	当选城市	同时期欧盟的重大文化决议和政策
第一阶段 1985—1996年 城市数量：12 城市分布特点：12个欧盟成员国均有1个城市	1985年雅典 1986年弗罗伦萨 1987年阿姆斯特丹 1988年柏林 1989年巴黎 1990年格拉斯哥 1991年都柏林 1992年马德里 1993年安特卫普 1994年里斯本 1995年卢森堡 1996年哥本哈根	1985年：宣布“欧洲文化之都”项目为每年举办的欧盟文化项目之一（欧盟85/C/153/02决议） 1990年：启动欧洲文化月项目（European Culture Month） 1992年：《马斯特里赫特条约》为进一步支持欧盟文化政策和项目提供立法依据（128条） 1996年：启动万花筒项目（欧盟719/96决议）
第二阶段 1997—2004年 城市数量：19 城市分布特点：2个非欧盟成员国，2个即将加入欧盟的国家	1997年萨洛尼卡 1998年斯德哥尔摩 1999年魏玛 2000年阿维尼翁、卑尔根、博洛尼亚、布鲁塞尔、赫尔辛基、克拉科夫、雷克雅未克、布拉格、圣地亚哥德孔波斯特拉 2001年鹿特丹、波尔图 2002年布鲁日、萨拉曼卡 2003年格拉茨 2004年热那亚、里尔	1997年：允许非欧盟成员国参选欧洲文化之都（欧盟90/C162/01决议） 1998年：明确欧洲文化之都的评审标准和申请截止日期（欧盟92/C336/02决议） 2000年：欧盟文化2000项目替代了万花筒项目，并明确欧洲文化之都的文化项目要具有能体现“欧洲范畴”和“国际视野”（欧盟508/2000决议） 2004年：欧盟新增了10个成员国

① 来源：http://www.europarl.europa.eu/RegData/2013/513985/IPOL-CULT_ET(2013)513985_EN.pdf。

续表

发展阶段	当选城市	同时期欧盟的重大文化决议和政策
第三阶段 2005—2019年 城市数量：29 城市分布特点：分布在29个欧盟成员国中，其中13个为欧盟新成员国，2个非欧盟成员国	2005年科克 2006年帕特雷 2007年卢森堡、锡比乌 2008年利物浦、斯塔万格 2009年维尔纽斯、林茨、 2010年埃森鲁尔、佩奇、伊斯坦布尔 2011年图尔库、塔林 2012年吉马良斯、马里博尔 2013年马赛—普罗旺斯、科希策 2014年于默奥、里加 2015年蒙斯、比尔森 2016年圣塞瓦斯蒂安、弗罗茨瓦夫 2017年奥胡斯、帕福斯 2018年瓦莱塔、莱瓦顿 2019年马泰拉、普罗夫迪夫	2005年：“欧洲文化之都”上升为全欧洲共同的行动；申请城市中必须要有能体现“欧洲范畴”的项目规划（欧盟1419/1999号决议） 2009年：欧盟新成员国的城市当选欧洲文化之都 2010年：欧洲文化之都的遴选标准有所改变；明确“欧洲范畴”和“城市和市民”为两大部分内容

表2-7 1985—2019年“欧洲文化之都”当选城市所在国家的欧盟所属关系和地理分布情况①

“欧洲文化之都”发展阶段	地理位置	属于欧盟12国范围内的国家	属于欧盟15国范围内的国家	属于欧盟25国范围内的国家	属于欧盟27国范围内的国家	即将加入欧盟的国家	非欧盟国家	合计
第一阶段 1985—1996年	北欧	3	—	—	—	—	—	3
	南欧	4	—	—	—	—	—	4
	西欧	5	—	—	—	—	—	5
第二阶段 1997—2004年	东欧	—	—	—	—	2	—	2
	北欧	—	2	—	—	—	2	4
	南欧	6	—	—	—	—	—	6
	西欧	6	1	—	—	—	—	7

① 来源：http://www.europarl. europa.eu/RegDatajoin/2013/513985/IPOL-CULT_(2013)513985_EN.pdf。

续表

“欧洲文化之都”发展阶段	地理位置	属于欧盟12国范围内的国家	属于欧盟15国范围内的国家	属于欧盟25国范围内的国家	属于欧盟27国范围内的国家	即将加入欧盟的国家	非欧盟国家	合计
第三阶段2005—2019年	东欧	—	—	4	2	—	—	6
	北欧	3	2	3	—	—	1	9
	南欧	4	—	3	—	—	1	8
	西欧	5	1	—	—	—	—	6
总　计	—	36	6	10	2	2	4	60

而从“欧洲文化之都”的建设思路和发展成效来看，以1990年英国工业城市格拉斯哥的当选为分界线，将“欧洲文化之都”划分为两大发展阶段。从1990年格拉斯哥当选“欧洲文化之都”之后，“欧洲文化之都”逐步过渡和上升为城市的宏观发展战略。1990年之前，即“欧洲文化之都”起步阶段，受政治因素影响，在当选城市的选择上更倾向于综合实力较强的首都。据统计，在1985—2018年的当选城市中，有19个首都城市，占当选城市的32.7%；特别是2001年以前，首都城市当选的占比更高，24座当选城市中就有14座首都，人口超过100万的城市也有8个（表2-8），且均为首都城市。可以理解，首都是国家的政治、经济、文化中心，承担“欧洲文化之都”这类大型工程的能力较强。但1990年格拉斯哥的成功当选，开始转变以往仅将“欧洲文化之都”视为一个一年一度的文化活动、文化项目来建设的思路。由于格拉斯哥通过1990年“欧洲文化之都”的当选成功实现了城市复兴和转型发展，越来越多的规模次于首都的工业城市、港口城市、历史文化名城、旅游城市参与进来，从不同程度上通过文化领域展现城市的实力来进行自身发展的再定位。尤其是1990年开始，许多工业化和城市化发展到一定水平、经历了从辉煌走向衰落、面临着城市转型问题的欧洲城市纷纷借力“欧洲文化之都”明确了以文化为动力的发展方向，为城市复兴、转型、发展寻求新机遇、新突破。此后，欧盟从城市整体发展的宏观角度进一步明晰“欧洲文化之都”的发展定位，并逐步将“欧洲文化之都”打造成为带动城市发展、促进城市转型、实现城市

复兴的文化项目。

表2-8 1985—2018年“欧洲文化之都”当选城市人口数量统计[①]

人口数量	城市数量	占 比
>100万人	8个	13.80%
10万人—100万人	42个	72.40%
<10万人	8个	13.80%

2. 文创带动型：创意城市网络

2004年10月，联合国教科文组织第170届执行局会议决定，在全球文化多样性联盟制定的框架内，启动“创意城市网络”评选。“创意城市网络”最初起源于联合国教科文组织全球文化多样性联盟倡议，指富有创造性的城市组成网络，以七大主题[②]的合作履行促进文化多样性、实现城市可持续发展的共同使命，鼓励城市在联合国教科文组织关于优先进行“文化和发展”与“可持续发展”的全球战略框架下，建立伙伴关系。“创意城市网络”设立的基本宗旨是为了在经济和技术全球化的时代语境下维护文化多样性，希望并鼓励联合国教科文组织成员国家的城市自愿提出申请，将本国城市在社会、经济、文化发展中的成功经验、创意理念和创新实践与全球分享。“创意城市网络”是一种认可机制，这种城市网络是一个集群的关系、网状的结构。被列入该“网络”，意味着该城市在国际化中保持和发扬自身特色的工作以及在创意和相关产业发展国际化水平得到联合国教科文组织的承认。

据统计，至2017年11月1日，“创意城市网络”已经吸纳了72个国家和地区的180座城市，其中有我国的13座城市：景德镇、上海、顺德、杭州、苏州、成都、北京、深圳、哈尔滨、长沙、青岛、武汉、澳门（表2-9）。

① 来源：http://www.europarl.europa.eu/RegData/2013/513985/IPOL-CULT_ET(2013)513985_EN.pdf。

② 创意城市网络分文学、电影、音乐、民间手工艺、设计、媒体艺术和美食七大主题。

表2-9 我国已加入“创意城市网络”的城市[①]

城 市	称 号	授予时间	备 注
深 圳	设计之都	2008年	我国首个加入“创意城市网络”的城市
上 海	设计之都	2010年	—
成 都	美食之都	2010年	首个获此称号的亚洲城市
哈尔滨	音乐之都	2010年	我国首个获此称号的城市
杭 州	民间手工艺之都	2012年	我国首个获此称号的城市
北 京	设计之都	2012年	—
景德镇	民间手工艺之都	2014年	—
苏 州	民间手工艺之都	2014年	—
顺 德	美食之都	2014年	—
长 沙	媒体艺术之都	2017年	我国首个获此称号的城市
澳 门	美食之都	2017年	—
青 岛	电影之都	2017年	我国首个获此称号的城市
武 汉	设计之都	2017年	—

经过多年发展，成员城市主要具有两方面特点：一是通过发展创意产业促进发达国家和发展中国家的经济、社会，尤其是文化的发展；二是通过连接不同的城市社区，打造文化生态健康的城市“文化集群”。创意城市网络建立的意义在于：各成员城市积极分享推动创意产业发展的实践经验，努力拓展各类合作伙伴关系；加强文化活动、产品和服务的创新能力，扩大宣传，搭建创意人员和专业人士在文化领域的发展平台；完善普通民众接触和参与文化生活的方式，重点关注城市弱势群体；将文化与创意充分纳入城市的可持续发展进程中。

3.增进互信型：东亚文化之都

“东亚文化之都”是我国与日韩两国首次以“文化之都”形式共同发起的多边性文化活动，是我国进一步密切与包括日韩在内的东亚各国关系的文化联系与历史纽带，是积极推进国际文化交流，提倡多元文化平等呈现、互惠互利的重要举措，也是对中华文化在我国“大国外交”中重要作

① 来源：http://www.sohu.com/a/201629915_160257。

用的体现。

一直以来，中日韩三国经济社会发展紧密关联。中日韩三国人口约占全球22%；2012年中日韩三国的GDP约占全球20%，贸易总量占全球35%；2014年，中日韩三国间贸易额近7000亿美元，人员往来首次超过2000万人次，互派留学生近30万；2015年中日韩三国总人口和GDP总量分别占东亚的70%和90%[①]。近年来，中日韩三国已建立包括领导人会议、文化部长会议在内的50多个磋商机制，并就"中日韩自贸区"的设立举行了多次谈判。在此背景下，"东亚文化之都"应运而生：2011年1月，在日本奈良第三次中日韩文化部长会议上，"东亚文化之都"被提出；2012年4月在上海举行的第四次中日韩文化部长会议上，"东亚文化之都"正式得到中日韩三国认可，被写入《中日韩文化部长会议——上海行动计划（2012—2014）》，并被纳入第五次中日韩三国领导人会议联合声明文件。根据该计划，中日韩三国每年分别评选出一个城市作为"东亚文化之都"，当选城市在这一年中以"东亚文化之都"名义开展形式多样的文化活动，带动当选城市的民众更积极地了解、体验和参与中日韩三国的文化交流；中日韩三国分别成立"东亚文化之都"专门委员会，负责活动规则制定、举办城市的推荐和评选、资金支持和政策保障以及有关具体实施工作，并保持密切沟通和协作。"东亚文化之都"从2013年起开始评选，首届当选城市产生于2014年。

作为一个新生的大型文化对外交流活动，"东亚文化之都"从一开始就具备了层次高、受众广、影响大的品牌特征，显示出了长远的战略眼光与发展诉求。"东亚文化之都"城市秉承"东亚意识、文化交融、彼此欣赏"的精神，突出"共生、创新、和谐"的共识，立足当前，着眼长远，既要加强国内城市的交流，扩大中日韩三国城市间的多边交往，又要巩固建设成果，提升文化发展质量和效果。对于我国城市来说，这不仅仅是一次评选，更是向世界展现中华文化价值的重要舞台，对于城市文化建设、亚洲区域合作乃至促进世界和平与发展都有重要意义[②]。

---

① 中国新闻网. 中国公共外交协会2016年将举办中日韩公共外交论坛[EB/OL].（2015-10-27）[2017-11-05]. http://www.chinanews.com/gn/2015/10-27/7592374.shtml.

② 叶飞."东亚文化之都"：共同提炼"亚洲价值"[N].中国文化报，2013-08-29（9）.

4.促进和谐型：阿拉伯文化之都、伊斯兰文化之都

“阿拉伯文化之都”源于联合国教科文组织于1982年在墨西哥城召开的世界文化政策会议上通过的第27号决议——《世界文化发展十年（1988—1997）》[*International Decade for Cultural Development (1988—1997)*]，该决议宣布1988至1997年的十年为“世界文化发展十年”。“世界文化发展十年”的四大目标是：文化层面的发展、文化特征的认可、文化内容的丰富以及文化国际交流的扩大。于是，在《世界文化发展十年（1988—1997）》框架下，阿拉伯国家联盟教育文化和科学组织（Arab League Educational, Cultural and Scientific Organization，ALECSO）于1995年在阿拉伯国家联盟[①]（League of Arab States）范围内启动了“阿拉伯文化之都”的评选，并在《阿拉伯文化发展十年（2005—2014）》[*Arab Convention for Cultural Development (2005—2014)*]和联合国《千年发展计划》框架下持续发展，以期实现“提升人们对阿拉伯世界文化财富的认同”[②]。2015年1月，阿盟各国在利雅得召开的外交部长会上又共同签署了《阿拉伯文化权益协定》（*Arab Agreement on Cultural Right*），这是继《阿拉伯文化发展十年（2005—2014）》之后，阿盟在文化建设方面的重要推进举措。该协定指出，阿拉伯国家应采取一致行动，通过发展文化来支持和保障人的基本权利，并通过促进文化事业发展带动和支持地区的经济发展，实现更加紧密的文化交流与合作[③]。“阿拉伯文化之都”系列活动包括音乐、舞蹈、戏剧、绘画、摄影、手工艺、美食等。以伊拉克巴格达当选“阿拉伯文化之都”为例，据统计，作为2013年“阿拉伯文化之都”，巴格达举行了音乐会、文化艺术展、民间艺术展、文化遗产和考古论坛、诗歌和文学专题讨论、伊拉克电影和戏剧巡演等上百场公益性大型文艺活动，这对于饱受战乱、宗教冲突和经济制裁的伊拉克来说，是一次提升国际形象、缓和国内外局势、促进地区和平稳定的有效措施。

---

① 阿拉伯国家联盟（League of Arab States）是为了加强阿拉伯国家联合与合作而建立的地区性国际组织，有包括沙特阿拉伯、阿尔及利亚、埃及、利比亚等在内的20个成员国家。

②③ The Arab agreement on cultural right [EB/OL]. (2016-12-20) [2017-03-04]. http://www.alecso.org/en/2015-11-05-10-01-10.html.

2001年，第三届伊斯兰文化部长会议提出了启动“伊斯兰文化之都”（Capitals of Islamic Culture）评选的建议。该项目由伊斯兰教科文组织（Islamic Educational，Scientific and Cultural Organization）主办，以提名的方式，从2005年开始，每年从阿拉伯、亚洲和非洲地区的伊斯兰合作组织[①]（Organization of Islamic Cooperation）国家中各选一个城市作为当年的“伊斯兰文化之都”[②]。众所周知，宗教是伊斯兰文化的价值核心，对于伊斯兰文化而言，它本身就是在伊斯兰教的基础上逐步发展和形成的[③]。因此，在浓厚的宗教文化的氛围中，“伊斯兰文化之都”肩负着推动不同文明之间对话的使命，实现不同国家、不同种族、不同宗教、不同信仰的人在文化上的相互理解与包容。

① 伊斯兰合作组织是由伊斯兰国家组成的国际组织，由遍及中东、中亚、西非、北非和印度次大陆的57个国家组成（截至2013年），覆盖的人口约为13亿。

② ISESCO programme of Islamic Culture Capitals [EB/OL]. [2017-03-07]. http://www.isesco.org.ma/capitals-of-islamic-culture/.

③ 陈越洋.二十世纪阿拉伯文化在中国[D].上海：上海外国语大学，2014：6-7.

第三章 “文化之都”视阈中与公共文化相关的理论维度

公共文化注重文化设施的互联互通、文化资源的普遍供给、文化成果的共创共享、文化价值的提高认同，其出发点和落脚点在于全体公民基本文化权益的实现。“文化之都”旨在通过文化建设带动城市发展、惠及全民。二者秉着基本相同的建设宗旨。在实际运行过程中，“文化之都”建设与公共文化发展之间的关联性、互动性十分明显，彼此相互支撑、相互带动。从“文化之都”发展历程看，“文化之都”与公共文化始终保持紧密关联的态势，呈现出一体联动的建设效应。“文化之都”城市在申办及建设规划中，越来越重视延续城市文化脉络、丰富文化内涵、突显人文气息、优化文化服务等理念和内容。基于此，本书从“文化之都”建设的宏观视野中，对公共文化发展的核心要素进行相关理论分析。

第一节 城市定位和规划理论中的公共文化维度：公共文化建设应与城市国际地位和文化活力相匹配

一、刘易斯·芒福德的城市发展史观

19世纪，在欧美国家资产阶级革命完成后，快速的城市化带来了许多严重的社会问题：城市规模不断扩张、老工业城市居住环境恶化、贫困现象突出等。于是，19世纪末20世纪初，西方国家开始出现以“新技术时

代”为标志的“城市规划运动”[①]：1875年的巴黎改建、1893年的“芝加哥美化运动”、1898年霍华德的“田园城市运动”等纷纷兴起。此时，人们对理想城镇模式的设想，逐步被应用到具体的城市建设中去，比较著名的有：乔治斯-欧仁·欧斯曼（Georges-Eugène Haussmann）的“巴黎改建设计”、勒·柯布西耶（Le Corbusier）的“光明城市规划”和弗兰克·劳埃德·赖特（Frank Lloyd Wright）的“广亩城市建设”等。约翰·托马斯（John Thomas）（1988）认为，“在现代城市化过程中，新城建设者为了快速呈现新的城市形式，往往从操作层面出发把复杂的理论思想抽象化、简单化和模式化”[②]。这一时期的规划在历史上被称为“物质建设规划”（Physical Planning）[③]。

刘易斯·芒福德关于城市缘起、定位与规划的阐释集中体现在他的代表性著作《城市发展史——起源、演变和前景》（*The City in History: Its Origins, Its Transformations, and Its Prospects*）（1961）一书中。芒福德认为19世纪城市规划上有三个错误：

> 一是对于机械化和标准化评价过高；二是从理论上否定了、毁坏了历史文化的古迹和遗痕；三是把克服城市环境内过分拥挤的必要对策推向了极端。[④]

此后，芒福德参观了英国政府在伦敦郊外兴建的新城。芒福德对这些新城的规划师提出了尖锐的批评，认为他们仅仅是为了应付工业城市中心带居住紧张拥挤的状况，牺牲了城市本该具备的许多良好品质[⑤]：

---

① 贡瀛翰.论帕特里克·格迪斯有机的城市观[D].上海：上海师范大学，2014：15.

② Thomas J L. Lewis Mumford: rationalistic historian [J]. Reviews in American History, 1988 (1):159.

③ 董禹.凯文·林奇人文主义城市设计思想研究[D].哈尔滨：哈尔滨工业大学，2008：60–65.

④ 米勒，芒福德著；宋俊岭，宋一然译.城市发展史——起源、演变和前景[M].北京：中国建筑工业出版社，2010：233–234.

⑤ David R. Some observations on Lewis Mumford's *The City in History* [J]. Salmagundi, 1980 (49)：88–109.

> 英国政府兴建的新城镇缺乏必要的丰富文化内涵，缺乏活跃气氛，更缺乏古老历史名城所具有的优雅建筑形态；更有甚者，这些所谓新城镇，看起来根本就不像城市。英国规划师们，为了应对英国工业城市中心地带居住紧张拥挤的状况采取举办新城的做法是可以理解的，但是，他们为实现建筑环境私密性和开放空间，牺牲了城市的许多良好品质，包括社会交往职能、社区亲密性等。[①]

因此，芒福德希望通过“区域城市”的模式来克服现代大城市既有的各种问题，从而使快速城市化进程中的城市生活能够进入一种理想的境界。他指出：

> 如果不采用这种区域城市的模式，就无法消灭当前大都市内中心地区的拥挤，也无法克服当今资源和环境的巨大浪费和负担，因为我们当今采用的是一种治标不治本的办法，只能暂时减轻都市拥挤，而这种种头痛医头、脚痛医脚的权宜之计，很快就会被新一轮的拥挤所吞没，从而还要筹划新措施，付出更加高昂的代价。[②]

芒福德赋予“区域”更多社会学意义，认为有价值体系的“区域主义”含有“文化动力”的深刻意义，从更宏观的层面考察城市的关联性与系统性。城市建设不能仅仅功利地满足生产所需，不能仅仅出于解决特定城市病的目的。张卫良（2014）认为，芒福德的批评无疑是非常犀利的，对于当下城镇化建设而言，这样的批评也具有强烈的现实意义[③]。

虽然不同国家、民族、地区以及不同时期的公共文化有着形态、内容和方式的差异，但公共文化在社会发展进程中，总是以人人参与文化、人人享受文化、人人创造文化为最终目标。城市的公共文化，应是为满足社会共同的基本文化需要，强调的是以社会全体公众为服务对象，全民参与

---

①② Hill D R. Some observations on Lewis Mumford's *The City in History* [J]. Salmagundi, 1980 (49): 88–109.

③ 张卫良.“区域城市”:刘易斯·芒福德的城市愿景与中国的新型城镇化[J].都市文化研究,2014(2):63–75.

共享、非营利、非功利的性质十分突出。1984年彼得·霍尔在《世界城市》（*World Cities*）一书中就提出了衡量世界城市的7条标准，其中有一条是关于文化建设的标准：世界城市应当是各类专业人才积聚的中心，有众多的大学、医院、图书馆、博物馆、各类科学技术和文化艺术研究机构[①]。格莱姆·埃文斯（Graeme Evans）（2004）认为：

> 大量的文化机构和设施使得文化区更像一座“文化购物中心”（shopping mall of culture），能够吸纳艺术家和天才，因此为城市的发展注入了新的创造性观念，被视为后工业时代知识经济和创意经济最活跃的要素。[②]

“文化之都”建设需要公共文化作为重要支撑。例如，“欧洲文化之都”的评选标准就明确提出当选城市须具备足够的“文化传递能力”（capacity to deliver）：一是申请城市必须拥有来自本地、本省和本国政府的强有力的政治支持和稳定的环境；二是当选城市需要有用于当选年活动开展足够的、可用的基础设施[③]。“文化之都”的公共文化在调和艺术与周围环境、民众还有社会关系上能够起到纽带作用，同时也在利用自己的方式去创造着城市的新面貌，为民众传递城市文化。鲍宗豪（2010）认为：

> 从欧洲城市发展规划理论和实践来看，欧洲之所以拥有独特的城市风格、辉煌的建筑艺术，就源自它们对城市文化整体规划的重视。欧洲的经验是：规划质量第一（即千年大计，规划第一），设计质量第二，建筑质量第三；规划首先是理念的规划，科学的理念（对城市

① 姜广华.公共文化服务政策选择[J].特区实践与理论,2010(1):47-49.

② Evans G. The construction of culture to regeneration in the UK: a review of evidence [M]. London: London Metropolitan University, 2004.

③ European Capitals of Culture 2020 to 2033: a guide for cities preparing to bid [EB/OL]. [2017-04-12]. https://ec.europa.eu/programmes/creative-europe/sites/creative-europe/files/library/capitals-culture-candidates-guide_en.pdf.

本质、特色、演变规律和未来的洞察、理想追求）是规划城市过去、现在与未来，感受城市活力，展示城市魅力的基础。[①]

二、哈维·佩洛夫的城市“文化规划”

20世纪70年代末，哈维·佩洛夫（Harvey Perloff）提出了“文化规划”的概念，他认为“文化规划”是提升城市文化认同、实现区域文化资源高效利用的一种有效方式。1982年至1990年，“文化规划”的实践得到快速发展。20世纪90年代以后，美国、加拿大、澳大利亚等多国学者兴起了对“文化规划”的讨论和研究[②]。王承旭（2006）概括了西方国家城市规划学发展的经历，可大致分为“注重物质规划阶段、注重经济规划阶段、注重环境规划阶段、注重社会规划阶段、注重生态规划阶段、注重文化规划阶段”六大阶段[③]。根据这六个阶段的划分可以看出，随着城市发展战略重点的转移，文化规划阶段成为城市发展规划的最高级阶段。

城市发展的文化转向，即以文化推动城市发展。1909年，丹尼尔·伯纳姆（Daniel Burnham）的“芝加哥规划”，标志着城市美化运动的正式开始，并在世界范围内掀起了一股城市美化运动的热潮，彼时就可以在其城市建设中发现人文主义印迹。20世纪70年代，城市发展的文化转向真正作为城市发展策略被广泛应用，为大量处在后工业阶段的转型城市提供了再发展的引擎。70年代以后，文化政策主导下的“城市更新”一度成为西方国家城市复兴的主流方式[④]。1977年国际建筑协会在秘鲁首都利马提出的《马丘比丘宪章》摒弃了基于物质空间决定论的《雅典宪章》（1933年）[⑤]，并认为，在城市发展规划过程中应追求文化、精神上的东西，注重人与人、人与社会、人与自然的紧密结合，关注人文内容的表达和追求，使科学、技术、规划更加智能化和人性化。从城市发展史的角度看，《马

---

① 鲍宗豪.国际大都市文化导论[M].上海：学林出版社，2010.

② 单霁翔.从“功能城市”走向“文化城市”[M].天津：天津大学出版社，2007：21.

③ 王承旭.城市文化的空间解读[J].规划师，2006（4）：69-72.

④ 李亚娟.现代城市治理与城市文化建设研究[M].上海：上海人民出版社，2015：42.

⑤ 1933年国际现代建筑协会第四次会议提出了《雅典宪章》。

丘比丘宪章》突出了文化在城市发展中的重要位置。到了80至90年代，经济衰退使以满足政治目的为主的文化政策转向了注重文化的经济效益，“文化价值”更倾向于文化和艺术的“外部利益”，文化成为政府借以推动经济复兴的“政治工具”[①]。这一时期，城市大型文化项目和文化旅游发展受到了更多关注，以文化为导向的“城市复兴”方式在世界各地得到了更多探索和实践，各国纷纷调整和更新了文化发展战略：如日本在1996年出台“文化立国”的国家规划、英国在1999年提出“创意英国”的国家发展战略、新加坡在2003年制订“21世纪文艺复兴城市”计划等。“文化城市”被确立为应对新一轮城市转型挑战而采取的一种积极而有效的城市发展战略[②]。

美国城市规划学家凯文·林奇（Kevin Lynch）的城市意象学从文化发展的角度对城市规划进行了分析。在其《城市意象》(*The Image of the City*）一书中，林奇认为：

> 要在传统城市里不再使人产生疏离感，就必须着重对地域重新做好具体而实际的把握，把一种可予以操作的信号系统重新组织起来，让它在人们的记忆中生根，使个体能够依据新的信号系统在变动不拘的城市空间中重新寻找到自我。[③]

在林奇看来，城市设计服务于人的活动，关注的是人的日常生活，尊重人、关怀人，一切以人的生命存在和活动为中心，那么人的需求就是城市发展规划最根本、最重要的原则。尽管“文化之都”建设有着多元的发展方向，但其根本目标都是为了满足城市中人的物质和精神需求。各国多年实践表明，“文化之都”高度重视公众性、公益性、群体性的文化活动，注重在一个相对固定的时间、固定的地点，以大规模的城市文化资源的聚集，唤起人们对美好时光和城市文化的共同记忆。文化在“文化之都”建

---

① 吴忠，王为理.城市文化论[M].深圳：海天出版社，2014：226-227.

② 李双幼.“欧洲文化之都”对泉州“东亚文化之都”建设的启示[J].中共郑州市委党校学报，2014(6)：73-77.

③ [美]林奇著；方益萍，何晓军译.城市意象[M].北京：华夏出版社，2017.

设中不仅仅是口号而已，更要具体的实施，而“文化规划”恰恰是“文化之都”兴起以及可持续发展的理论基础。吴良镛（1994）从城市建筑学的研究视野认为：

> 文化导致人们对区域特性、地方特性、民族文化的追求，越来越有目的地、自觉地去发展地区文化，包括保留城市内部的“亚文化群”……过分钟情于圈子化的科技成果并不符合国际社会普遍倡导的可持续发展和文化多样性的生态伦理，只有当城市文化能与民众的生活需求、生活习惯以及当地自然和人文环境融合在一起的时候，它才能对城市发展产生积极的影响。[①]

沙朗·佐京（Sharon Zukin）则进一步解释了文化艺术再造对城市发展的作用。她认为在城市“绅士化运动”的特殊过程中，文化起到了关键性作用：

> 城市的再生反过来又刺激了城市艺术画廊、博物馆等文化消费的增多，促进了城市“绅士化运动”（gentrification）兴起。这些“绅士化”运动揭示了城市的发展过程在特定社会、特殊空间的产出，由此形成“另类”（alternative）消费空间……全球城市区域的重要性决定了在“复兴”和“另类”生产、消费空间过程中，“文化”的关键性作用。[②]

于是，对于发展城市文化所产生的巨大社会价值和为城市发展所带来的良性循环，汉斯·孟马思（Hans Mommaas）认为：

> 优秀的公共艺术可以令公民产生自豪感，改善居民、工人以及游客的素质，从而形成社区伙伴、认同与归属感，减少故意破坏公物的

---

① 吴良镛.广义建筑学[M].北京：清华大学出版社.1994：53.

② Zukin S. Loft living culture and capital in urban change [M]. London: Radius, 1988.

> 行为发生，以及让不同年纪的人口，特别是年轻人参与到艺术、环境以及生态问题等活动中来。[①]

从以上分析可以得出，城市文化规划和城市文化资源的因素涉及城市的方方面面，那么，怎样的城市规划才算是合理、有效的呢？佛朗哥·比安基尼（Franco Bianchini）（1990）认为：

> 一个有效的文化规划应包括所有的艺术，城市规划的艺术、获取社区支持的艺术、交通规划的艺术以及社会规划发展的艺术，此外还应包括在公共、私人和志愿者之间建立有效合作以及合力分配收益的艺术。[②]

从本质上说，“文化之都”则不仅仅关注城市文化建设层面，更是进一步聚焦了公共文化在城市文化发展中的重要功能。以首届“东亚文化之都”当选城市之一日本横滨为例。2006年横滨制定了《横滨市基本构想》，提出实现“与多元文化背景的人们共同生活”的目标[③]。曹磊（2014）认为，“具体而言，就是要培育既掌握日本和横滨历史文化，又能够与世界进行交流的市民，以多元文化共生为目标，努力使横滨成为亚洲和世界交流的桥梁”[④]。在2010年制订的《创意都市计划》又进一步指出“文化艺术不仅充实市民的生活，还对活跃都市和城市的国际竞争力产生重大的影响”。为此，横滨将通过“振兴文化艺术，建设横滨独具魅力的城市空间，形成全新的都市愿景”。根据这一总体安排，该计划提出了五项工程，分别是：①文化艺术、城市建设、创意产业发展三位一体；②加强国际

① Mommaas H. Cultural clusters and the post-industrial city: towards the remapping of urban cultural policy [M]. Urban Studies, 2004:507-532.

② Bianchini F. Urban renaissance: the arts and the urban regeneration process-tackling the inner cities [M]. Oxford: Oxford University Press, 1990:36.

③ 横滨市基本构想［EB/OL］.［2017-09-08］. http://www.city.yokohama.jp/me/reiki/honbun/ag20215181.html.

④ 曹磊.日本横滨市公共文化服务体系概述［J］.上海文化，2014（10）：113-119.

宣传，扩大城市国际影响力；③提升文化创新创造力；④建设电影之都；⑤举办横滨文化成就展[①]。横滨成为日本首个“东亚文化之都”的原因在于横滨高度重视文化艺术在城市发展建设过程中的重要作用，清晰地阐述了文化和城市发展的关系；完善的文化设施体系和丰富多彩的文化艺术活动，让横滨这座港口城市展现了别样的文化魅力和特色；完善的公共文化服务体系更为横滨的城市发展提供了活力，使横滨朝着“创新都市”的目标不断迈进[②]。

将“文化之都”建设上升为城市发展核心战略来规划的，还有我国的首个“东亚文化之都”泉州。泉州把“东亚文化之都”建设发展工作列入市委、市政府的重要议事日程，编制《“东亚文化之都·泉州”建设发展实施方案》作为“东亚文化之都”建设指南，以古城复兴、古港“新海丝”、新区文化综合体建设为重点平台，克服泉州一直以来在城市发展过程中所面临的文化资源分散、传统文化的现代发展不足、特色文化的规模化欠缺、文化品牌的世界性不足等问题[③]。泉州通过“文都+”建设，串起了城市建设、城市外交、文化产业、公共文化服务体系建设、闽南文化保护等一系列工作，充分彰显了城市的独特个性、文化发展的深度和城市历史的厚度。

当然，成为“文化之都”的城市固然具有某种与生俱来的文化底蕴与文化特质，但这些城市却并未固守传统、遵循一成不变的发展模式，而是在继承已有成果的基础上，善于与时俱进。可以说，能够当选“文化之都”的城市，大致都把长期的、可持续的城市文化发展战略作为指导，如卢森堡、锡比乌、斯塔万格、利物浦、维尔纽斯等欧洲“文化之都”城市，均在全球化、城市化等各种背景下，从“文化之都”所要实现的文化发展目标和侧重点，推动城市复兴与转型发展（图3-1）。

---

①② 曹磊.日本横滨市公共文化服务体系概述［J］.上海文化，2014（10）：113-119.

③ 杨灿荣.“东亚文化之都”建设与泉州文化资源整合［J］.福建论坛（人文社会科学版），2015（3）：162-165.

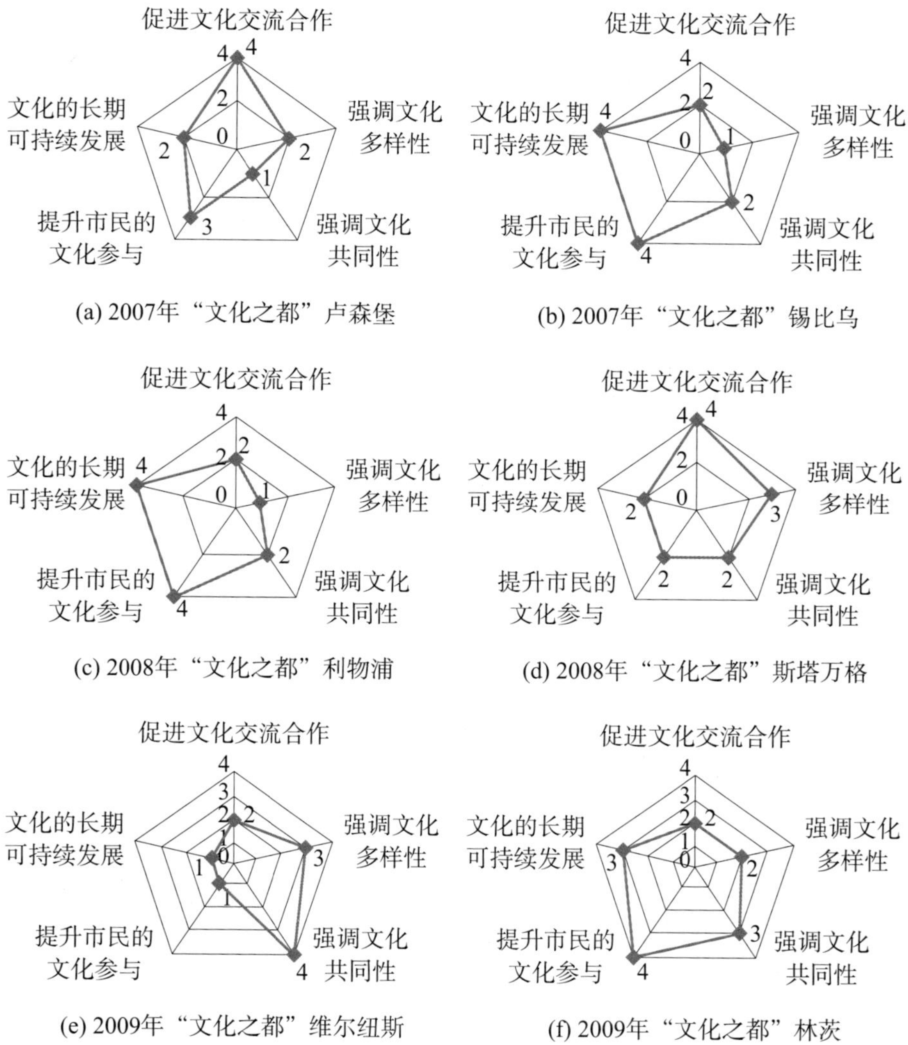

图3-1 部分“文化之都”城市的文化发展目标和侧重点①

“文化之都”城市从申请、创建、当选到后续建设，都需要具有一定物质条件和文化资源作为载体。纵观各类“文化之都”当选城市，都具有相对于本国其他城市来说更完善的公共文化服务体系。没有公共文化的发展建设作为良好基础，“文化之都”建设也不能为城市发展

① 来源：ECOTEC. Ex-post evaluation of 2007 & 2008 European Capitals of Culture final report。

带来更大触动[①]。

第二节　公共管理理论中的公共文化维度：公共文化在城市治理中的重要作用

一、埃莉诺·奥斯特罗姆的多中心治理理论

多中心治理理论（Multi-central Government Theory）是埃莉诺·奥斯特罗姆（Elinor Ostrom）在卡尔·博兰尼（Karl Polanyi）社会秩序理论（Theory of Social Order）的基础上提出的公共管理理论。该理论主张：

> 公共产品不仅仅由政府这一单一主体提供，而是需要政府、市场和非营利组织共同承担，强调在相互信赖和相互合作的基础上加强国家与社会、政府与民间的协作，提倡多个主体民主地治理公共事务，以政府权力的下放、多元化的治理主体、人性的治理目标来改变政府权力高度集中和治理主体单一的现实。[②]

根据奥斯特罗姆的多中心治理理论，鉴于“文化之都”建设的内在要求和公共文化发展的特殊性，各种社会主体都可以在满足公民基本文化需求中发挥各自的优势和能动性，并通过合作和竞争等多种方式，成为带动“文化之都”公共文化发展的主体。多中心治理理论最为显著的意义就是“打破传统单一中心的政府统治模式，建立政府、市场和社会多维框架下的多中心治理模式，实现多种主体相互依存、相互竞争、相互合作”，以满足当前全球化和城市化过程中对公共文化服务的多样性需求，“减少单一政府

---

① 单霁翔.从“功能城市”走向“文化城市”发展路径辨析［J］.文艺研究，2007（3）：41-53.

② ［美］奥斯特罗姆等著；宋全喜，任睿译.公共服务的制度建构：都市警察服务的制度结构［M］.上海：上海三联书店，2000：11-12.

供给主体模式带来的财政压力和失灵的可能性”[①]。对此，莱斯特·萨拉蒙（Lester Salamon）（2009）进一步指出：

> 在现代社会，包括公共文化服务在内的公共问题的解决需要广泛依靠协作关系，远远不能只依靠政府本身。[②]

这为“文化之都”建设中鼓励社会力量参与公共文化发展提供了理论基础。作为“文化之都”建设中公共文化发展不可忽视的部分，社会力量（如企业、非政府组织、个人等）有机会和渠道通过多种途径，向公众提供部分公共文化产品或服务，满足公众个性化、多样化、高层次的文化需求。“文化之都”搭建了一个资金、人才、资源和产品汇聚的平台，为社会力量提供了一个投资、资助、捐助公益性文化服务（产品）或兴办文化实体（如民办博物馆、艺术馆、私人图书馆、文化公司等）的契机。社会力量参与“文化之都”建设、参与“文化之都”公共文化发展，有效弥补了政府及其附属机构直接提供公共文化服务所衍生的缺乏弹性、效率不高、产品单一等问题[③]。目前，国内外“文化之都”已有许多实践和创新做法，为当前及未来很长一段时间内“文化之都”城市公共文化发展提供重要的补充。

二、爱德华·弗里曼的利益相关者理论

利益相关者理论是爱德华·弗里曼（Edward Freeman）于1984年在其《战略管理：利益相关者管理的分析方法》（*Strategic Management: A Stakeholder Approach*）一书中提出的。他认为：

---

① 段晓月.北碚区农村老年人公共文化服务创新研究［D］.重庆：西南大学，2017：14-15.

② ［美］萨拉蒙.新政府治理与公共行为的工具：对中国的启示［J］.中国行政管理，2009（11）：100-106.

③ 吴理财，贾晓芬，刘磊.以文化治理理念引导社会力量参与公共文化服务［J］.江西师范大学学报（哲学社会科学版），2015（6）：85-91.

> 与传统的股东至上主义相比，利益相关者理论推动企业管理经营者在企业管理经营中需要综合平衡各方利益，企业的发展离不开各种利益相关者的参与投入，企业应该追求所有利益相关者的整体利益，而不仅仅是股东等个别主体的利益。[①]

一座城市公共文化发展的“利益相关者”包含：政府文化艺术管理部门、公共文化机构、文化艺术企业、社会组织和个人等，而公共文化的重要目标是追求文化艺术社会效益的最大化，在保障民众享有基本文化权利的同时，提供高质量的文化艺术产品和服务，其管理的过程也是实现所有参与主体利益最大化的过程。这种模式由一切与城市文化建设关系密切的利益相关者共同参与，旨在强调主体之间的协同治理，形成多中心的管理机制，以满足社会对公共文化艺术产品与服务的多样性需求[②]。

在西方发达国家的公共艺术管理中，政府从单一的公共艺术管理逐渐过渡到公共管理学领域的共同治理，传统自上而下的公共行政管理开始向共同治理的管理模式转变，这是西方发达国家面对文化产业结构升级所做出的必要改变[③]。黄昌勇（2015）认为：

> 在构建公共文化服务体系的共同治理体系中，政府依然当仁不让地作为主导者控制全局，但政府职能由管理型政府向服务型政府转变，在倡导有限政府和大社会的共同治理模式中，引入大量私人企业、非政府组织或非营利机构承担公共文化艺术服务体系的职能。[④]

不同的公共文化服务模式，相应体现出不同的特点，但可以肯定的一点是，发达国家采用的公共文化服务模式，都可以归入现代公共管理学意

---

① ［美］弗里曼著；王彦华，梁豪译.战略管理：利益相关者方法［M］.上海：上海译文出版社，2016：5-6.

②③ 成啸.共同治理模式下的澳大利亚公共文化艺术管理体系初探［J］.艺术管理，2017（1）：44-50.

④ 黄昌勇.公共文化建设社会化的根本［N］.文汇报，2015-03-30（5）.

义上的共同治理模式。毛少莹（2007）认为：

> 各国除政府部门外，都有大量的非政府、非营利组织，即所谓的第三部门，参与公共文化服务的提供。“治理”是公共事务管理方式的一种新发展，“治理”与传统的“统治”有本质区别，主要表现为统治的权力是自上而下的单向运作过程，而治理则是多元的、上下互动的过程。[①]

姜亦凤（2008）认为，需要注重公民参与文化的培养，并运用了公共行政的“自我均衡”的概念来分析公民参与公共文化服务建设的必要性：

> 在参与行动中，除了通过对话来表达个人的期望，还要从人与人相互沟通和学习中寻求民主参与的共识。在达到某种程度的共识之后，再去采取行动付诸实现，以解决共同的问题。因此，民主行政的治理只有在共同参与存在时才具有意义。[②]

政府作为发起者，在“文化之都”建设中处于主导地位；社会力量作为相关方，为“文化之都”的具体实施提供资金、场地、人才、服务内容等支持。由于“文化之都”建设过程中资金、信息、人员、服务、内容等交换过程形成了连接政府、企业、市民、艺术团队等的与多方面相关的平台，使参与“文化之都”建设的各要素相互依存、密不可分。“文化之都”城市在具体实施、建设过程中涉及的这些“利益相关者”，在客观上转变了传统的政府包办的、单一的文化治理模式[③]，激发了社会力量参与公共文化发展的潜能。

---

① 毛少莹.发达国家的公共文化管理与服务[J].特区实践与理论，2007(2):50-68.

② 姜亦凤.我国公共文化服务体系构建中的公民参与研究[D].青岛：中国海洋大学，2008:6-9.

③ 王春雷，赵中华.2009中国节庆产业发展年度报告[M].天津：天津大学出版社，2010:23-24.

第三节 竞争与交流理论中的公共文化维度：公共文化国际交流成为城市国际化的重要标志

一、约瑟夫·奈的文化软实力

20世纪90年代，约瑟夫·奈（Joseph Nye）较为系统地提出和阐述了“软权力”的概念，并将其作为支撑文化外交的理论基础。约瑟夫·奈认为：

> 过去，对一个大国的考验是其在战争中的实力，而今天，实力的界定不再强调军事力量和政府。技术、教育和经济增长等因素在国际权力中正变得日益重要。一个国家的综合国力既包括经济、科技、军事实力等体现的“硬权力”，也包括以文化和价值观念、社会制度、发展模式、生活方式、意识形态等吸引力体现出来的“软权力”。[①]

越有竞争力的城市，其文化氛围越浓郁、文化底蕴更丰富、文化事业更发达，因而文化也越具有兼容性，文化魅力、文化吸引力也就越强。纽约、伦敦、东京和巴黎是国际公认的四大世界城市，他们的竞争力不仅体现在经济上，更体现在社会、文化等领域的综合竞争力上。正如现代营销学家菲利普·科特勒（Philip Kotler）（2001）所指：

> 如果这座城市不想被淘汰，就必须像营销产品一样营销这座城市，并把城市作为品牌，进而继续保持自己在竞争中的地位。因此，城市政府必须通过城市营销手段来经营城市、管理城市，塑造城市品牌形象，以提高城市的竞争力和吸引力。[②]

在科特勒的基础上，美国学者戈特姆（Gotham）提出了“城市营销品

① Nye J. Soft power [J]. Foreign Policy, 1990 (3):166.

② ［美］科特勒.国家营销——创造城市财富的战略方法［M］.北京：华夏出版社，2001:66-70.

牌化理念”，认为“营销城市的目的是为了强化城市的正面形象，可以通过旅游和庆典等活动把城市的文化现象连接到更加广阔的空间”[①]。正如“文化之都”的当选，为城市文化产品、文化信息、文化人才等生产要素的聚集提供了有利契机。一些“文化之都”城市成为本国和本地区城市网络的空间节点，文化生活与社会经济发展之间的关系日益密切。在“文化之都”建设的带动下，城市文化功能不断扩张，市民对文化、休闲、娱乐活动的需求不断提升，城市文化供给能力也相应地增长。在此过程中，城市的文化竞争力不断彰显，文化软实力逐步增强。作为“文化之都”城市，文化建设不仅要满足本地居民的需要，还应适应和引导更广阔地域人群的需要，“文化之都”城市只有不断释放其外向性与开放性才能保持自身的多样性。因此，从文化软实力的角度，作为具有国际性要素的“文化之都”城市，其公共文化建设不能是内向的、封闭的，而应该是外向的、开放的。

“文化之都”建设既不会置申请和当选城市于政治争论的焦点，也不对其附加过多的意识形态条件；虽然不同的“文化之都”都有其各自的入围要求和评价标准，但彼此又不具备责任约束与限制；虽然带有一定的国家、区域和地方色彩，但又因大量的跨国、跨地区交流合作元素，使国际化色彩更加浓厚。这种以“文化之都”为纽带的城市网络联盟，是维护文化多样性、提升社会发展活力而行动起来的一种跨越利益疆界的城市互动行为，是对城市文化的再定位和城市精神的再培植[②]。纵观“欧洲文化之都”“东亚文化之都”“创意城市网络”等“文化之都”，对城市“文化软实力”有较高需求，对“文化之都”建设所依托的城市物质条件和人文精神环境等均有较高要求。因此，就如何才能提升城市核心竞争力方面，吕拉昌、黄茹（2013）认为，“城市文化资本”是提升“软实力”的重要因素：

> 世界上所有城市形象良好、城市文化活力强的城市，无不独具特定文化构成关系和良好城市形象概念。如巴黎——“世界服装之都”

① 吴廷玉.城市文化策划与城市生态研判[M].北京：清华大学出版社，2015：38.

② 许平.“创意城市网络”与设计城市格局——关于中国“申都”城市的文化断想[J].装饰.2011（12）：16-20.

和“世界浪漫之都”；维也纳——“世界音乐之乡”；东京——“东西文化的交汇城市”；伦敦——“充满选择机会的城市”；罗马——“古典文化集萃的城市”；香港——“最自由和安全的城市”……这些城市的整体形象为城市文化创造了无穷的魅力，城市形象概念要素成为城市形象的“表意符号”，带着人们理性的理解和感性的认识。①

从“文化之都”建设实践可以看出，许多“文化之都”城市在公共文化发展上不断追求设施体系的完善、文化产品的充实，也有更多的“文化之都”城市成功提升了文化软实力，为公共文化发展奠定了基础，为市民打造了一个更具活力的城市文化生态圈。“文化之都”的形成固然要有经济优势、区位优势、城市规模、基础设施、经济服务等方面的条件，但文化条件，尤其是公共文化在“文化之都”所处的城市网络中发挥的作用最为重要。在国际合作交流日趋深入的今天，“文化之都”作为国际区域间多边性交流合作的创新形式，其所构建的国际城市网络，拓宽了城市公共文化发展的国际视野，突出了文化资源和服务覆盖的区域共享和全球参与性。

二、芝加哥学派的社会心理空间聚合

在社会学中，“空间”除土地、资源、财产等物理实体外，还涉及信仰与观念，以及将民众团结在一起的诸多信念、方言、风俗、制度等内容。1921年美国芝加哥学派的罗伯特·帕克（Park Robert）等学者提出“社会心理距离”这一概念②，用以描述、反映人际交往过程中的状态。帕克认为，“作为社会成员个体的心理及行为总是打上本民族心理影响的烙印，这时，作为社会人之间的社会心理距离也往往会体现为两个民族之间的心理距离”③。这就为“文化之都”建设中公共文化的国际交流提供了理论依据。

---

① 吕拉昌，黄茹.世界大都市的文化与发展［M］.广州：华南理工大学出版社，2013：34.

② 童强.空间的哲学［M］.北京：北京大学出版社，2011.

③ Park R E. Sociology and social sciences [J]. American Journal of Sociology, 1921 (4):401-424.

“文化之都”依托在民族、历史、语言等方面有密切联系的国家和地区，以城市为场域、以文化为主题，为具有不同信仰观念的国家和民族提供了文化交流与合作的平台。这一平台作为承载双方甚至多方精神理念与经济产业的重要场所，实际上已经发挥着民族心理空间聚合的重要作用。对于类似“文化之都”这样的对外文化交流新模式，张燕（2009）认为：

> 可以避开政治合作中的敏感性和经济合作中的利益之争，在实践中发挥着明显的优越性：在城市层面，提高文化认同、提升公众的审美感受力、凝聚城市精神、丰富城市文化形态；在国家层面，既能为建设先进文化，维护国家文化安全服务，也能为提升国家威望、实现国家战略起到重要作用；在国际层面，不仅能塑造国家良好形象，营造和谐的国际环境，还能推动政治经济发展。①

“文化之都”建设以文化作为城市发展的主要元素。在这个由一系列城市联结起来的城市网络联盟中，每一个当选城市都能运用这个平台，实现城市文化产品和服务的国际化发展。可以说，公共文化在很大程度上实现了文化活动及其国际文化交流的多样性和丰富性，特别是在与国际同类城市同台交流展示中，促进了文化艺术从单一城市向国际城市群的延伸，拓展了公共文化国际交流的空间架构，带动了政府和民间等各个层面的资源，进而更全面地凸显城市作为“文化之都”的文化气质、文化涵养和文化实力。

从动因上看，区域经济一体化需要国际文化合作的支撑。尽管国际交流可呈现为多种渠道和表现形式，但从国家到城市再到大众，各方都需要增进了解、增强互信，而公共文化被视为确实能够拓展这一交流合作的重要渠道。“文化之都”公共文化国际合作交流的一大亮点就是能够很好地利用与周边地缘相近、人缘相亲、文缘相通的“文脉”，发挥“走出去”“请进来”的便利条件。一方面，“文化之都”建设对于增进不同政体、思想意识形态和经济社会发展水平的国家和地区之间的沟通具有重要意义。在“文化之都”框架下，不同民族、文化背景的国家增进对彼此的了解和欣赏，

① 张燕.从“上海周”看对外文化交流的作用[D].上海:复旦大学,2009.

如“阿拉伯文化之都”将文化作为缓和宗教和政治冲突的重要渠道；联合国“创意城市网络”以文化为主题，促进发达国家对发展中国家的带动发展；“世界图书之都”以阅读推广为主要任务，促进世界各地不同的知识、文化、文明的交流；“欧洲文化之都”提升欧洲不同发展历史背景的城市之间的沟通、了解，寻求以“欧洲范畴”共同主题的发展理念。另一方面，“文化之都”所搭建的平台对于众多中小型城市、转型发展的城市和亟须提升国际知名度的城市而言，具有不可替代的意义。如在2011年“欧洲文化之都”芬兰图尔库市吸引了瑞典、德国、美国、英国等十多个国家的文化艺术资源，这大大提升了这座北欧小城的国际形象和知名度；“东亚文化之都”泉州与同年当选的光州、横滨两市共同策划开展了30多个文化交流互访活动，在泉州特色文化“走向”光州、横滨，得到广泛关注的同时，来自光州、横滨的文艺展演让泉州的城市文化更添“国际范”；瑞典小城于默奥更是将“街头文艺系列展”这一本土艺术项目，发展成为国际化色彩浓厚、贯穿全年、持续开展的跨国文化艺术交流品牌。李红（2012）认为，持续不断的文化合作为有知识外溢的区域提供了国际发展的基础，为区域一体化进程提供支撑[①]。这种以文化交流带动经济社会各领域交流合作的互动机制，体现了“文化之都”国际性的显著特征。

第四节　节事理论中的公共文化维度：大型活动对公共文化发展的促进作用

一、唐纳德·盖茨的节事理论

唐纳德·盖茨（Donald Getz）在《事件管理和事件旅游》（*Event Management & Event Tourism*）一书中提出了节事（Festival & Special Event）的概念。他认为：

---

① 李红.国际文化合作的经济分析——以中国—东盟区域为例[M].北京:中国社会科学出版社,2012:346.

> “节事”是指短时发生的、一系列活动项目的总和。节事的举办指能使主办社区和目的地产生较高的旅游和媒体覆盖率、赢得良好声誉或产生经济影响的事件。[①]

在盖茨“节事”概念的基础上，国际节日和事件联合会（International Festival & Events Association，IFEA）把事件划分为“大型事件（Large Events）、小型事件（Small Events）、艺术事件（Arts Festivals）、体育事件（Sporting Events）、展览会（Fairs）、与公园和游憩相关的事件（Parks & Recreation Events）、城市政府组织的事件（City Offices）、会议与观光事件（Conventions & Visitors Bureaus）”八个主要类别[②]。莫里斯·罗奇（Maurice Roche）结合了当前节事发展的趋势、目标观众和市场等因素，将节事分为重大节事、特殊节事、标志性节事和社区节事四大类[③]（表3-1）。

表3-1 莫里斯·罗奇对节事类别的划分[④]

事件类型	实 例	目标观众 / 市场
重大节事	世博会 奥运会 世界杯	全球范围
特殊节事	F1（世界一级方程式锦标赛） 区域性赛事（如泛美运动会）	世界/国内
标志性节事	国家体育赛事（如澳大利亚运动会） 大城市体育赛事/节日庆典	国内/区域
社区节事	乡镇事件 地方社区事件	区域/地方

此外，伦敦大都市委员会（Metropolis Commission）曾于2002年提出

---

① Getz D. Event management & event tourism [M]. New York: Cognizant Communication Corporation, 1997:4-10.

② Getz D. Festival, special events and tourism [M]. New York: Van Nostrand Reinhold, 1991:88-100.

③④ Roche M. Mega-events and modernity: Olympics and Expos in the growth of global culture [M]. London: Routledge, 2000:6.

了判断大型节事的五个标准，即“节事的独特性、需要大量的投资、影响城市持续的转变、吸引大量游客、吸引国际媒体报道”①。

节事理论的经济学依据源于现代经济形态之一的“注意力经济”，即通过举办会议、展览刺激经济发展，这已成为许多城市打造品牌的一个途径。如法国戛纳因举办一年一度的戛纳电影节成就了城市品牌；具有多年历史的莱比锡博览会为德国莱比锡注入了经济发展动力；美国盐湖城原本并不出名，但举办了2002年冬季奥运会后一跃成为世界著名城市。王璐（2011）将节事与城市建设的关系归纳为“初级阶段、发展阶段、融入城市整体建设阶段以及融入城市可持续发展建设阶段”，并认为：

> 这四个发展阶段的特征分别为：单体建筑—建筑群—多元化规划模式—对城市建设和城市形态产生深远影响。经过四个阶段的发展与蜕变，节事与城市发展的关系经历了‘以节事举办为主导’向‘以城市发展为主导’的建设模式的转变。②

吴廷玉（2015）在对大事件推动城市品牌塑造的功效和影响力分析时指出：

> 城市品牌是城市多种有形资产和无形资产的积累……城市这种特殊的“产品”具有非常丰富的质性，不仅包括城市的各种历史文脉资源，还涉及城市所提供的各种公共产品或服务，比如企业状态、贸易环境、投资环境、地域特色、气候状况、城市形象等。③

与“注意力经济”不同的是，“文化之都”不只是一个短期的文化工程而已，从筹备、创建到后续建设，“文化之都”建设的生命力是长期的。

---

① Metropolis Commission. The impact of major events on the development of large cities［R］. 2002//杨乐平，张京祥.重大事件项目对城市发展的影响［J］.城市问题，2008（2）：11-15.

② 王璐.重大节事影响下的城市形态研究［M］.北京：中国建筑工业出版社，2011：33.

③ 吴廷玉.城市文化策划与城市生态研判［M］.北京：清华大学出版社，2015：37.

它不仅涉及音乐、舞蹈、戏剧、绘画等文化项目的阶段性效益，还拓展至建筑、设计、旅游、教育、科技、宗教、体育等城市发展的众多领域，并重点围绕文化交流、文化产业合作、公共文化建设、非物质文化遗产保护与传承等内容进行全面深入的规划建设。如联合国教科文组织的“创意城市网络”中的“文学之都”标准中提出“以文学为媒介，开展为促进国内外文学发展的文学活动和相应节庆”；“电影之都”提出“举办电影节、组织经常性电影观影等相关活动”；“音乐之都”提出“实现音乐的大众化普及，广泛开展各类音乐活动，促进业余音乐组织及其活动发展”等。从已有的“文化之都”建设成效来看，“文化之都”给当选城市带来影响和效益是长期的、可持续的。

二、韦恩·奥图和唐·洛干的城市触媒理论

1989年由美国学者韦恩·奥图（Wayne Atton）和唐·洛干（Donn Logan）在《美国都市建筑——城市设计的触媒》（*Urban Architecture in the United States—a Catalyst for Urban Design*）一书中提出了“城市触媒”（Urban Catalysts）的概念，并认为：

> 满足特定条件的城市新要素可以构成“城市触媒”，通过积极有效的“触媒介质”相互作用力，激发并引导更多其他城市要素的发展，从而产生积极联动的“触媒效应”，最重要的是，该触媒并非单一的最终产品，而是一个可以刺激与引导后续开发的元素。[①]

基于城市触媒理论，城市事件从某种意义上来说就是城市触媒的“发生源”。在韦恩·奥图和唐·洛干看来，城市事件的开展能够“使城市发生‘化学反应’，引发城市发生强烈的、有一定延续性的连锁反应，使城市变

① ［美］奥图，洛干著；王劭方译.美国都市建筑——城市设计的触媒［M］.台北：创兴出版社有限公司，1994：30-38.

得更加充满活力，也更加充满魅力”[①]（图3-2）。一次成功的城市事件虽不能达到成就一座城市的效果，但可以让城市在短期内发生嬗变，吸引投资和人才，促进当地社会经济的发展，实现城市功能复兴、竞争力提升[②]。

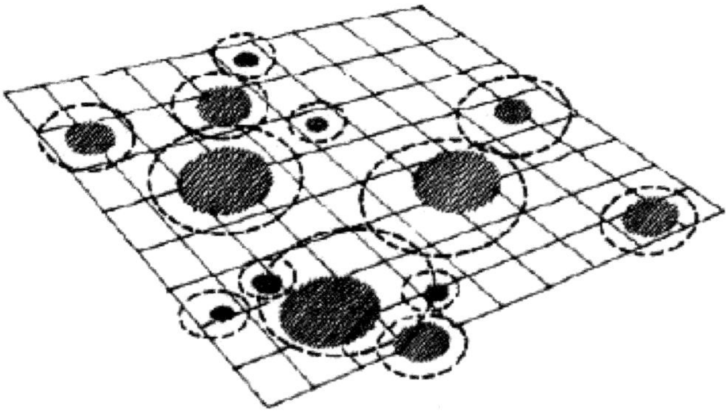

图3-2　韦恩·奥图和唐·洛干的“城市触媒理论”示意图

因此，一座城市的公共文化发展，可以通过策略性地引入适宜的“城市触媒”，如节庆、“文化之都”城市评选等重大事件作为“触媒介质”。通过构建科学合理的触媒机制，产生积极联动的“触媒效应”，从而给亟待发展的城市区域注入活力、激发城市潜能，实现城市在“文化之都”建设框架下的全面发展。

第五节　城市空间理论中的公共文化维度：公共文化提升城市文化品质

一、亨利·列斐伏尔的空间生产理论

不同城市建设“文化之都”的方法策略各有千秋，加之文化的多样性

---

① ［美］奥图，洛干著；王劭方译.美国都市建筑——城市设计的触媒［M］.台北：创兴出版社有限公司，1994：30-38.

② 李旭旭.基于城市触媒理论的城市旧工业地段更新研究［D］.重庆：重庆大学，2015：36.

表现形式，会孕育出不同的城市个性。亨利·列斐伏尔（Henri Lefebvre）在城市边缘观点、人道主义价值观以及美好生活需求的基础上，将文化放置在“空间性”的位置重新梳理和思考，提出了空间生产理论（the Production of Space）。列斐伏尔认为：

> 我们要有选择自己城市的权利。城市规划的不只是空间，还规划了我们的生活、我们的生命。城市保障了市民享有医疗、教育、消费、文化等各种现代生活文明的权益……城市决定了我们是什么，但是我们无权决定城市是什么；城市保障一切权利，唯独剥夺了我们改造城市的权利。这就是“城市的权利”。[①]

列斐伏尔在生产关系之上强调人的因素，重视个体与空间的相互影响和作用，强调空间的政治价值和经济价值。在列斐伏尔看来，“空间”是由“具有物质的本质、形态、质感及其颜色的具体事物的总和所决定的”；“场所精神”的形成，就是利用这些空间特质，尤其是城市的文化特色，使空间和人产生亲密的关系[②③]。武常岐（2015）认为，城市的资源不仅是有形的“物体”，还包括各种文化符号、特色文化活动以及呈现在手工艺、制造业与服务业中所蕴含的种种“地方性产物”[④]。世界上有许多城市正是通过城市的空间特色，成功塑造了经久不衰的城市形象：如威尼斯是水城、鹿特丹是船城、夏威夷是波利尼亚文化城、罗马是古罗马文化之城、维也纳是音乐之城、佛罗伦萨是绘画和雕塑之城、洛杉矶是电影文化之城、巴黎是时装之城、里约热内卢是狂欢之城等[⑤]。纵观“文化之都”的发展建设，其之所以能够持之以恒、长期开展，是因为这些“文化之都”城

① Purcell M. Excavating Lefebvre: the right to the city and its urban policies of the inhabitant [J]. Geo Journal 2002 (2):99-108.

② Lefebvre H. The production of space [M]. Wiley: Blackwell, 1991.

③ [挪]诺伯舒兹.场所精神[M].武汉:华中科技大学出版社,2010:7.

④ Charles L. The creative city: a toolkit for urban innovators [M]. Earthscan Copyright, 2000:11.

⑤ 武常岐.世界经典文化产业园区[M].北京:中国建筑工业出版社,2015:10.

市都有自己的文脉、本土文化之根，“文化之都”建设具有鲜明的文化特色。“文化之都”的建设过程其实就是构建全体公民在物理上熟悉、在感情上认同、在发展上受益的特质空间的过程，既切合了当地风俗习惯，又符合当地民众的审美心理与鉴赏情趣。

帕特里克·格迪斯（Patrick Geddes）又从生物学、社会学的角度来分析城市发展，弥补机械主义忽视人的自然性和社会性的缺陷，强调了人与环境之间的相互关系。其1915年出版的《进化中的城市》（*Cities in Evolution*）提出了把城市看作“有机统一体”的城市观，认为“城市规划要获得成功，就必须运用科学的方式认识城市，要用有机联系和时空统一的观点来理解城市，既要重视物质环境，更要重视传统文化”[①]，并认为“在改造城市时不能忽视城市的历史与文化，要把城市当成一个活的有机体”[②]。在帕特里克·格迪斯的基础上，安迪·普拉特（Andy Pratt）分析了独特的城市文化遗产之于城市文化建设的重要性：

> 文化遗产独一无二的因素就是地方独特性（place specific），代表了地方形象。这些形象与代表性本身就是一种资产，对以后更进一步提升地方、区域以及国家的形象非常有用。[③]

可以说，成为“文化之都”的城市首先应是具有一定文化特色的城市。这种文化特色可以是悠久的历史积淀、独特的地方传统，或者是在科技和时代与时俱进的过程中共同形成的新文化形态和城市精神[④]。纵观“文化之都”几十年的发展历程，其本身就是一个文化多样性的展示平台，拥

---

① Geddes P. Cities in evolution: an introduction to the town planning movement and to the study of civics [M]. Routledge: Thoemmes Press, 1997.

② Meller H E. Patrick Geddes: an analysis of his theory of civics, 1880-1904 [J]. Victorian Studies, 1973 (3): 291-315.

③ Pratt A C. Creative clusters: toward the governance of the creative industries production system [J]. Media International Australia, 2004 (1): 1-30.

④ 刘容.联合国教科文组织创意城市网络研究[M].北京：中国社会科学出版社，2016：111.

有高度集聚的文化多样性和共存发展的多元文化。人才、资金、技术、信息、创新等各种城市空间生产要素自然也就高度集聚，并且相互影响、相互作用。正因如此，“文化之都”城市拥有了比一般城市更为丰富的文化资源，获得了更为广阔的发展空间，市民文化需求也能不断被满足。相对于国内同级别其他城市，“文化之都”城市显示出了更强的文化多样性和包容性。因此，各种空间生产要素能够并且持续在“文化之都”建设框架下汇总、聚合、选择、发展、继承。可以说，从城市空间生产的角度来看，“文化之都”是一个在城市场域下对城市空间各生产要素进行再次整合利用的国际平台。

在这个国际平台中，“文化之都”以贯穿全年、规模宏大、面向大众的方式为个体与个体、个体与城市、城市与城市之间的沟通、对话和分享创造了一个公共空间。这个城市空间兼具各类生产要素的特征，又具有全民共享、共庆的特征和全民互动参与的特质[①]。聚焦“文化之都”文化发展的空间要素，公共性是其基本形态：一方面，“文化之都”强化了“文化”以“公共”的角色进入城市空间，并成为可吸纳万千民众的互动平台；另一方面，“文化之都”又通过城市空间的公共性让国内外了解这座城市所拥有的独特的城市文化价值取向、城市文化精髓、城市发展的情感脉络和市民的生活状态。

二、诺伯·舒兹的公共空间场所精神塑造

“场所精神”是一个建筑学概念，由诺伯舒兹（Christian Norberg-Schulz）于1979年提出。该理念突出了文化精神和文化特色对于形成场所精神的重要性，认为人需要在空间中去体验城市的文脉，从中形成对于城市的文化认同感和归属感。舒兹认为：

> 城市由许多的场所构成，而每个场所不仅要有实体形式，而且还拥有自身特有的精神特质，这些特质和城市的传统、文化、历史等紧

① 陈圣来.艺术节与城市文化[M].上海：上海社会科学院出版社，2013：102-103.

> 密相关，从而使得这些场所具有独特的场所精神。若人对于构成其环境之中自然的和人为的物丧失了认同感，就会引发强烈的疏离感和割裂感，找不到自身与城市空间的联系。首要的就是重塑场所精神，构筑具有意义的场所空间，使得触媒要素可以在文化媒介的催化下获得持久深远的触媒影响，并与之共振、整合扩大这种影响范围。通过点、线、面触媒媒介要素的整合，重塑公共空间场所精神，使得城市的空间意象成为一个网络化、结构化的文化认知系统，从而延续城市的文脉。①

简·雅各布斯、刘易斯·芒福德、扬·盖尔等城市文化理论家均从不同角度强调了城市的文化特色以及文脉对于城市的重要性②。简·雅各布斯（Jane Jacobs）（2005）认为：

> 城市里各群体丰富多样的需求，产生了极具多样性的城市文化。一个城市的整体性表现在能够把有共同兴趣的人集拢到一起，这就是城市最大的可用资源之一，城市提供多样性的选择是支持城市多样性天性的基本要求。③

公共文化依靠公共空间向全体市民传递城市与社会的文化精神，为大众带来审美上的享受。实践表明，“文化之都”这种城市文化发展范式，既拓展了全民参与的广度、兼顾普及与提高梯度，又形成与“文化之都”城市经济社会发展相适应、与人民群众精神文化需求相匹配的文化环境。

成为“文化之都”的城市都具有较为敏锐和前瞻性的眼光，面对城市发展很快意识到城市文化建设对于城市转型和可持续发展的重要价值。作为一种动态创建机制，“文化之都”最直观的做法是根据实际需要，完善文化设施网络，丰富城市公共空间的文化内涵，为开展文化活动和文化长

---

① ［挪］诺伯舒兹著；施植明译.场所精神：迈向建筑现象学［M］.武汉：华中科技大学出版社，2010：167.

②③ ［加］雅各布斯.美国大城市的死与生［M］.南京：译林出版社，2005：129.

期发展提供足够的公共空间。通常，早期的“文化之都”一般采取以下两种方式来打造公共空间的“场所精神”：一是大力兴建、完善各种文化基础设施，如图书馆、博物馆、展览馆、音乐厅、大剧院、电影院、会议中心、体育馆、文化广场等；二是对原有文化遗址、工业旧址等加以改造利用，对现存文化物质载体进行重新规划、功能置换和再利用。在“文化之都”发展建设的众多案例中，最为典型的当属英国城市格拉斯哥。格拉斯哥在面对工业衰退、工人失业时，最初的做法是解决民众的住房问题，着重改善城市的“硬件”。后来逐渐意识到，这是治标不治本的做法，并未从根本上解决城市发展的动力问题。因此，筹备“欧洲文化之都”时，格拉斯哥市咨询了麦卡锡咨询公司（McKinsey & Company），第一步就是整合、新建、完善城市文化基础设施，为城市空间场所增添更多文化要素，为市民提供更公平、高效、便利的文化服务，以这种“绅士化”的改造，有效应对城市发展乏力、城市衰败等各种危机①。

“文化之都”城市的这些新建或改建的公共文化空间，不仅弥补了原有城市功能的缺陷，为老旧城区和建筑注入新的活力，还以“文化之都”名义开展了形式多样、市民喜闻乐见的文化娱乐活动。可以说，“文化之都”在全球范围内的兴起与发展，与“文化之都”公共文化在其中发挥的功能和作用息息相关。

第六节 创意产业理论中的公共文化维度：公共文化带动文化产业

一、保罗·罗默的边际收益递增理论

在知识经济社会中，文化产品是低能耗、高收益和高文化享受的可持续产品，其本身具有无形性、承载性、共享性，注重的是人在创造、美

① 刘容.联合国教科文组织创意城市网络研究［M］.北京：中国社会科学出版社，2016：112.

学、艺术等精神层面的诉求[①②]。对此，保罗·罗默（Paul Romer）（1986）在其《收益递增与长期增长》（*Increasing Returns and Long Run Growth*）一文中对知识经济生产要素的“经济效益”进行了概括。他认为：

> 特殊的知识和专业化的人力资本是经济增长的主要因素，知识和人力资本不仅能自身形成递增收益，而且能使资本和劳动等要素也产生递增收益，从而使整个经济的规模收益递增。[③]

对此，在罗默的基础上认为，有学者总结了文化产品在经济运行中的“边际收益递增”效应，即随着文化要素投入的增加，产出越多、“生产者”的收益越多[④]。从经济学角度看，文化产品生产的初始成本较高，但它的产品复制和传播成本很低，其销售与传播的规模越大，效益就会越大。与物质产品的收益规律不同，文化产品主要依赖非物质形态的文化与智力资源，在不消耗或很少消耗物质资源或能源的条件下，呈现边际收益递增效应。

按照发展经济学的观点，“人均GDP在3000美元以下时，人们以维持生计的物质消费为主；人均GDP达到3000美元左右时，进入物质消费和精神消费并重时期；人均GDP达到5000美元时，进入文化消费活跃、迅速攀升阶段”[⑤]。公共文化以其内在的公益性、基本性、均等性、便利性，很好地满足了这一日益增长的文化需求。当选“文化之都”的城市一般是在本国或本地区发挥了关键节点作用的城市，其公共文化的进一步发展也正是得益于“文化之都”建设带来的城市文化资源和生产要素的高度聚集。在

---

① 姚林青，卢国华.文化创意产品的经济性质与外部约束条件［J］.现代传播（中国传媒大学学报），2012（5）：106-110.

② 刘晓东.基于价值增长机制的文化创意产品价值共创研究［D］.上海：东华大学，2017：17-18.

③ Romer P. Increasing returns and long run growth [J]. The Journal of Political Economy, 1986 (5):1002-1037.

④ Wattanasuwan K. The self and symbolic consumption [J]. The Journal of American Academy of Business, 2005 (7):179-184.

⑤ 柳斌杰，雒树刚，袁曙宏.中华人民共和国公共文化服务保障法解读［M］.北京：中国法制出版社，2017：5.

“文化之都”建设框架下，市民参与文化活动的热情被进一步激发、大众的文化艺术欣赏能力被进一步提升、城市对高质量文化产品的需求被进一步挖掘，这些都为文化产品的传播和效益的递增提供了巨大潜能。

已成为或正在加入“文化之都”的城市都是紧跟时代潮流、敏锐审视发展趋势、善于及时创新的城市。虽然这些城市都有自身与生俱来的文化底蕴和特色，但并未固守原有的模式，而是能够在继承文化特色的基础上，善于与时俱进、开拓创新，为城市发展搭建国际性的交流创新平台，谋求与世界同步发展。泉州的闽南文化、清州的筷子文化、蒙斯的科技文化、鲁尔的工业文化、里尔的建筑文化、于默奥的萨米文化、圣塞瓦斯蒂安的电影文化、瓦莱塔的海洋文化等，均在城市“文化之都”交流中被发扬、传承、传播、扩大。更值得称道的是，在“文化之都”的后续建设中，许多城市的公共文化和文化产业能在已有成就上继续不断推进，继续发挥辐射、带动效应。譬如，许多“文化之都”城市选择将当选年的热门活动，发展成能够持续开展的市民常态化文化活动。文化的边际效应在“文化之都”建设的带动下不断递增，最终满足的是人的不断增长的精神文化诉求。

二、查尔斯·兰德利和理查德·佛罗里达的创意城市理论

查尔斯·兰德利（Charles Landry）在《创意城市：都市创新的锦囊妙计》（*The Creative City A Toolkit For Urban Innovators*）（2000）一书中从城市传统与创新、民族特色与国际定位相结合的角度，把创意城市的发展划分为不同的等级。理查德·佛罗里达（Richard Florida）也从经济学角度提出了创意阶层的“3T原则”[①]，并认为，人对各种城市生活便利条件（urban amenities）的要求会越来越高，而在这些“便利条件”中起到重要作用的就是完善的公共服务和良好的文化环境。张廼英（2015）认为，在创意城市研究领域看来，查尔斯·兰德利和理查德·佛罗里达的共同之处在于“均认为一个有利于文化参与活动的社会环境能产生新思想和新主见，从而有利于加大创意的生成”，并进一步解释说，“这就是一些城市采

① “3T原则”指：技术（technology）、人才（talent）和宽容（tolerance）。

取资助特殊艺术区或举办多元艺术节来吸引创意阶层入驻、激活落后城市经济的重要原因”①。

早在20世纪70年代，联合国教科文组织和欧洲议会开始关注创意产业的发展。80年代开始，以伦敦为首的城市文化产业兴起了一轮发展高潮。英国利物浦、谢菲尔德、伯明翰等亟须调整产业结构的城市以及90年代的英国中部、北部传统工业城市都纷纷以创意产业作为城市复兴、重新适应新经济的重要手段②。从国际发展的大环境看，“文化之都”的兴起无不与以创意驱动城市转型发展的探索实践息息相关。在英国，政府积极推动创意产业、界定标准，选定了十三项产业作为创意产业的范畴，其中博物馆、音乐、艺术制造、表演艺术等均是城市公共文化发展的重要内容；在城市层面，艺术机构与地方政府纷纷开展合作，成立了许多专业组织，如默西赛德郡文化艺术和传媒公司、伦敦哈姆雷特堡文化产业发展推介中心、康沃尔郡创意恺罗公司等。这些既是以城市为单位推动文化创意产业长期发展的重要力量，又是许多欧洲“文化之都”建设中文化艺术资源的重要供给者。此外，在瑞典、芬兰、丹麦等北欧国家，不仅从国家层面推动了多项关于加强创意产业培训教育、版权保护、资金提供等的政策的出台，还在创意领域注重对传统文化的保护，尤其是加大对城市非物质文化遗产和博物馆等文化资产的保护与传承力度。文化创意产业甚至一度成为斯德哥尔摩、奥胡斯、图尔库、于默奥、卑尔根、斯塔万格等“文化之都”城市建设过程中的亮点。

与欧洲“文化之都”创意产业发展重点领域不同，亚洲国家主要在设计、服务、动漫、游戏等领域推动创意产业发展。如新加坡、日本的动漫和韩国游戏产业，在世界创意产业格局中是非常有特色的。“东盟文化城市”新加坡围绕创意带动城市发展理念制定了“文艺复兴城市2.0”“设计新加坡”“媒体21”等具有先进国际理念的城市发展战略；“东亚文化之都”日本新潟、奈良均以动漫为城市文化品牌和亮点，在公共文化的国际交流合作中推出了众多以动漫为主题的项目和活动。可以看到，创意产业

---

① 张廼英.创意产业理论与实践[M].上海：同济大学出版社，2015：45-46.

② 刘容.联合国教科文组织创意城市网络研究：文化多样性与文化产业的双赢[M].北京：中国社会科学出版社，2016：82-83.

的发展需要有国际性的资源和平台，而“文化之都”的打造需要有创意产业的内涵和动力支撑。

在“文化之都”的发展过程中，“文化之都”的存在形态决定了其本质上与公共文化之间的高度一致性和不可分割的内在关联。基于此，本书通过上述对与“文化之都”公共文化发展相关维度的理论梳理，总结了“文化之都”建设与公共文化发展的“齿轮效应”（图3-3），即以齿轮运动的方式隐喻“文化之都”建设与公共文化发展的关系。来自“文化之都”建设不同领域的“小齿轮”与“文化之都”公共文化这个“大齿轮”互为动力，共同驱动着城市的发展：公共文化是“大齿轮”，城市文化定位和规划、城市公共服务与管理、城市竞争力、城市大型事件、城市空间与资源建设、创意产业等要素在稳定的组织与制度统筹下形成的文化空间集群是一个个“小齿轮”。“齿轮运动”丰富了“文化之都”建设、推动了公共文化发展，进而增强了城市文化活力、促进了大众的文化参与、提升了城市的国际性形象。在此循环运动、互动发展的机制中，大、小齿轮一起驱动城市文化建设稳步加速发展。

图3-3　“文化之都”建设与公共文化发展的“齿轮效应”

第四章　“文化之都”中的公共文化设施建设

图书馆、博物馆、文化馆等基本公共文化设施不仅是公共文化服务的重要载体，更是城市宝贵的“文化家底”。我国公共文化服务保障法规定的公共文化设施主要包括图书馆、博物馆、文化馆（站）、美术馆、科技馆、纪念馆、体育场馆、工人文化宫、青少年宫、妇女儿童活动中心、老年人活动中心等16种[①]。国内外实践表明，完善的公共文化设施体系已然成为“文化之都”城市的标配。世界城市以及部分国家的文化中心城市均有其标志性、公共性的文化设施：如伦敦的大英博物馆、英国国家美术馆，巴黎的奥赛博物馆、蓬皮杜艺术中心，纽约的大都会艺术博物馆，东京国立艺术中心等。在公共文化设施数量上，莫斯科拥有365家博物馆（2013年数据），洛杉矶和首尔拥有的博物馆数量均超过200家（2015年数据），伦敦有4个世界文化遗产和20511个文化遗址（2014年数据），东京有2个世界文化遗产和879个文化遗址（2016年数据），纽约拥有剧院640家（2015年数据）等[②]。虽然不是每座“文化之都”城市都能与前述伦敦、纽约、东京、莫斯科、洛杉矶、首尔等首都或世界城市相媲美，但纵观各“文化之都”的发展，能够获得各类“文化之都”头衔的城市一般都是本国或本地区的经济社会建设较充分、政治较稳定、文化发展较先进、公共文化服务体系建设较完善的城市。

---

① 柳斌杰，雒树刚，袁曙宏.中华人民共和国公共文化服务保障法解读[M].北京：中国法制出版社，2017：60-61.

② Our cities [EB/OL]. [2017-12-10]. http://www.worldcitiescultureforum.com/.

第一节 公共文化设施体系是"文化之都"的基础条件

凯文·林奇（Kevin Lynch）的《城市意象》（*The Image of the City*）（1960）、艾默斯·拉普卜特（Amos Rapoport）的《宅形与文化》（*House Form and Culture*）（2007）、克里斯托弗·亚历山大（Christopher Alexander）的《城市不是一棵树》（*A City is not A Tree*）（1965）以及沙朗·佐京（Sharon Zukin）的《城市文化》（*The Culture of Cities*）（1996）等城市规划、建设领域的重要著作均对城市空间基础设施建设和文化发展之间的关系进行了论述[①]。国内学者石崧、黄普等（2012）也认为作为一座"国际文化大都市"，其文化设施应具备三种基本要素：

> 一是具有在世界上有相当影响力的标志性文化设施（如巴黎的罗浮宫、纽约的大都会博物馆、悉尼的歌剧院和西班牙毕尔巴鄂的古根海姆博物馆等）；二是具有一批惠及群众、均衡设置的公共文化设施服务网点；三是具有一批妥善保护的历史文化建设和历史文化街区（如伦敦西区、纽约SOHO）。[②]

"文化之都"建设提供了让各种文化艺术形式发展的场馆组合，既增加了大众对文化活动的参与途径，又在文化与建筑、公共空间的互动中激活了待发展的城市空间。这正符合挪威著名建筑学家诺伯舒兹提出的"场所精神"概念的特征，即场所不仅具有实体空间的形式，还具有更丰富的人文精神和内涵[③]。

文化设施建设水平是衡量一座城市是否有实力当选"文化之都"以及"文化之都"各项活动能否开展和实施的前提条件。弗朗哥·比安基尼在

① 卢涛，李先奎.城市核心可持续发展研究的多学科调适理念[M]//单霁翔.从"功能城市"走向"文化城市".天津：天津大学出版社，2007：41.

② 石崧，黄普.上海国际文化大都市发展规划战略探索[J].上海城市规划，2012（3）：27-32.

③ ［挪］诺伯舒兹著；施植明译.场所精神：迈向建筑现象学[M].武汉：华中科技大学出版社，2010：172.

对格拉斯哥、利物浦、法兰克福等欧洲城市的研究中发现，依据城市的文化设施在城市的空间意象塑造和城市整体形象提升方面起到了重要的作用。如大型公共文化设施，其建设水平和运行情况一定程度上成为“文化之都”申请能否成功和“文化之都”期间大规模文化活动能否顺利开展的保障。

在“文化之都”评选标准中，如“欧洲文化之都”，就明确要求申请城市须具备必要的“文化传递能力”（capacity to deliver），“要有用于当选年活动开展的足够、可用的基础设施”是衡量能否当选“文化之都”的重要标准①。我国“东亚文化之都”评选在设施建设上的要求为：“各类文化场馆和设施完善、健全，布局合理，重点场馆达到国际领先水平”和“具有较为完善的公共文化设施网络”②。联合国教科文组织对“创意城市网络”成员城市的总体要求为“应完善文化设施建设，进一步增强文化设施功能的发挥”。具体来看，其“文学之都”要求拥有“为保护、推进和传播国内外文学而专门设置的图书馆、书店，以及私人和公共文化中心”；“电影之都”要求“设立电影档案馆、博物馆以保护电影文化遗产”，以及拥有“有丰富的电影宣传雕塑，完善展现城市电影历史、感受城市电影特色的硬件设施”；“音乐之都”提出“建设并完善音乐表演、欣赏的室内外文化空间”等。

公共文化设施是公众进行文化活动的重要空间和物质载体，它们不仅仅是城市文化精神的物质表征之一，更是增加城市活力、促进经济增长、提高文化认同、塑造城市形象的重要工具，在城市文化建设中扮演着重要角色③。在亨利·列斐伏尔、帕特里克·格迪斯、凯文·林奇等看来，城市的文化设施为展示城市文化特色提供了具象性的展示，是公众感受城市

---

① European Capitals of Culture 2020 to 2033: a guide for cities preparing to bid [EB/OL]. [2017-04-20]. https://ec.europa.eu/programmes/creative-europe/sites/creative-europe/files/library/capitals-culture-candidates-guide_en.pdf.

② 文化部办公厅关于启动2018年“东亚文化之都”申报与评选工作的通知[EB/OL].（2017-04-07）[2017-06-09]. http://zwgk.mcprc.gov.cn/auto255/201704/t20170413_493064.html.

③ Mitchell F R. A post-modern cultural competency framework for public administration and public service deliver [J]. International Journal of Public Sector Management, 2007(20):622-637.

魅力、增强公众对城市的文化认同的重要载体。沙朗·佐京在其《城市文化》（*The Culture of Cities*）一书中也曾多次强调城市空间文化符号对于城市发展的作用。她认为，城市文化空间不仅是艺术的“集散地”，更是艺术的生产、交流和消费的场所，城市文化空间本身就是“可消费的文化商品”[①]。简言之，公共文化设施不但为“文化之都”文化活动的开展提供了基本前提，具有地标性质的文化设施，更是一座城市文化内涵、历史积淀、人文形象的核心表达。

第二节 “文化之都”带动了公共文化设施体系的完善

实践证明，大部分成功当选“文化之都”的城市利用申请、创建以及后续建设所带来的机遇，基本实现了对城市公共设施体系的进一步完善。根据刘易斯·芒福德、哈维·佩洛夫以及亨利·列斐伏尔关于“空间精神塑造”和“城市文化空间规划”的相关阐述，城市原有和新增的大量文化设施成为城市景观的重要节点，并在此基础上形成若干特征鲜明的文化景观，进而重塑了城市的空间意象。在“文化之都”的带动下，城市迎来了空间、资源和文化等多个层面的复兴，并以文化建设为核心动力，实现综合、全面的发展[②]。可以说，公共文化设施建设是否成熟、完备是判断“文化之都”文化建设是否成功的重要方面，也是在城市化进程中衡量一座城市是否具备基本竞争力的重要标准。本书从以下几个方面归纳“文化之都”建设对城市公共文化设施体系完善的主要做法。

一、加大公共文化设施建设的经费投入

“文化之都”建设对公共文化发展的带动作用体现在：一方面是“文

① Zukin S. The cultures of cities [M]. Cambridge: Blackwell Publisher, 1996:88-120.

② 黄鹤.文化政策主导下的城市更新——西方城市运用文化资源促进城市发展的相关经验和启示[J].国外城市规划,2006(21):34-39.

化之都”评审指标的引领作用，另一方面是“文化之都”品牌带来高关注度、对推动经济社会发展的积极作用。由于当选城市可获得更多来自政府财政和社会资金的投入，用于提升城市形象的基础设施建设资金投入也随之加大，尤其是在文化基础设施建设方面的经费投入得到大幅增加。从国内外各类“文化之都”城市的建设实践可以看出，许多城市都在创建期间修建和完善了图书馆、博物馆、剧院、音乐厅等各种文化基础设施，填补了城市公共文化设施网络的空白。

从欧盟官方对“欧洲文化之都”的阶段性整体评估报告中可以看出，1995年以来，“欧洲文化之都”当选城市都加大了对城市基础设施的整体建设投资，基本上每一座当选城市在申请和筹备阶段都经历了对于本城市来说史无前例的基础设施投资和建设高峰（图4-1）。如利物浦从筹备2008“欧洲文化之都”开始，就先后投入了至少40亿英镑的经费用于城市的基础设施建设，且大部分用于文化及相关基础设施的建设①。又如同为2013年“欧洲文化之都”的马赛-普罗旺斯地区，对文化基础设施的投资超过了6亿欧元，并在此基础上，增加经费投入至近十亿欧元，实施了以文化带动城市复兴的“马赛振兴”项目。欧洲地中海文明博物馆等马赛重要的公共文化设施就是“马赛振兴”建设留下的成果。即便是在“文化之都”筹备阶段遇到了资金短缺问题的2013年“欧洲文化之都”斯洛文尼亚城市科希策，也依然将从欧盟结构基金（EU Structural Funds）中所获得的大部分经费资助（约5900万欧元）投入了城市的文化基础设施建设中，对市图书馆、艺术中心、剧院、音乐厅、博物馆、纪念馆等公共文化设施进行了修缮。

此外，对城市基础设施投入的加大不仅发生在欧洲国家的“文化之都”，在亚洲国家的“文化之都”，用于城市文化基础设施建设的投入也达到了相当高的水平。在2012年“东盟文化城市”新加坡，新加坡艺术管理委员会于2010年（当选年前两年）实施了“艺术空间新框架建设计划”（New Framework for Arts Spaces），斥资高达900万新元对重要的国家级艺术中心——“月眠艺术中心”（Goodman Arts Centre）进行设施完善，为城市增添

① 马桂花.利物浦以“欧洲文化之都”促城市复兴[N].经济参考报,2008-01-16(11).

了近50个新的市民公共艺术空间和30多个用于艺术表演和培训的专业设施场地，且这些公共艺术空间在该计划的资助下，为新加坡当地专业艺术机构和市民业余文化团队提供高达50%的场地租金优惠[①]。2013年“世界图书之都”泰国曼谷，在获得了数百万美元经费资助后，新建了曼谷图书馆、泰国卡通博物馆等城市重要公共文化设施[②]。2015“阿拉伯文化之都”阿尔及利亚的康斯坦丁为提升对本国及周边国家和地区的文化影响力，在“文化之都”当选的前后数年间（2010—2017年）在图书馆、博物馆、文物遗迹、文化旅游设施等建设和维护方面投入了共计150亿第纳尔（约9.4亿人民币）[③]。

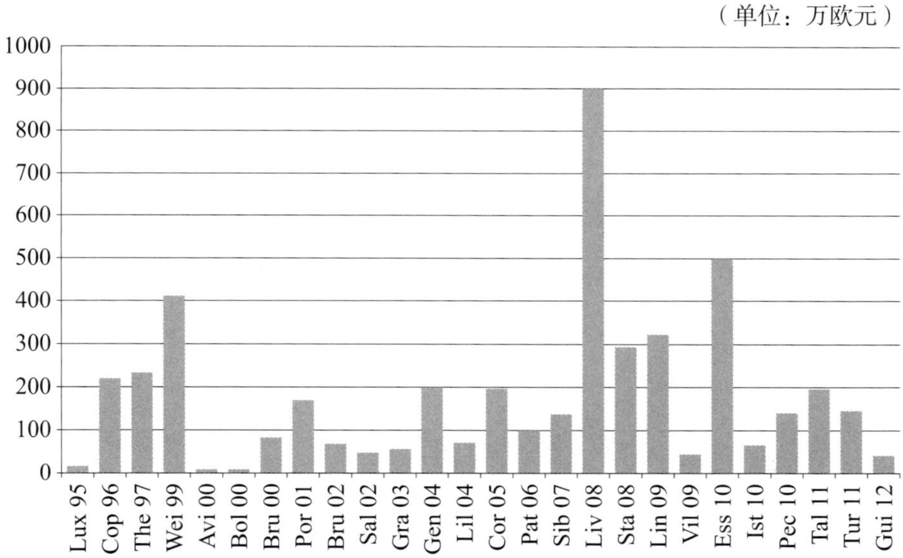

图4-1 1995—2012年“欧洲文化之都”当选城市文化设施建设经费投入（单位：万欧元）[④]

① “艺术空间”大大增加，新加坡月眠艺术中心获选为艺术空间新框架试点项目［EB/OL］.（2010-12-24）［2017-08-05］. http://www.csc.mofcom-mti.gov.cn/csweb/csc/info/Article.jsp?a_no=245449&col_no=173.

② Report of Bangkok World Book Capital 2013 [EB/OL]. [2017-08-10]. http://fr.unesco.org/system/files/bangkok2013.pdf.

③ Current developments of cultural policies in the Arab region [EB/OL]. (2013-06-30) [2017-08-05]. http://mawred.org/wordpress1/wp-content/uploads/2013/10/Cultural-Policies-3rd-Report-Jan.-2013-to-June-30.-2013.pdf.

④ 来源：http://www.europarl.europa.eu/RegData513985/IPOL-CULT_ET(2013)513985_EN.pdf。

二、公共图书馆建设

在各类公共文化设施中，公共图书馆是“文化之都”城市新建、改扩建数量最多的文化设施之一。从实践成果来看，“文化之都”建设为当选城市公共图书馆的建设带来新的发展契机。据欧盟统计，在2000年至2017年间的40多座欧洲“文化之都”城市中，有超过一半的“文化之都”城市制订并实施了与图书馆直接相关的各种建设计划。

冰岛雷克雅未克于2001年“欧洲文化之都”当选年之时，正式启用了面积约3万平方米的市图书馆新馆；同年当选的意大利城市博洛尼亚也将一座废弃的工厂改造成为博洛尼亚市图书馆新馆（Sala Borsa Library）（图4-2）。

图4-2　博洛尼亚市图书馆[①]

2009年“欧洲文化之都”立陶宛维尔纽斯新建了一座城市综合研究型图书馆——学术开放和信息交流中心（Open Access Scholarly Communication and Information Center）（图4-3），是维尔纽斯作为立陶宛本国首个拥有“文化之都”城市的重要城市标志。该中心不仅服务立陶宛全国的科学、社会

① 来源：https://www.google.com/search?hl=zh&biw=1280&bih。

和经济发展研究，是全国重要的图书、情报、知识和信息交流中心，还服务于维尔纽斯大学等本地众多科研机构。此外，在该中心馆的带动下，维尔纽斯还新建或改造了近20个拥有阅读、休闲、娱乐等功能为一体的公共文化空间。

图4-3 维尔纽斯学术开放和信息交流中心①

2010年“欧洲文化之都”匈牙利佩奇新建了南多瑙河区域图书馆与知识中心（Regional Library and Knowledge Center）（图4-4）。该中心共7层，面积1.31万平方米，内含630个读者座位和380台电脑。该中心是首个对全市公共馆和本地高校图书馆资源进行整合的综合性知识中心，不仅面向市民提供公共文化服务，还向高校、科研机构提供专业化知识信息服务。南多瑙河区域图书馆与知识中心是佩奇在“欧洲文化之都”建设中对城市未来发展和建设最有影响力的成果，更是佩奇打造具有欧洲和国际性高水平的公共文化服务体系的重要工程之一。

① 来源：http://www.archdaily.com/national-open-communication-and-information-cente。

图4-4　佩奇南多瑙河区域图书馆与知识中心[①]

于2010年前完成改建的鲁尔公共图书馆（Bibliothek des Ruhrgebiets）是目前德国联邦最大的工业主题图书馆。该馆收藏了17世纪以来德国重型工业、矿业和能源、世界国际工人运动研究、社会运动史、社会学、经济、历史等书籍以及大量丰富的珍贵文献资料。同时，设立在鲁尔公共图书馆的鲁尔研究中心档案馆（Documentation Centre of Research for the Ruhr）还具备了免费向公众提供工业发展、社会运动、矿业、重工业、诗文集、专著、杂志等电子资源的线上数字服务功能[②]。

对2011年“欧洲文化之都”芬兰古城图尔库来说，其“文化之都”建设的一项主要任务就是完善对图尔库市图书馆（Turku City Library）新馆的建设（图4-5）。图尔库市图书馆新馆坐落于图尔库市中心的图书馆广场，由图尔库中心图书馆（旧馆）、图尔库市图书馆（新馆）以及办公大楼三部分构成。由于旧馆面积和服务能力有限，不能满足市民的需求，因此，图尔库借“欧洲文化之都”筹备之机，于2007年启动了新馆新建工程。新馆的设计集简约、大气、复古和科幻等理念于一体，将“保存”和“传播”的思想融合在一起，并在2010至2014年间获得了多项欧洲建筑和设计领域的大奖[③]。由于具有现代化的设施设备和综合型、多业态的服务，图尔库市图书馆新馆在2011年“欧洲文化之都”活动年期间的到馆人数达到了130多万人次，

① 来源：http://www.archdaily.com/office/torok-es-balazs-epiteszeti-kft。

② Library of the Ruhr [EB/OL]. [2016-06-16]. http://www.isb.ruhr-uni-bochum.de/bdr/.

③ 高梦楚.欧洲文化之都发展与图书馆建设[D].北京：北京大学，2014：36-37.

创图尔库市图书馆历年新高，是欧洲地区大型城市公共文化机构高服务效能的典型代表之一。此外，图尔库实施的文化基础设施建设除了市图书馆新馆外，还完善了市图书馆的分馆，新建了城市音乐中心、市民广场，并将一处旧工业遗址改造成为文化艺术创意中心[①]。通过“文化之都”建设期间对公共文化基础设施的改进，图尔库市公共文化设施体系逐步走向完善。

图4-5 图尔库市图书馆[②]

作为2016年的“欧洲文化之都”和“世界图书之都”当选城市，波兰弗罗茨瓦夫市在中央火车站内新建的公共图书馆成为城市公共文化建设的一大亮点。作为城市图书馆的第11个分馆，其理念是让图书馆不仅服务于本地居民，还为外地游客提供温馨、家庭式的阅读环境。面积为580平方米的弗罗茨瓦夫市图书馆在装修上模仿家居式风格（图4-6），拥有门廊、厨房、客厅和书房，读者在馆内不仅能看书，还能听音乐、享受美食，在艺术品的装饰下，整个火车站也被打造成为一座时尚、现代的“艺术馆”[③]。

① ECOC 2011 evaluation [EB/OL]. [2017-08-10]. https://ec.europa.eu/programmes/creative-europe/sites/creative-europe/files/files/ecoc-2011-evaluation_en.pdf.

② 来源：http://www.librarybuildings.info/finland/turku-main-library-part-turku-city-library。

③ A new public library in Wroclaw [EB/OL]. [2017-07-26]. https://www.facebook.com/IFLAWLIC2017/posts/381091735603226.

图4-6　弗罗茨瓦夫市图书馆新馆[①]

2017年“欧洲文化之都”丹麦奥胡斯拥有北欧最大的公共图书馆——Dokk1（图4-7、图4-8）。坐落于奥胡斯港口区的Dokk1建设启动于2011年，2015年6月正式开馆，是一个现代化的综合性市民生活空间，集图书借阅、阅读服务、市民服务、大型停车场、公共广场等市政服务于一体，总面积3.56万平方米，整个项目预算超过2.8亿欧元，是奥胡斯市有史以来最大的文化设施建设项目[②]。Dokk1的外观似是一个动感的旋转整体。奥胡斯市图书馆体系为1个总馆、18个分馆[③]，全市图书馆平均每年举办600多场活动和300多个展览。2015—2016年服务人次超过100万（奥胡斯全市人口31万）。在“欧洲文化之都”筹备期间，奥胡斯市开展了交通、环境、文化、教育等一系列创新市政项目，更好地满足市民的公共服务需求。在图书馆服务方面，奥胡斯还完善了儿童互动图书馆（The Interactive Children’s Library）；将18个图书馆分馆打造

① 来源：https://www.facebook.com/IFLAWLIC2017/posts/381091735603226。

② Dokk1 [EB/OL]. [2017-06-15]. http://www.urbanmediaspace.dk/en/dokk1.

③ About Aarhus Public Libraries [EB/OL]. [2017-06-15]. https://www.aakb.dk/english/about-aarhus-public-libraries-0.

成为社区文化中心，重点开展职业培训、各类讲座、亲子活动等服务[①]。

图4-7 奥胡斯Dokk1图书馆外景和位置[②]

图4-8 奥胡斯Dokk1图书馆内部[③]

除了对公共图书馆总馆的建设和改造工程外，部分“文化之都”还专门实施了对公共图书馆分馆设施的完善工程。如为顺利开展2015年“欧洲文化之都”的各项面对市民的公共文化服务，捷克西部城市比尔森实施了“培育城市”（Foster the City）建设和改造项目，其目的就是利用当选“欧洲文化之都”之际，完善比尔森的图书馆分馆设施，新建和改进市民公共阅读点[④]。

---

① The Aarhus Branch Libraries are community centers [EB/OL]. [2017-06-15]. https://www.aakb.dk/english/aarhus-branch-libraries.

② 来 源：http://www.buildingconstructiondesign.co.uk/news/dokk1-public-library-year-award-2016/。

③ 来源：http://www.lammhultsbiblioteksdesign.comdenmark/aarhus/dokk1-public-library。

④ European Capitals of Culture: more than 30 years [EB/OL]. [2017-06-11]. https://ec.europa.eu/programmes/creative-europe/sites/creative-europe/files/library/ecoc-fact-sheet_en.pdf.

三、文化艺术中心建设

“文化之都”文化基础设施建设不仅扩大了城市公共文化设施总量、完善了公共文化设施体系，这些新修建的优质、现代化的文化艺术设施还整体上提升了城市公共设施的建设水准。

匈牙利佩奇在2010年“欧洲文化之都”筹备阶段，在城市中心区域集中进行了佩奇市近20年来最大的文化设施——乔尔纳伊文化中心（Zsolnay Cultural Quarter）（图4-9、4-10），包含市政音乐厅、柯达伊音乐中心（Kodály Centre）（图4-11）、展览中心（Grant Exhibition Space）、地区图书和知识中心（Regional library and Knowledge Centre）、文化广场和文化公园等多个公共文化设施[①]。在佩奇2010年“欧洲文化之都”文化活动开展过程中，乔尔纳伊文化中心作为文化艺术服务的主场地，举办了各类面向公众的阅读推广活动、公益性演出、国内外演出、文化论坛等活动。此后，乔尔纳伊文化中心也成为市民日常接受公共文化服务的主要场所之一。

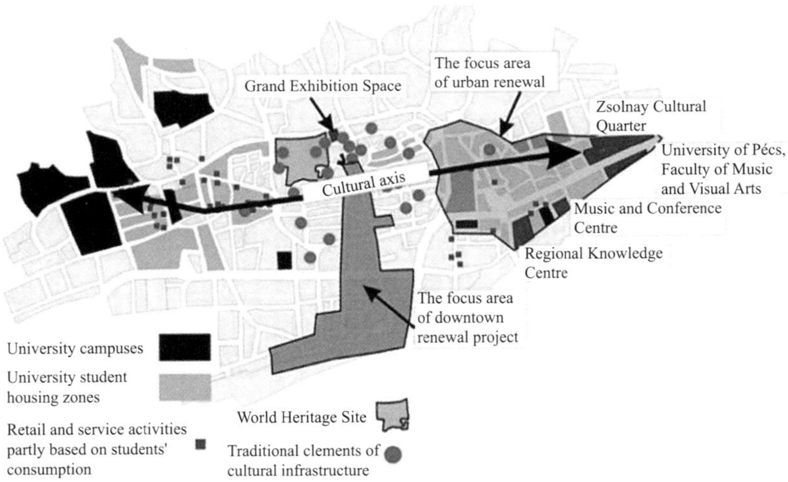

图4-9　“欧洲文化之都”筹备阶段佩奇市的公共文化设施建设规划图[②]

---

① Tubaldi M. The ECoC title for a central European city: the cast of Pécs 2010 [R]. 5th Central European Conference in Regional Science-CERS, 2014:1087-1099.

② 来源：https://ec.europa.eu/programmes/creative-europe/files/library/ecoc-fact-sheet_en.pdf。

图4-10 乔尔纳伊文化中心[①]

图4-11 柯达伊音乐中心[②]

瑞典于默奥为2014年“欧洲文化之都”的当选新修建了于默奥文化中心（Väven）（图4-12）。该中心内设于默奥市图书馆（Umeå City Library）、妇女历史博物馆（Umeå Women's History Museum）、吉他博物馆（Guitar-the Museum）以及各类市民文化活动设施。其中，面积约700平方米的妇女历史博物馆是瑞典全国第一座展现社会发展中女性历史的主题博物馆。各类小型活动室、艺术家工作坊、电影工作室、剧场等，为市民、艺术家和相关社团、组织等提供免费或优惠的服务。同时，文化中心

① 来源：https://ec.europa.eu/programmes/creative-europe/sites/files/library/ecoc-fact-sheet_en.pdf。

② 来源：https://ec.europa.eu/programmes/creative-europe/files/library/ecoc-fact-sheet_en.pdf。

还建有酒店、健身房、会议中心等设施，配套业态齐全[①]。此外，作为新修建的现代化城市公共文化设施，于默奥文化中心还有对残疾人等特殊群体的人性化的设计和考虑，提供专门的讲解、提示设备予以辅助。为此，于默奥文化中心于2014年获得了瑞典建筑协会颁发的瑞典建筑界最高荣誉奖——“凯斯普·赛林奖”（Kasper Salin Prize）。

（a）于默奥文化中心外景

（b）内部休闲给空间

（c）市图书馆

（d）妇女历史博物馆

图4-12　于默奥文化中心[②]

① Fox T, Rampton J. Ex-post evaluation of the European Capitals of Culture final report [R]. Luxembourg: Publications Office of the European Union, 2015:11.

② 来源：https://www.e-architect.co.uk/cultural-center-vaven-in-umea/cultural-center-vaven-s211114-a-9。

2015年“欧洲文化之都”比利时蒙斯在筹备期间（2002—2015年），增加了公共财政投入，吸引了社会资本，在文化基础设施建设上获得了比以往更多的经费投入（表4-1）[①]。据统计，2015年当选年共有5座博物馆、2座音乐厅和1座会议中心建成并投入使用[②]，公共文化设施体系得到了完善。

表4-1 蒙斯市2015年“欧洲文化之都”筹备前期部分文化基础设施建设资金情况[③]

文化基础设施项目	耗资（单位：万欧元）
梅森设计馆（Maison de Design）	699
蒙斯展览馆（Expositions de prestige Mons）	54.4
考古博物馆（SILEX's Archaeological Museum）	310.6
蒙斯博物馆（Museé du Doudou）	408.4
中心广场（Facades of centre-ville and Grand -Place）	469.1
蒙斯纪念馆（Mons Memorial Museum）	1213.6

在沙特的利雅得，其2000年“阿拉伯文化之都”建设的一项重点工程就是阿卜杜勒·阿齐兹国王历史文化中心（King Abdul Aziz Historical Centre）（图4-13）[④]。这座保留利雅得传统风格的文化中心，耗资6.8亿里亚尔（约11.4亿人民币），占地面积30万平方米，集历史、文化、艺术为一体，是利雅得最重要和最现代化的公共文化设施之一，由拥有可容纳五千多名礼拜者的阿卜杜勒·阿齐兹国王清真寺、国家古迹和民间遗产展览馆、阿卜杜勒·阿齐兹国王历史研究中心、阿卜杜勒·阿齐兹国王展览馆、阿卜杜勒·阿齐兹国王公共图书馆分馆（内设妇女阅览室和儿童阅览室）、报告厅以及户外市民广场、花园等共同构成。此外，利雅得在凸显城市历史文化和打造最具有阿拉伯风情的“文化之都”时，还进一步修缮

① 比利时小城蒙斯5家博物馆开放，欲借欧洲文化之都带动经济发展［EB/OL］.（2015-04-04）［2017-06-29］. http://news.sina.com.cn/o/p/2015-04-04/100931681935.shtml.

② Exploring the European Capitals of Culture: Mons, Belgium [EB/OL]. [2017-06-10]. http://www.flights.com/blog/exploring-the-european-capitals-of-culture-mons-belgium.

③ 来源：Ecorys and the Centre for Strategy and Evaluation Services. Ex-post evaluation of the 2015 European Capitals of Culture。

④ King Abdul Aziz Historical Centre [EB/OL]. [2017-12-10]. https://archnet.org/sites/5026.

了市内12所博物馆和萨利赫迈达古城[①]（Madain Saleh），并在利雅得“阿拉伯文化之都”当选年全部免费向市民开放[②]，通过提供沙特文化历史系列展，提升全世界对利雅得的关注和了解。

图4-13　阿卜杜勒·阿齐兹国王历史文化中心建筑模拟图[③]

2017年我国的“东亚文化之都”长沙拥有总投资20多亿元的滨江文化园（图4-14）。作为长沙最重要和核心的公共文化设施之一，滨江文化园因其蕴含浓郁的湖湘文化特色，被誉为“长沙文化元素聚集的高地”，在长沙当选2017年“东亚文化之都”期间发挥了“省会地标、长沙客厅、文化圣殿、百姓乐园”的重要功能[④]。滨江文化园位于湘江与浏阳河交汇的新河三角洲，建筑面积15万平方米，包括了长沙音乐厅、长沙博物馆、长沙图书馆、长沙规划展示馆。该园建设项目启动于2006年，于2015年12月建成并对外开放。其中，长沙图书馆总建筑面积3.13万平方米，共5层，现有藏书105万册（规划藏书量200万册）。长沙音乐厅功能齐全，具备音乐演出、餐饮休闲、艺术培训、贵宾接待等功能，已对外开放1419个座位的交响乐大厅、500个座位的多功能厅和300个座位的室内乐厅（可

① 古纳巴泰人所居住的城市，现为世界文化遗址。

② 孔令涛.2000年阿拉伯文化之都利雅得［J］.阿拉伯世界，2000（3）：45-47.

③ 来源：https://www.inspirock.com/saudi-arabia/riyadh/king-abdulaziz-historical-center-a3152854697。

④ 邓雅琴.长沙的“东亚文化之都”风范［N］.中国文化报，2016-09-08（12）.

同时容纳约3000名音乐爱好者欣赏艺术表演、参加艺术培训），举办了“东亚文都·快乐长沙”民族音乐会等200多场高品质演出（票价大多为20元至100元）。长沙规划展示馆总面积7800多平方米，是一个集规划展示、科普教育、公众互动等多功能于一体的专业展馆，采用三维复原、隔空互动影像空间、VR等技术全面展示长沙作为“东亚文化之都”的城市发展特色和优势。长沙博物馆收藏近5万件（套）文物，珍贵文物近7000件。据长沙市文都办统计，仅在“东亚文化之都”开幕式的三天，滨江文化园累计免费接待观众、读者或游客超过10万人次；当选年期间，长沙音乐厅文艺演出的平均上座率保持在85%左右。

（a）滨江文化园正门

（b）长沙博物馆

（c）长沙图书馆

（d）长沙规划展示馆

图4-14　长沙滨江文化园

此外，对设施的建设不仅发生在当选年前，在当选年结束后，部分“文化之都”城市还继续将公共文化设施建设作为“文化之都”延伸出的后续任务。例如，2014年我国“东亚文化之都”泉州，于当选年后将泉州市公共文化中心（图4-5）的建设工程作为泉州“东亚文化之都”的后续重点任务之一。建筑面积32.68万平方米的泉州市公共文化中心于2016年开始动工，2018年底建成并投入使用。该中心位于东海片区城市主轴线上，包括了泉州科技与规划馆、泉州东海工人文化宫、泉州大剧院、泉州图书馆（新馆）和市民广场。作为泉州未来公共文化服务的主阵地，泉州市公共文化中心对于进一步完善泉州市公共文化服务体系、提升公共文化服务能力、巩固泉州作为“东亚文化之都”的建设成果、城市形象和国际地位都具有重要意义。

图4-15　建设中的泉州市公共文化中心

四、博物馆建设和历史文化遗迹修缮

博物馆和城市历史文化遗迹作为一座城市的文化印记，是“文化之都”文化活动开展的重要场所。“文化之都”这一带动城市综合发展的新机制，是对城市历史人文内容进行深度挖掘和利用，也是对城市文化特色的放大和传播。当地的文化历史名人、文化符号、文物遗迹等元素被广泛

用来标注该地区的文化底蕴、人文精神，唤起人们对城市历史与文化的情感，增强人们对城市的认同感和归属感，让市民获得更多“场所精神”的体验[①]。因此，对于物质文化遗产资源丰富的“文化之都”城市而言，普遍将历史文化资源作为打造“文化之都”城市品牌、提升城市文化知名度和影响力的重要手段。例如，里斯本、伊斯坦布尔、奥胡斯等“文化之都”城市在筹备和创建期间，均十分注重提升城市博物馆和历史文化遗迹的建设水平。

葡萄牙里斯本因拥有大量欧洲及世界知名的历史文化遗迹，在1994年同时获得了“欧洲文化之都”和“伊比利亚美洲文化之都”的称号。于是，在20世纪90年代，里斯本利用“两都”创建之机，翻新了古代艺术博物馆（Ancient Art Museum）、希亚多博物馆（Chiado Museum）、考古博物馆（Archaeological Museum）、音乐博物馆（Music Museum）、视觉艺术博物馆（Visual Arts Venue）[②]等城市的重要文化标志性设施。

2010年“欧洲文化之都”土耳其伊斯坦布尔对城市的文化设施投入主要用于博物馆和历史文化遗迹维护。在“文化之都”建设期间，新修建了王子岛博物馆（Prince Island Museum）、纯真博物馆（the museum of Innocence）等城市大型博物馆，还为新修建的博物馆配备了先进的展示设备，用立体影像等多种数字化方式展示了伊斯坦布尔从20世纪50年代至今的城市变迁[③]。同时，作为一座拥有众多联合国教科文组织世界文化遗产的“文化之都”，伊斯坦布尔在申请和创建的三年间先后对“伊斯坦布尔历史区域”（Historic Areas of Istanul）、战车竞技场（Hippodrome）、君士坦丁纪念柱（Column of Constantine）、圣索菲亚教堂（Hagia Sophia）（现为博物馆）等众多城市历史遗迹的维护和修缮，使这些珍贵的历史文化遗

① 李冰冰.富有文化特质的城市公共空间环境活力营造研究[D].合肥：合肥工业大学，2011：30-39.

② Palmer/Rae Associates. European Cities and Capitals of Culture part I [EB/OL]. [2017-06-11]. http://www.atlas-webshop.org/epages/61492534.sf/en_GB/?ObjectPath=/Shops/61492534/Products/ATL_00097.

③ [英]科恩，肯尼迪著；文军等译.全球社会学[M]，北京：社会科学文献出版社，2001：63.

迹成为伊斯坦布尔展示作为欧洲“文化之都”风采的重要窗口。

自2012年宣布当选2017“欧洲文化之都”以来，奥胡斯投入大量经费修复了始建于1909年的奥胡斯老城博物馆（Den Gamle）[①]。它不仅是展示丹麦传统城镇的生活博物馆，还是奥胡斯作为一座“文化之都”城市的文化象征。“欧洲文化之都”当选年期间，新修缮的老城街区对市民、游客开放，大多数民居、商店、手工作坊等均都按照原有历史面貌布置，展示了许多富有当地的风俗传统和民族特色的建筑、服饰、美食、手工艺品等，再现了丹麦人不同时期的生活场景（图4-16）。

图4-16　奥胡斯市老城博物馆[②]

① “老城博物馆”始建于1909年，于1914年对公众开放，是世界上第一个展现城区建筑文化的露天博物馆，它由75栋来自全国20个村镇的村落建筑构成，在20世纪由全国各地原封不动地移至奥胡斯。在这里，人们可以看到建造于不同历史时期、代表不同建筑风格的老房子。这里的所有建筑都是在丹麦各地经过精心挑选，多为木结构的房舍。

② 来源：http://www.visitaarhus.com/ln-int/den-gamle-old-town-museum-gdk631880。

在当选年结束后，部分“文化之都”城市继续完善和提升城市的优质文化资源，将博物馆等展览展示场馆的建设作为“文化之都”提升城市文化品质、扩展城市品牌的主要任务。如1988年“欧洲文化之都”柏林，其健全、发达的博物馆设施体系可以说是其作为早期“欧洲文化之都”城市的一大特色和亮点，并以位于中心城区米特区的博物馆岛（Museumsinsel）为典型代表[①]。博物馆岛通过博物馆群的集中分布提供大量高质量、免费的公共文化服务，扩大柏林作为“文化之都”的文化影响力和地位[②]。博物馆岛位于柏林市中心，并于1999年被联合国教科文组织评为世界文化遗产[③]。两德统一前，由于战后经济困难，岛上各博物馆年久失修，直至1988年柏林当选“欧洲文化之都”和两德统一之际，新政府才开始重视，并投入大量资金对岛上的所有建筑和设施进行重新维修。作为当选“欧洲文化之都”项目后续建设的重要任务之一，柏林于90年代后期开始实施“大师计划”（Master Plan），启动对博物馆岛的整修翻新和现代化建设工作。普鲁士文化遗产基金会（Stiftung Preussischer Kulturbesitz，SPK）是博物馆岛的主要资助方，德国著名的建筑公司大卫科波菲尔建筑公司（David Chipperfield Architects）是具体的实施方。博物馆岛由柏林老博物馆（Altes Museum）、新博物馆（Neues Museum）、国家美术馆（Alte Nationalgalerie）、佩加蒙博物馆（Pergamon Museum）、博德博物馆（Bode Museum）和柏林皇宫（Berlin Palace）组成，整个博物馆岛的修缮工程将持续至2026年[④]。博物馆岛“大师计划”修缮工作主要集中在以下五个方面[⑤]。①建筑、设施的翻新和现代化：在修缮过程中，既要保留各博物馆的历史韵味和文化传统，又在许多细微处增加现代化设施，如供残疾人使用

---

① Museun in Mitte [EB/OL]. [2017-12-20]. http://www.berlin.de/museum/bezirk/mitte/.

② 陈慰.德国柏林市公共文化服务概述[J].山东图书馆学刊,2016(2):19-23.

③ Enjoying the museum island in the open [EB/OL]. [2017-12-20]. http://www.museumsinsel-berlin.de/en/open-spaces/overview-of-the-open-spaces/.

④ Museumsinsel (museum island) Berlin [EB/OL]. [2017-12-20]. http://www.unesco.de/en/ kultur/welterbe/welterbe-deutschland/museum-island-berlin.html.

⑤ The museum island master plan: a projection into the future [EB/OL]. [2017-12-20]. http://www.museumsinsel-berlin.de/en/masterplan/projection-into-the-future/.

的无障碍通道等，进一步提升博物馆设施的公共服务能力；②提升游客服务：新建咖啡馆、博物馆礼品店、大礼堂等场地，为游客提供更加人性化的服务，完善博物馆岛作为公共文化设施的配套服务；③增强场景的连贯性：在主题和空间上，既要在各博物馆内增强展品的主题色彩，又要在各馆之间增强整体联系、突出历史感和人文色彩，提升博物馆岛作为现代公共文化设施的先进性和引领示范性；④办公场所布局调整：调整博物馆行政办公室、储物室、工作间等办公场所的布局，在有限范围内腾出更大的空间用于博物馆展示，2012年新建的考古中心（Archäologische Zentrum）不仅拥有以上各行政办公功能，还拥有一个考古博物馆和柏林国家博物档案馆；⑤户外场地的改造：通过新建广场、入口建筑、庭院、河道等设施，将原本分割独立的建筑连成整体，为参观者提供博物馆岛的整体游览体验，提升博物馆岛作为公共文化设施的时尚感和可及性。

对于拥有丰富城市历史文化遗迹的城市而言，当选“文化之都”更能很好地结合本地特色文化资源，进一步发挥历史文化遗迹在城市公共文化设施网络体系中的作用。如法国南部城市阿维尼翁，提出“活化古迹、空间转换”的历史文化遗迹保护理念[①]。在2000年阿维尼翁当选“欧洲文化之都”之时，城市的历史文化遗迹与享誉国际的阿维尼翁艺术节[②]（Festival d’Avignon）相结合，形成“文都+艺术节”的建设模式，将历史文化遗迹作为面向市民、游客提供公共文化服务的“大舞台”。这种把公共文化建设与城市历史文化遗迹保护融为一体的方式，让市民、游客在参加艺术节的同时，很好地感受到了阿维尼翁这座城市深厚的历史文化底蕴。

此外，有些“文化之都”利用当选之机，还完成了延宕多年的建设工程。如比利时布鲁塞尔当选2000年“欧洲文化之都”后，通过“文化之都”建设获取了大量资金赞助，完成了推迟已久的乐器博物馆和文化中心建设工程。又如，2003年奥地利格拉茨通过“欧洲文化之都”完成了多年

① 董天然.艺术节源流与当代发展研究[D].上海：上海戏剧学院，2015：57.

② 阿维尼翁戏剧节由法国戏剧导演让·维拉尔于1947年创立。当时刚从二战阴影中走出的法国正努力重建，戏剧节的宗旨就是为了推动法国文化艺术的复苏与发展，让高雅的戏剧艺术走出殿堂、走入民间。

未完工的市艺术博物馆的修建等。这些都是“文化之都”建设推动城市文化设施体系完善形成的重要成果。

五、城市其他公共空间的文化建设

“文化之都”城市的基础设施建设不止于文化基础设施建设，还包括了其他具备文化特质的许多公共设施、公共空间。从城市公共空间设计的角度，许多学者对城市空间的多样化使用提出了各种设想：如1999年，弗朗哥·比安基尼提出“敞开的思维”概念，认为城市公共空间并非为了某种特定用途，而是为不同市民的不同需求所用、为文化事件的开展而使用；理查德·桑内特（Richard Sennet）（1990）、多伦·马赛（Doreen Massey）（1994）、哈罗德·森科特（Harold Snedcot）（1996）等学者均不同程度地提到，文化设施与公共空间应适当混合使用，才更有利于提升设施的综合利用率①。

1.综合利用城市文化休闲空间

在国外许多“文化之都”实践中，对城市公共文化基础设施的建设范围还扩大至教堂、文化产业园区、文化娱乐中心、室外公共活动场地等市政建筑。如2008年“欧洲文化之都”利物浦完成了对圣约翰教堂（St. George’s Hall）、“天堂街发展项目”（The Paradise Street Development）等市政设施建设②，并新增了许多用于市民文化艺术活动和艺术欣赏的户外广场、市民舞台、文化公园等公共空间；希腊“文化之都”萨洛尼卡对机场进行了设施完善；德国“文化之都”魏玛改善了城市的铁路、新建了大

① Sennet R. The conscience of the eye: the design and social life of cities [M]. New York: Norton, 1990.

黄鹤.文化规划：基于文化资源的城市整体发展策略[M].北京：中国建筑工业出版社，2010：106.

Massey D. Space, place and gender [M]. Cambridge: Polity Press, 1994.

[美]史内卡夫著；刘丽卿，蔡国栋译.都市文化空间之整体营造——符合使用中的文化设施[M].台北：创兴出版社，1996.

② Liverpool Culture Company. Liverpool Culture Company, strategic business plan 2005-2009 [DB/OL]. [2017-09-20]. http://www.liverpool08.com/Images/.

学校舍；比利时“文化之都”布鲁日新建了市中心的停车场；葡萄牙“文化之都”波尔图和捷克“文化之都”布拉格则重点改善了城市公园等[①]。因此，关于公共文化空间的对城市空间的综合利用和更新发展方面的意义和价值，董奇、戴晓玲（2007）认为：

> 城市更新发展策略有必要充分利用原有的文化和历史内涵，通过保护、改善甚至新造一些文化设施来适应新的文化需求和城市环境，以最终提高城市的整体竞争力。[②]

从“文化之都”设施建设实践可以发现，“文化之都”城市的文化空间建设往往涉及了许多“非正式公共文化空间”。这些空间并非传统概念上的位于特定地区、特地场所、符合传统形态的模式，但正是由于城市中众多这类文化空间的存在，构成了新的、丰富的城市文化样态，且这些文化样态同样拥有服务于全民、服务于不特定人群以及丰富城市文化生活等诸多功能。因此，可将这些“非正式公共文化空间”视为一种创新形态或兼容形态的公共文化设施和空间资源。

例如，2015年“欧洲文化之都”捷克比尔森设立了该国首家文化创意产业孵化空间“DEPO2015”，其前身是废弃的电车和公交车站[③]。新建成的“DEPO2015”能容纳近30家机构的联合办公区（co-working offices）（目前主要是文化艺术从业人员和高科技从业人员）（图4-17），有可承办艺术展、雕塑展和其他文化展览、表演活动的大型展览区，有能为年轻人提供创意实验条件的“创意工作坊”、24小时咖啡厅以及能举行大型文化艺术表演的市内舞台和开展文体活动的室外广场（图4-18），是新型的多功能城市文化休闲创意空间。其中，室外广场是2015年比尔森“欧洲文

① Palmer/Rae Associates. European Cities and Capitals of Culture part I [EB/OL]. [2017-08-07]. http://www.atlas-webshop.org/epages/61492534.sf/en_GB/?ObjectPath=/Shops/61492534/Products/ATL_00097.

② 董奇，戴晓玲.英国“文化引导”型城市更新政策的实践和反思[J].城市规划，2007(4):59-64.

③ 疏影.当选“欧洲文化之都”有哪些好处[N].中国文化报，2016-03-07(3).

化之都”为市民提供免费活动的主场地，最大规模的一场活动吸引了20万人参加[①]。

图4-17 比尔森DEPO2015城市文化休闲创意空间的联合办公区[②]

（a）DEPO2015室外广场

（b）DEPO2015室内舞台

图4-18 比尔森DEPO2015城市文化休闲创意空间[③]

2016年“东亚文化之都”宁波建设城市学习综合体——C-Park芝士公园（cheese park）（图4-19）。占地面积约4.5万平方米，集教育培训、生活美学、教育产业，文创开发等诸多功能于一体，拥有音乐厅、报告

① DEPO2015 about us [EB/OL]. [2017-04-12]. https://www.depo2015.cz/en/o-nas-a12.

②③ 来源：https://www.depo2015.cz/en/o-nas-a12#&gid=1&pid=1。

厅、户外主题公园等设施[①]。其分时租赁教室采用共享经济模式，为社会教育培训机构、个人、老师和学生提供个性化、共享的教育资源，并在移动客户端上实现智能化运营。作为我国首座全年龄段城市教育综合体，芝士公园将满足儿童、青少年、成人等全年龄段教育需求。在未来，C-Park芝士公园将成为宁波市民新的“城市文化会客厅”。

图4-19　宁波芝士公园设计图[②]

泉州立足“文化之都”规划，推动城市发展理念创新，不仅实施了古城复兴，还集中推进新区公共文化基础设施建设。在“东亚文化之都”的带动下，新区修建了首座以“海上丝绸之路”为主题、占地面积71.2万平方米的大型国家艺术公园——海上丝绸之路艺术公园·亚洲园（图4-20）。该园以海上丝绸之路为主题，是泉州作为“东亚文化之都”举办第十四届亚洲艺术节的主场地之一。泉州以“文化之都”主题为核心，将该园打造成为市民休闲的去处、游客解读品味泉州的窗口、公共文化艺术活动的阵地、泉州文化和艺术国际化的桥梁，明确将其定位为“以公共艺术形式演绎‘和平合作、开放包容、互学互鉴、互利共赢’丝路精神”[③]的城市公共空间。海丝艺术公园充分引入亚洲地区的文化艺术特色，并已形成东

---

①② 芝士公园亮相宁波，全国首座全年龄段城市教育综合体[EB/OL].（2017-07-24）[2017-07-28]. http://zzhz.zjol.com.cn/201707/t20170724_4621981.shtml.

③ 泉州留给历史的礼物——记建海上丝绸之路艺术公园[EB/OL].（2015-11-12）[2017-12-30]. http://wmf.fjsen.com/wmcl/2015-11/12/content_16886224_2.htm.

亚、东南亚、南亚、西亚四个文化片区，南亚和西亚片区正继续在世界范围内物色知名艺术家的艺术作品入园，集中展示海上丝绸之路沿线国家的文明创作和文化精华。

此外，为了创新2010年“欧洲文化之都”的文化活动空间、展示文化创意魅力，埃森鲁尔在巴德奈湖和鲁尔河上将多座废旧的岛屿改造成了以保护自然资源为主题的“人工岛”（图4-21），每个岛均以不同的艺术表现方式展示艺术家对自然的理解。

图4-20 泉州海上丝绸之路艺术公园·亚洲园

图4-21 鲁尔“人工岛”[①]

① 来源：http://www.ruhr2010.de。

2. 打造文化旅游路线

一些“文化之都”还将公共文化与城市旅游相结合，打造以公共文化设施为主要景点的城市旅游路线，使公共文化设施在为市民提供公益、免费的公共文化服务之时，促进了城市旅游业的发展，提升了城市形象。在此，以德国“文化之都”鲁尔、爱沙尼亚“文化之都”塔林、斯洛伐克“文化之都”科希策等城市为例。

2010年鲁尔工业区在“欧洲文化之都”当选之际，就巧妙结合城市景区和公共文化设施，打造了一条“工业遗址之路”（Route der Industriekultur）。这条约700公里的“工业遗址之路”，覆盖了近25个著名工业旅游景点、6个国家级博物馆、13个工业文化特色小镇①，并以杜伊斯堡、奥伯豪森、埃森、波鸿和多特蒙德等区内著名的工业特色城市为起点，正式开启“工业遗址之路”的文化寻根之旅②。

2011年“欧洲文化之都”爱沙尼亚首都塔林，将一条原本在海边废弃的铁路修葺为一条文化旅游路线，名为“文化公里”（Culture Kilometer）（图4-22）。“文化公里”全长2.5千米，将沿海具有文化价值的人文景观、旅游景点、公共文化设施等串联起来，是以公共文化设施为主要景点的旅游线路的典型代表。“文化公里”的起点是爱沙尼亚当代美术馆，途径爱沙尼亚设计艺术馆、海平面码头、爱沙尼亚海洋博物馆、花鸟市场、市政公园、博物馆、美术馆、体育场、旧厂房等，终点为拥有游艇俱乐部、音乐厅、咖啡馆的诺贝尔码头③。这条“文化公里”在塔林“欧洲文化之都”当选年期间为本地市民和外地游客提供了能够了解城市文化、感受丰富人文历史底蕴、体验城市艺术氛围的契机，并在“文化之都”后成为塔林热门旅游线路之一。

---

① Was ist die Route der Industriekultur? [EB/OL]. [2016-06-16]. http://www.route-industriekultur.ruhr/.

② 王春雷，赵中华.2009中国节庆产业发展年度报告［M］.天津：天津大学出版社，2010：67.

③ Tallinn Culture Kilometre—a fascinating walk through rough times [EB/OL]. (2015-09-30) [2017-08-06]. https://tickettoadventures.wordpress.com/2015/09/30/tallinn-culture-kilometer-a-fascinating-walk-through-times/.

（a）爱沙尼亚设计艺术馆　　（b）爱沙尼亚海洋博物馆

图4-22 塔林“文化公里”[①]

2013年“欧洲文化之都”斯洛伐克科希策与当地大学合作，把这座工业城市打造成为喀尔巴阡山（Carpathian mountains）地区的旅游城市。通过工业遗址与文化创意和旅游业的结合，突出文化的创造力、提升文化和旅游设施的影响力。以文化内涵极大地丰富全域旅游品牌，优化文化旅游现代服务产业结构，形成节、展、会、活动、线路全系列品牌化发展，使工业城市焕发出新的文化生命力。

此外，近年来，我国“文化之都”城市在公共文化设施建设中，也十分注重与咖啡馆、茶馆、商业中心、公园或其他户外场所等“非正式公共文化空间”的混合使用，通过设置便捷的公共交通体系和适应步行的文化空间，打造了诸如“十分钟文化服务圈”“十五分钟公共文化服务圈”等新型、现代化的公共文化设施体系，努力延伸设施体系的“触角”，尽可能满足不同区域、不同人群的文化需求。在创意经济研究中，无论是“创意阶层”的提出者理查德·佛罗里达，还是“创意城市”的提出者查尔斯·兰德利，都曾对这些在城市公共文化服务体系中起到重要作用的非正

① 来源：https://tickettoadventures.wordpress.com/2015/09/30/tallinn-culture-kilometer-through-times/。

式文化空间做出过相关论述。“文化之都”建设实践也很好地证明了，各类城市公共文化空间有效地缩短了“社会心理空间距离”，强化了城市的凝聚力、向心力，是提升城市品位的有效载体。

第三节 文化艺术设施带动老旧城区转型发展

在城市现代化进程中，许多老旧城区、工业集中地区的城市空间未得到及时激活和再利用。一些城市利用筹备和当选“文化之都”的机会，纷纷对这些“遗忘的空间”进行重新规划与文化再造，并实现了旧城复兴的良好成效。因此，这一发展模式得到了众多城市政府的重视，也在国际社会取得了普遍一致的认可。如英国的格拉斯哥和利物浦、西班牙的毕尔巴鄂和巴塞罗那波布雷诺区、德国的埃森鲁尔区以及爱尔兰的都柏林特普吧区等，均在文化的推动下使城市得到了再生[①]。对此，比安基尼（2016）认为：

> 这充分发挥了文化激活功能……使废弃了的时间重新恢复活力，同时也可以重新焕发废弃了的场所，比如由于经济改革而变得多余的工业建筑的使用上。“文化激活功能”的提出在与其他城市政策相结合时会更加成功。[②]

城市复兴理论强调文化要素在城市环境、经济、活力的再生过程中扮演着重要的角色，是推动城市发展延续的重要资源[③]。文化多样性、文化大众性、文化普惠性都是城市复兴过程中不可或缺的因素之一，对于城市空间活力的增加、市民活动多样化的提升等均具有显著意义。从城市复兴理论的角度，文化艺术成为改善城市整体生活方式、提高城市竞争力的有效

---

① 姚子刚.城市复兴的文化创意策略[M].南京：东南大学出版社，2016：142-143.

② 比安基尼著；王列生译.重建欧洲城市：文化政策的角色[J].福建论坛（人文社会科学版），2016（8）：117-126.

③ Urban Task Force. Toward an urban renaissance: final report of the Urban Task Force [R]. London: E&FN Spon, 1999:27.

工具。于是，“文化之都”城市利用老城区、老街区发展公共文化，能够从更大范围上激发市民的艺术兴趣、扩大艺术欣赏的人口比例、提升市民艺术素质，整座城市也自然会受益于市民归属感增强、社会文化艺术氛围营造和城市艺术形象的提升。

一、老工业设施的文化改造

在列斐伏尔的“空间生产理论”中，城市的“集体记忆”既有时间的、又有空间的，它根植于地方，包含了城市的往昔，又记录下了审视往昔的种种方式，是一种记忆和空间相互交织的网络[①]。而在城市更新的建设实践中，空间资源欲达到高度集聚、实现高效利用，那么必须要对土地使用功能进行转换。因此，在平衡城市“集体记忆”和实现更新发展的过程中，“文化之都”城市采取了将老旧工业区进行改建、翻新、再利用的举措。而且，经过多年实践，旧工业遗址的保护与更新不仅取得了良好的成果，其改造后的文化空间在城市公共文化发展中更是发挥了重要作用。在众多“文化之都”公共文化设施的建设实践中，最成功、最具国际性影响力的当属德国“欧洲文化之都”鲁尔区。

在这个由53个城市、570多万人口组成的鲁尔区（Ruhrgebiet）作为一个整体当选，其老工业设施的文化空间再造是国际“文化之都”建设，乃至世界城市文化建设历史中经典的案例之一[②]。鲁尔区曾是德国规模最大的重工业区。据统计，鲁尔曾经拥有140座煤矿、40万煤矿工、26个钢铁厂。20世纪后半叶，鲁尔区约90%的煤炭工厂和钢铁工厂都倒闭，整个区域的生态环境遭到严重破坏[③]，这个地区留下了大量废弃的工厂。20世纪90年代

---

① Purcell M. Excavating Lefebvre: the right to the city and its urban policies of the inhabitant [J]. Geo Journal 2002(2):99-108.

② Ex-post evaluation of 2010 European Capitals of Culture [EB/OL]. (2011-08-01)[2017-02-21]. https://ec.europa.eu/programmes/creative-europe/sites/creative-europe/files/files/capitals-culture-2010-report_en.pdf.

③ 李翔宁，姚微微.展 · 城：大型公共艺术事件与城市文化更新［J］.上海城市规划，2014：82-85.

开始，北莱茵维斯特法伦州政府开始注意到文化相关产业对地区发展的重要作用[①]，采取了一系列“复兴”的措施[②]：1992年，州政府公布了一份有关德国文化产业的发展报告，开始重视文化产业在鲁尔区的发展；90年代末至2000年初，鲁尔工业区的文化建设飞速发展，为2010年“欧洲文化之都”的当选奠定了坚实基础；鲁尔工业区又利用了“欧洲文化之都”创建之机，把旧工业遗址进行改造，打造成为城市艺术展览展示聚集区，将城市原本废旧淘汰的工业厂房、城市大型工业设施、工业基地等改造成为城市的工业遗址博物馆、工业主题公园、市民活动广场、文化创意总部基地等。鲁尔的文化转型并不是简单地以保护工业遗址来推动文化旅游，而是蕴含了丰富的人文和生态思想，将工业文化遗址保护与现代的文化体验结合起来。在2010年“欧洲文化之都”的前期筹备过程中，鲁尔推出了多个地标性工业改造项目（表4-2、图4-23）。它们代表这区域内不同城市独特的城市文化特征和历史，构成了整个鲁尔地区的新地标。这些新兴的城市公共文化空间、文化创意空间，为城市文化发展注入新的活力[③]。

表4-2　鲁尔区旧工业遗址改造典型代表[④]

遗址名称	主要改造措施
北杜伊斯堡的景观公园 （the North Duisburg Landscape Park）	在原蒂森钢铁厂的遗址上改造的景观公园，将工业遗址与现代休闲生活融为一体
奥伯豪森储气罐 （the Oberhausen Gasometer）	将旧储气罐改造成展厅，通过现代媒体技术手段展示天体运行
矿业同盟工业文化园区 （Zollverein Coal Mine Industrial Complex in Essen）	现为世界文化遗产，内部被改造为鲁尔博物馆

①② Overview of the Ruhr Metropolis [EB/OL]. [2016-06-15]. http://www.metropole-ruhr.de/en/home/ruhr-metropolis/data-facts.html.

③ Council of Europe. Compendium of cultural policies and trends in Europe, 14th D-46 edition, 2013 [EB/OL]. [2016-08-22]. http://www.culturalpolicies.net/down/germany_072013.pdf.

④ 来源：http://www.metropoleruhr.de/en/home/ruhr-metropolis/data-facts.html。

续表

遗址名称	主要改造措施
盖尔森基兴北塔 （the Nordstern Tower）	旧储煤塔，内部增加了结构楼板，部分用作博物馆，部分供私人公司使用，上部增加了四层玻璃体量，高度达100米，顶端作为景观平台对公众开放
多特蒙德U形大楼 （the Dortmund U）	旧啤酒工厂改造的创意中心，建筑外墙被完整保留，改造后，参观者通过中庭可直达外部的露天景观平台
埃姆歇“四面体”装置 （the Emscherblick Spoil Tip-Tetrahedron）	原为工业废渣，改造后成为现代雕塑

图4-23 鲁尔旧工业厂址改造的城市雕塑①

① 来源：http://www.ruhrkunstmuseen.com/public-art-ruhr/werke.html。

在2010年“欧洲文化之都”的建设中，最具影响力的两项工程为奥伯豪森储气罐博物馆（the Oberhausen Gasometer）和矿业同盟工业文化园区（Zollverein Coal Mine Industrial Complex in Essen）。奥伯豪森储气罐博物馆是鲁尔“欧洲文化之都”当选年中最具人气的博物馆之一（图4-24）。储气罐于1920年建成，1990年以前，用于供应周边钢铁厂。罐高117米、直径67米，室内空气囊高90米、直径50米。改造后的储气罐成为文化展示和市民观赏的三层公共艺术空间：一层为商店；二层是一个圆形展区；第三层是环形架空走廊。参观者可以在奥伯豪森储气罐博物馆感受到德国典型工业遗迹的宏大气势和魅力。

图4-24 奥伯豪森储气罐博物馆[①]

另一在鲁尔“欧洲文化之都”起到为市民提供公共文化服务的遗址便是关税同盟矿区（Zollverein Coal Mine）（图4-25）。该矿区于1932年建成、1986年关停，是鲁尔区最重要的煤炭工业基地之一，并于2001年起被正式列为世界文化遗产。改造后的矿业同盟工业文化区主要由三大建筑群组成，东南部为鲁尔博物馆（图4-26）和设计博物馆，东北部为旧矿井，西北部是旧炼焦厂建筑群[②]。其中，由洗煤车间改造而成的鲁尔博物馆十分全

① 来源：http://chuansong.me/n/2836081。

② A metropolis-worthy museum landscape [EB/OL]. [2016-06-16]. http://www.metropoleruhr.de/en/home/culture/museums.html.

面地呈现了鲁尔区的工业发展和变迁史。此外，鲁尔区充分利用当地特色文化资源，打造了类型多样的、能体现鲁尔文化特点的主题博物馆，如啤酒博物馆、艺术博物馆、工业博物馆、历史博物馆等[①]。

图4-25 关税同盟矿区入口[②]

图4-26 鲁尔博物馆内景[③]

① Rss feeds of Ruhr. 2010 [EB/OL]. [2017-02-21]. http://archiv.ruhr2010.de/en/services/rss.html.

② 来源：http://chuansong.me/n/2836081。

③ 来源：http://www.ruhrkunstmuseen.com/。

如今，鲁尔区拥有约100座音乐厅、近200座博物馆、120个剧院、100多个文化中心，还拥有1000多个工业纪念遗址和3000多处历史文化保护遗迹，常年开展的各类节庆活动数量超过200个[①]。阿尔托剧院（Aalto Opernhaus）、埃森爱乐大厅（Essen Philharmonic Concert Hall）、埃森大剧场（Colosseum Theater Essen）等主要公共文化机构常年举办近百场文化艺术活动，吸引全球2万多家企业和组织、近3百万人到访。可以说，经过对老工业设施的文化改造，鲁尔区可谓是拥有当前德国最为先进的公共文化设施网络和服务体系的地区之一。由此带来的旅游、餐饮及其他相关领域的经济收入在“文化之都”年前后曾一度高达25亿欧元[②]。2010年埃森鲁尔的“欧洲文化之都”建设得到了来自欧盟委员会的高度认可和评价：“鲁尔文化的重构可成为欧洲其他面临类似问题城市的行动标杆”[③]。

还有一些“文化之都”城市也注重结合本地实际，以老工业设施的文化改造提升城市的公共文化服务水平，带动城市文化建设，打造城市文化品牌。如2014年“东亚文化之都”日本横滨在“文化之都”前期创建过程中改造城市老工业空间项目多达十余项，包括横滨邮船码头的货物仓库、造纸厂、食品加工厂、旧关东财务局等。这些老旧建筑通过创新改造，不仅得到了政府资助、成为横滨公共文化和文化产业发展的重要设施，还为“文化之都”建设引进了文化艺术从业人员，并为他们提供免费或优惠的使用场所。又如法国里尔投入了约2000万欧元对那些经历长期日晒雨淋和遭受损毁的遗迹进行了翻修，改造成为用于展示城市工业历史文化和“文化之都”活动开展的空间[④]。即便是在经济较为不发达的希腊小城萨洛尼卡，在其1997年“欧洲文化之都”活动年的筹备过程中也大力

---

① Ex-post evaluation of 2010 European Capitals of Culture [EB/OL]. (2011-08-01) [2016-09-20]. https://ec.europa.eu/programmes/creative-europe/sites/creative-europe/files/files/capitals-culture-2010-report_en.pdf.

② 王春雷，赵中华.2009中国节庆产业发展年度报告[M].天津：天津大学出版社，2010：21.

③ Council of Europe. Compendium of cultural policies and trends in Europe, 14th D-46 edition, 2013 [EB/OL]. [2016-08-22]. http://www.culturalpolicies.net/down/germany_072013.pdf.

④ 王可.“欧洲文化之都”成欧洲城市点金石[N].北京商报，2010-03-29(13).

改造和完善城市的文化设施，将城市港口废旧的仓库改造成为了摄影博物馆、当代艺术中心以及四个多功能文化空间等，新建了州立当代艺术博物馆、国家剧院等[①]。实践证明，老工业设施的文化改造为城市文化发展带来了一次新的机遇。

二、老城区文化设施改造的典型案例

1.格拉斯哥：“格拉斯哥更美好计划”

30多年来，在众多“文化之都”当选城市的老城区改造中，起到典型示范和带动作用的当属1990年“欧洲文化之都”英国格拉斯哥。它的成功不仅给这座城市的发展带来持久效益，将这座曾经以犯罪率高、吸毒率高而丑名远扬的工业城市转变成为名副其实的“文化之都”，而且使全世界开始真正注意到“文化之都”给当选城市带来积极影响。

格拉斯哥是第一个用“欧洲文化之都”推动旧城更新发展的城市。格拉斯哥早先为一个传统工业型城市，由于严重的失业和随之而来的社会问题，其经济在20世纪60年代至80年代出现了衰退。70年代，人口和就业岗位的减少明显对城市造成不利影响，城市的整体趋势已经从增长转为衰落。伊凡·图尔克（Ivan Turok）曾于2005年对格拉斯哥城市发展和经济社会状况进行过整体性研究：格拉斯哥在1961年至1981年间失去了14.2万个就业岗位，超过1961年总就业人口的1/4（26%），同期人口流失了1/3[②]；20世纪60年代至70年代，平均每年有约2.5万人离开格拉斯哥，市区人口从1950年高峰期的110万人减少到60万[③]。百利（Bailey）和伊凡·图尔克（Ivan Turok）（2005）对当时格拉斯哥的城市状况做出了以下描述：

---

① Panagiota P. The European Capital of Culture: the challenge for urban regeneration and its impact on the cities [J]. International Journal of Humanities and Social Science, 2012(9):268-273.

② Turok I. Scottish urban policy: continuity, change and uncertainty post-devolution [J]. New Horizons in British Urban Policy, 2004:111-128.

③ Bailey N, Turok I, Docherty I. Edinburgh and Glasgow: contrasts in competitiveness and cohesion [M], Glasgow: University of Glasgow, 1999.

> 那一时期，失业率上升、住房和商业场所需求的减少引起学校、医院和其他社会服务设施关闭，对城市形成釜底抽薪般的影响；受过良好教育的中产阶级搬出城市，内城居民贫困化并且在劳动力市场上缺乏竞争力，富裕的郊区和贫困的内城之间的分化愈演愈烈。快速的逆工业化毁掉了许多工业社区，缺乏工作岗位导致收入减少、债务增加、生活艰难，社会矛盾、种族问题层出不穷。[①]

深受经济危机影响的格拉斯哥为了“欧洲文化之都”的当选，在麦卡锡等咨询公司的建议下，通过整合、新建、完善城市文化基础设施，为城市空间场所增添更多文化要素，通过大型文化项目的开展，扩大城市经济收入。为更好地配合1990年“欧洲文化之都”当选，格拉斯哥于20世纪80年代末开始，兴建了大批文化设施，如格拉斯哥皇家音乐厅、皇家歌剧院、苏格兰歌剧院、汉普顿公园、国家风笛中心、巴勒珍藏馆（英国第二大艺术收藏展览馆）、克莱河南岸市民文化广场、当代美术馆、灯塔建筑博物馆等众多文化设施（表4-3），逐步完善的城市公共文化设施体系为城市举办“更好的格拉斯哥”“国家园林节”“欧洲文化之都”“格拉斯哥视觉艺术年”相关活动提供了广阔的城市空间，是提升城市形象的重要元素。

表4-3　1983—2008年格拉斯哥的主要文化活动及相关城市文化设施建设情况[②]

年　份	主要文化项目
1983	巴勒珍收藏馆（Burrell Collection）开馆
1983	开始推行“格拉斯哥更好”计划（Glasgow’s Miltes Better Campaign）
1985	苏格兰会展中心开馆
1988	举办格拉斯哥公园节（Glasgow Garden Festival）：克莱河南岸60英亩的旧码头被改造成为市民文化广场

① Turok I. Regeneration old industrial cities: experience from Britain and implications for NE China［J］. Urban Planning Overseas, 2005(20):60-64.

② Booth P, Boyle R. Remaking European cities: the role of cultural policies［M］//Cultural policy and urban regeneration: the West European experience. Manchester: Manchester University Press, 1993.

续表

年 份	主要文化项目
1990	当选“欧洲文化之都”：新建格拉斯哥皇家音乐厅（耗资2940万英镑）、McLellan美术馆（耗资500万英镑）、旧电车轨道和拱门被改造成为新的文化艺术表演场所，以及一系列城市公共空间的建设（如Garnethill公园等）
1996	举办格拉斯哥视觉艺术年（Glasgow Year of Visual Art）：格拉斯哥现代艺术馆（Gallery of Modern Art）开馆
1997	格拉斯哥大礼堂（Glasgow Auditorium）建成并投入使用
1999	格拉斯哥被评选为“英国建筑与设计之都”（UK City of Architecture and Design）
2001	格拉斯哥科学中心（Glasgow Science Center）建成并投入使用
2003	当选“欧洲体育之都”（European Capital of Sports）
2008	成功加入教科文组织创意城市网络，成为“音乐之都”（UNESCO Creative Cities Network, City of Music）

实践证明，格拉斯哥通过“文化之都”建设，的确实现了以文化带动城市复兴，特别是在“欧洲文化之都”举办之后的相当长时间内，对于整座城市发展的综合效益仍然非常明显。著名城市规划学家布斯（Booth）和博伊尔（Boyle）等（1993）对格拉斯哥“文化之都”当选所产生的影响做了如下评价：

> 1990年格拉斯哥当选“欧洲文化城市”[①]，极大提升了格拉斯哥的城市声誉和在国家以及国际上的形象，“欧洲文化城市”称号成功地将格拉斯哥推介到国际舞台上。[②]

对于格拉斯哥以文化复兴带动城市综合发展所带来的积极发展变化，迪恩·苏迪科（Deyan Sudjic）（2001）认为：

---

① 2000年以前为“欧洲文化城市”，2000年以后改名为“欧洲文化之都”。

② Booth P, Boyle R. Remaking european cities: the role of cultural policies [M]//Cultural policy and urban regeneration: the West European experience. Manchester: Manchester University Press, 1993.

在成为“欧洲文化城市”后，格拉斯哥转变成了一个不同的地方。10年前这里充斥着荒芜之地，……现在格拉斯哥经济富足，对自身的信心比前半个世纪的任何时候都要多。深受经济危机影响的英国格拉斯哥自1990年举办“欧洲文化城市”后，经济真正得以起飞。[①]

在我国，也有众多学者将格拉斯哥的城市文化建设作为典型案例进行研究。周正兵（2010）从城市经济发展的角度认为格拉斯哥的城市文化建设带来的“诱发性收益”集中表现为两个方面：

一是有利于促进格拉斯哥的经济从工业经济向后工业经济的转变；二是有利于提升格拉斯哥的经济竞争力，吸引更多国际投资。[②]

在格拉斯哥城市文化建设和综合发展方面，黄鹤（2010）在其《文化规划：基于文化资源的城市整体发展策略》一书中认为，一座城市文化设施的改善对城市整体形象和长期发展所带来的积极影响包括以下两大方面：

一方面是对城市面貌的改善。文化政策驱动下最为显著的成果是对城市物质环境的改善。无论是在毕尔巴鄂、格拉斯哥等衰败工业城市面貌的改善上，还是在巴黎、法兰克福等欧洲中心城市环境的进一步完善上，文化设施、公共艺术以及城市文化中心的建设都使得城市面貌得以改观……同时，大量文化活动的举行有效减少了公共区域城市犯罪的发生，促进城市活力的增长。一个健康的城市中心——经济发达、时刻都生机勃勃、以人为中心、多元混合使用——无疑是整个城市的活力来源。另一方面是对经济发展的作用。对于城市旅游经济的推动效果是肯定的，对于城市经济多样化和解决工业衰退后

① Sudjic D. The race to be a capital of culture is a non-starter [J]. The Observer. 2001(4):56-77.

② 周正兵.艺术节与城市——西方艺术节的理论与实践[J].经济地理,2010(1):59-63.

日益严峻的城市经济问题有着积极的作用。[①]

可见，格拉斯哥城市文化设施的改善对于这座城市长期发展所带来的影响具有十分深远的意义。

2.都柏林：“特普吧区文化发展计划”

都柏林是爱尔兰的首都和文化中心城市，1991年“欧洲文化之都”的当选带动了位于老城区中心的特普吧区（Temple Bar）的发展。特普吧区占地约14公顷，与三一学院（Trinity College）、爱尔兰国会大楼（Parliament Complex）、都柏林市政厅（City Hall）、基督大教堂、里菲码头（Liffel Quays）和丹姆大街（Dame Street）毗邻，被称作“城市碎片的集合”。在17世纪至18世纪因航泊业而兴起，特普吧区一度发展成为城市文化的中心；到了20世纪50年代，由于传统工业外迁，特普吧开始衰败，甚至一度沦为空城（图4-27）。

图4-27 特普吧区旧照[②]

① 黄鹤.文化规划：基于文化资源的城市整体发展策略［M］.北京：中国建筑工业出版社，2010：64.

② 来源：https://wenku.baidu.com/view/1f50d378a58da0116d174924.html。

图4-27　特普吧区旧照（续）

为配合都柏林1991年“欧洲文化之都”的举办，都柏林政府于1985年提出了一份特普吧区整体改造计划——《特普吧区未来发展计划》（*The Temple Bar Area—A Policy for its Future*），将特普吧区发展定位于一个类似巴黎左岸的城市文化旗舰区。此后，特普吧地区发展委员会（Temple Bar Development Council）实施了一系列文化发展计划和策略。文化发展计划包括两个阶段：第一阶段，物质环境上的更新改造，新建和修复了大量建筑、设施和场地，培育当地的文化组织；在第二阶段，保存街区历史特征、传承和发扬文化传统，突出文化在老城中的作用。为进一步复兴特普吧区，爱尔兰政府于1991年成立了特普吧资产有限公司（Temple Bar Properties Limited），在1991年至2000年间，引进了爱尔兰国内外40多个团队、企业参与特普吧区的发展和改造，修建了包括儿童文化中心、文化中心、特普吧美术馆、爱尔兰电影中心以及全国摄影图片档案馆等大型文化设施[①]。此外，在都柏林市政府的支持下，特普吧区将一定数量的房屋和工作室以相对低廉的价格提供给艺术家和文化机构[②]。在“欧洲文化之都”结束后

① Temple Bar development program 1991-2000 [EB/OL]. [2017-06-07]. http://www.mco.ie/projects/single/temple_bar_development_programme_1991_2000.

② 黄鹤.文化规划：基于文化资源的城市整体发展策略[M].北京：中国建筑工业出版社，2010：73-77.

（1992—2001年间），政府还继续对公共文化空间、公共艺术、视觉艺术等文化项目和建设进行投入。时至今日，特普吧区成为都柏林重要的文化艺术中心区（图4-28）。

图4-28 特普吧区改造后的城区面貌[①]

3.泉州："西街古城复兴计划"

泉州"东亚文化之都"建设以"古城—古港—新区—全域联动"为核心，其中"古城文化复兴计划——泉州西街"[②]是2014年"东亚文化之都"泉州活动年的重点项目（图4-29）。古城文化复兴计划是泉州借助建设"东亚文化之都"的契机，通过西街片区改造、泉州当代艺术馆等文化

① 来源：http://www.mco.ie/projects/single/temple_bar_development_programme_1991_2000。

② 泉州西街是泉州最早开发的街区之一，早在宋朝时期就已是泉州经济社会发展繁荣的象征，至今仍保留着大量独具闽南特色的古老建筑。

项目的推进，在延续历史文脉、保护文化生态之时，进一步促进传统与现代的有机结合，将古城泉州打造成"城市会客厅"和"市民文化家园"的重要举措[①]。泉州对古城"以人为本、延续文脉"的更新模式主要包括了以下四大方面的做法：

一是"活化"。通过公共建筑和公共空间的改造利用，活化功能，为居民和游客创造交往空间，使城市街区充满活力和品质，提升居民生活幸福感，满足不同人群的需求。启动了老城区"源和1916创意产业园"改造项目（图4-30），对泉州中侨集团下属的源和堂蜜饯厂、面粉厂、油厂、麻纺厂、电视机厂等老厂房进行改造，打造成为一个以保护工业建筑、保护工业遗产业态、展示文化创意产业为主要功能的"源和1916创意产业园"。该园是"东亚文化之都·2014泉州活动年"和"2015年亚洲艺术节"的主会场，举办了开幕式、闭幕式和相关文化活动。二是"美化"。即市政公共基础设施的美化，如停车场、街道、公园等，使其既能满足市民生活的使用需求，又能符合古城整体风貌。三是"整理"。治理、梳理街区道路脏乱现象，美化城市街区环境，改善标识系统。四是"保障"。完善组织协调机制，成立维护发展基金、发展公司、保护设计技术研究中心、咨询小组，创新审批流程，加强舆情监测和舆论引导。五是"组合申遗"。2017年初，中国联合国教科文组织全国委员会秘书处正式推荐"海上丝绸之路"最具代表性的港口城市"古泉州（刺桐）史迹"（共16个遗产点[②]）作为2018年世界文化遗产申报项目，并将有望成为我国第53项世界遗产[③]。

---

① 宋佳烜.泉州启动古城文化复兴计划[N].中国文化报,2014-02-17(1).

② 泉州2018年世界文化遗产申报项目"古泉州（刺桐）史迹"的16个遗产点分别为:万寿塔、六胜塔、石湖码头、江口码头、九日山祈风石刻、真武庙、天后宫、磁灶窑系金交椅山窑址、泉州府文庙、老君岩造像、开元寺、伊斯兰教圣墓、清净寺、草庵摩尼光佛造像、德济门遗址、洛阳桥。

③ 联合国教科文组织第42届世界遗产委员会将于2018年7月召开,届时大会将确定列入《世界文化遗产名录》的新一批遗址。

（a）位于泉州西街的东西塔

（b）泉州西街古城文化复兴计划启动仪式

图4-29 泉州西街古城文化复兴[①]

（a）源和1916创意产业园总部基地

（b）源和1916创意产业园内的旧面粉厂

图4-30 源和1916创意产业园

“文化之都”公共文化设施体系的逐步完善过程不是孤立的、单一的、局部的，而是多样的、丰富的、全面的。正如实践所证明，“文化之都”评选加速了城市化进程中城市功能的转型，催化了城市空间的创新，尤其是在城市老旧区、老厂房、老仓库、老码头等的改造与复兴方面发挥了重要作用。这些城市通过“文化之都”的筹备和当选有效地激活了城市老旧

① 来源：http://www.qzwb.com/dywhzd/node_42238.htm#ct6。

区域的文化资源，实现了对城市公共文化艺术设施的提档升级。当然，这些根本性的变化，还体现在许多“文化之都”城市提供公共文化服务时考虑到了残障人士的使用方便、提供特殊的语音讲解、视觉提示设备予以辅助等细枝末节之处。可以说，“文化之都”建设是推动城市文化发展，尤其是公共文化发展的重要引擎。

第五章 “文化之都”中的公共文化资源配置和服务供给

“文化之都”建设以城市为场域，注重增强城市配置文化资源、提供文化服务、促进文化交流的能力，其中，公共文化是“文化之都”建设的重点领域。资源配置合理、服务优质高效的公共文化有效丰富了“文化之都”的建设内涵和成效。乔治·多尔蒂（George Dougherty）（2005）在分析面向公众的文化服务时就指出“一座公共文化设施，只有配备了符合公众真实文化需求的项目时，才具备吸引公众进入的可能性，而不仅仅是一座的普通建筑物罢了”[①]。对于一座真正意义上的“文化之都”而言，丰富的公共文化资源和高品质的公共文化服务，对于惠及全体市民、提升市民文化素养有深刻价值和长远意义。“文化之都”提升公共文化资源和完善服务供给的实践意义，集中体现为城市基本文化服务功能与城市文化发展取向的有机统一。正是这种客观要求与建设目的高度统一，使公共文化发展普遍成为“文化之都”城市发展的自觉追求[②]。

---

① Dougherty G. Cultural variations and understandings of public service [C]. Midwestern Political Science Association, 2005 Annual Meeting, Chicago.

② 陈慰.从功能城市到文化城市：“欧洲文化之都”公共文化建设研究［J］.山东大学学报（哲学社会科学版），2017（5）：72-83.

第一节 “文化之都”公共文化资源配置

一、增加文化资源总量

当前，文化软实力在城市竞争中的重要性，已经在全球范围内达成了共识。丁未（2017）认为，像伦敦、纽约、东京、悉尼等城市成了全球创意、时尚的中心，确立了作为世界级城市的“轴心”（hub）地位，是因为城市的文化资源已经成为地方发展的深层动力：

> 首先，在人才、资本等创造力、创新力的竞争中，城市文化的独特性和吸引力得到了肯定，“欧洲文化之都”“创意城市网络”这样的城市组织或评价体系不断涌现，城市文化魅力成为全球人才资源分配的核心要素；其次，人类整体文明程度的提高与城市居民精神追求的提升，带动了城市发展理念、范式的转变，多样化、包容性、开放性、可持续性等文化因素成为城市发展的核心价值。①

公共文化服务体系的核心是公共文化资源的有效配置、组织并向公众提供基本的文化产品和服务②。建立完善的公共文化资源配置和服务供给体系既是公共文化的分内之事，也是“文化之都”建设的基本职能之一。“文化之都”的“当选年”（title year）是集中展示城市文化发展成果的阶段。在这一年，城市通常会举办许多文化活动，有的城市活动仅限于本市范围内，有的城市活动范围较广，包含本市及周边地区，甚至拓展至国外。尽管每座“文化之都”建设成功的原因不尽相同、风格也各具特色，但有一点是相通的，就是“文化之都”建设都紧紧围绕“文化”这一核心，把高品质、高水准、结构多元、内容丰富的文化活动作为“文化之都”持续发展的动力。在“文化之都”申报和创建过程

---

① 丁未.中国城市文化指标体系建构与发展［M］//黄昌勇，张晓明等.中国城市文化报告2017.上海：同济大学出版社，2017.

② 蒯大申.重构公共文化服务制度基础——上海公共文化服务体系建设观察［M］.//中国公共文化发展服务报告（2007）.北京：社会科学文献出版社，2007：252-263.

中，政府不仅加强了在文化领域的财政投入，还广泛重视城市文化氛围的营造，打造了市民易于参与的各类公共文化空间、吸引了大量文化类非营利组织的普遍参与。这些创新性的举措，有效改变了过去公共文化单向供给、简单顺应公众浅表层次文化需求的格局，有效增强了公共文化产品和服务对全社会的引导力、向心力和凝聚力。佛朗哥·比安基尼（2016）认为：

> 如果城市想要有机会在中心城区获得流动的国际资本和高收益的战略功能，从而在激烈竞争中取得成功，那么就需要增加文化设施和活动，使之成为政府为当地居民提供"优质生活"的一个组成部分。[①]

姚子刚（2016）在其《城市复兴的文化创意策略》一书也总结道，作为一座"文化之都"，其文化资源和服务从功能上可以分为五大类，即文化旅游资源和服务、知识创新资源和服务、民俗文化资源和服务、文化体育资源和服务以及公共文化资源和服务[②]。一直以来，国内外知名艺术节、大型体育赛事和其他大型城市项目，都被城市政策制定者用作支持国际化的项目，以此增强大都市的形象和城市的吸引力[③]。本书将"文化之都"增加公共文化资源总量、丰富公共文化资源类型的做法归纳为以下五个方面：

一是"文化之都"普遍拥有明确的主题，并围绕某一主题提供系列化、品牌化的文化活动。如2014年拉脱维亚"欧洲文化之都"里加在当选年期间开展了480项文化活动，分别围绕纪念第一次世界大战、古代技艺和当代知识、城市文化和旅游、"琥珀之路"经济带城市文化交流、海洋文化、市民节庆等六大类主题展开。2016年"欧洲文化之都"和"世界图书之都"波兰弗罗茨瓦夫以"美的空间"为主题，开展各类朗诵会和阅读活动，并在2016年一年内推出了2000余项各类文化活动，涵盖阅

①③ 比安基尼著；王列生译.重建欧洲城市：文化政策的角色[J].福建论坛（人文社会科学版），2016（8）：117-126.

② 姚子刚.城市复兴的文化创意策略[M].南京：东南大学出版社，2016：144.

读、音乐、电影、建筑等主题，吸引了520多万人次参与，向世界展示城市的古老文明和多元文化[①]。长沙2017年“东亚文化之都”活动以“春·读山、夏·听水、秋·亲洲、冬·恋城”为四大主题，采取“主题活动+外围活动”的模式，涵盖文化、体育、教育、旅游、经贸等各个领域，还承办了东亚艺术节、东亚文化论坛、东亚文化之都市长峰会等高端城市活动，筹划了音乐艺术、体育赛事、美术摄影、非遗交流等百场惠民系列活动。2018年“东亚文化之都”哈尔滨围绕“冰雪之约”“欧陆之风”“音乐之城”“东亚交融”四大主题进行。此外，哥本哈根（1996）、卑尔根（2000）等“文化之都”以春夏秋冬四季为主题，埃森鲁尔（2010）、吉马良斯（2012）、马里博尔（2012）以“文化改变城市”为主题，蒙斯（2015）以“文化与科技融合”为主题。

二是“文化之都”普遍都涉及文化艺术的各种类型，如阅读、文学、音乐、舞蹈、绘画、戏剧等。例如，“世界图书之都”城市举办的较为常见的活动有读书沙龙、作家见面会、讲座、培训、比赛（朗诵、写作、绘画、辩论等）、表演、展览等；各“世界图书之都”城市一般也会在其当选年期间与有关国际组织和团体合作，举办大型的国际文化活动，如国际书展、国际学术研讨会、国际文学或文化奖颁奖典礼、国际图书出版行业学会和协会年会等。欧洲权威第三方调查机构Ecorys战略与评估服务中心（Ecorys and the Centre for Strategy and Evaluation Services）对“欧洲文化之都”的事后评估报告（Ex-post Evaluation）显示，2008年利物浦推出了音乐、文学、戏剧及街头表演等共计350项大型文化活动，全方位展示了城市的文化魅力[②]。2010年“欧洲文化之都”伊斯坦布尔在当选前后（2008—2011年）举办了近1万场文化活动，其中，音乐会1598场、戏剧表演1127场、会议和研讨1201场、展览763场、阅读活动350场、电影

① 焦波.波兰：将遗产保护作为国家文化政策重心［N］.中国文化报，2016-06-23（第3版）.

② 马桂花.利物浦以“欧洲文化之都”促城市复兴［N］.经济参考报，2008-01-16（第11版）.

放映500场、举办节庆52个、出版物336种[①]。据蒂姆·福克斯（Tim Fox）和詹姆斯·兰普顿（James Rampton）（2015）的统计，2014年“欧洲文化之都”拉脱维亚里加文化活动涵盖时尚、文学、戏曲、电影、民间文化、建筑等，并以视觉艺术和音乐表演居多，占到了所有文化活动的一半以上（图5-1）。2015年“东亚文化之都”青岛活动年分为民间艺术、艺术展览、文艺演出、学术论坛、文化遗产、影视交流等六大板块，其中“五王大赛”“不朽的城雕”等活动成为“文化之都”流传下来的经典项目。2016年宁波“东亚文化之都”开展了100多活动，内容涵盖文学、绘画、雕塑、建筑、音乐、舞蹈、戏剧、电影、曲艺等类型，形成贯穿全年、带动全城的文化艺术普及活动（详见附录四）。

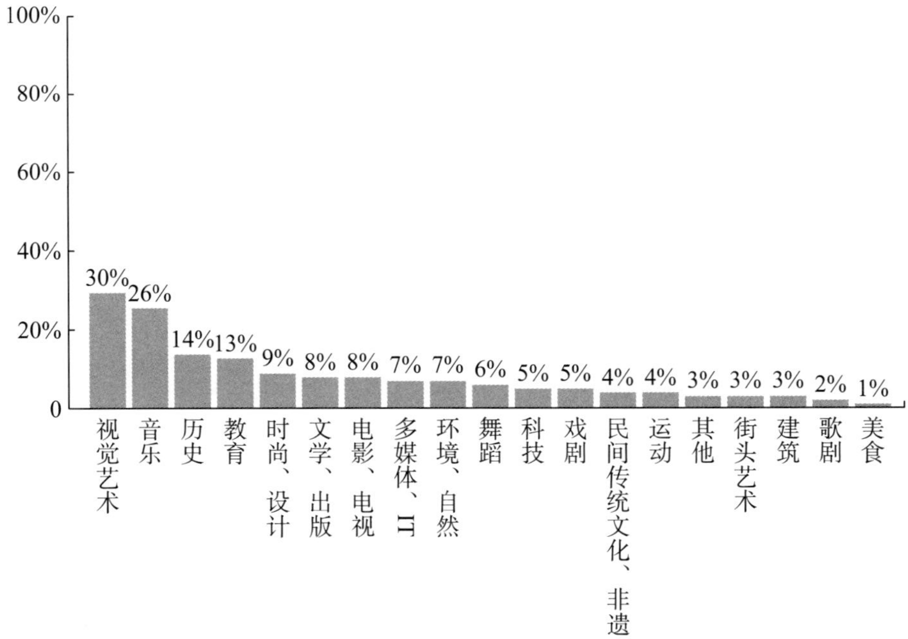

图5-1 里加2014年“欧洲文化之都”文化活动类型占比情况[②]

---

① Ex-post evaluation of 2010 European Capitals of Culture [EB/OL]. (2011-08-01) [2016-09-20]. https://ec.europa.eu/programmes/creative-europe/sites/creative-europe/files/files/capitals-culture-2010-report_en.pdf.

② Fox T, Rampton J. Ex-post evaluation of the European Capitals of Culture final report [R]. Luxembourg: Publications Office of the Euroean Union, 2015:11.

三是“文化之都”普遍规定了一年内以“文化之都”名义举办的活动最低场次。如我国“东亚文化之都”要求当选城市在当选年期间以“文化之都”名义至少举办100场文化活动。以首届“文化之都”泉州为例。2014年，泉州市围绕弘扬“东亚意识、文化交融、彼此欣赏”精神，全年共举办112场主题活动（其中，学术论坛12场、展览20场、各类比赛10场、对外文化交流活动10批次、各类专场文艺演出60场），重点策划、举办了学术论坛、对外文化交流、文艺演出、文化艺术展览、文化类比赛等文化活动。此外，2014年日本“东亚文化之都”横滨在活动年期间，全年累计举办了各类音乐活动也超过100场，还成功举办了日本最大规模的音乐庆典“横滨音乐节”。丰富多彩的公共文化活动大大提高了城市的文化活力及多样性，为整个城市营造了浓郁的文化氛围。

四是“文化之都”普遍通过面向公共的大型艺术节来丰富城市的公共文化资源。如作为2012—2013年的“东盟文化城市”，新加坡在活动年安排了第五届东盟艺术节、东盟木偶节、新加坡艺术节、“新加坡之夜”文化节、新加坡双年展等大型市民文化活动，同时，新加坡国家博物馆、新加坡集邮博物馆、亚洲文明博物馆、新加坡艺术博物馆等城市的主要公共文化机构还举办了众多在亚洲和全球范围内有很大影响力的公益展览[①]。沙迦在2014年“伊斯兰文化之都”的当选年中举办了沙迦灯光节、儿童阅读节、沙迦双年展等城市大型公共文化活动（图5-2、图5-3）。韩国2014年“东亚文化之都”光州在当选年期间举办了东亚文化国际大会等10多项大型国际文化交流活动[②]。对光州而言，如此集中、大规模开展文化活动，实属首次。

---

① Culture, heritage and the arts as a way to promote the cultural identity of ASEAN [EB/OL]. (2014-04-18) [2017-03-09]. https://www.mccy.gov.sg/news/press-releases/2014/6th_ACMA.aspx/.

② 叶飞.“东亚文化之都”:共同提炼“亚洲价值”[N].中国文化报,2013-08-29(9).

图5-2 巴格达2013年“阿拉伯文化之都”开幕式①

图5-3 沙迦2014“伊斯兰文化之都”活动②

① 来源:http://www.naharnet.com/stories/en/76793。

② 来源:http://sicc.ae/wp-content/uploads/2014/02/SICC-03-ENGLISH.pdf。

五是“文化之都”框架下诞生的许多活动也在“文化之都”当选年结束后成为城市常态化开展的项目。“欧洲文化之都”“东亚文化之都”以及“创意城市网络”等均对当选年结束后在文化产品和服务供给方面提出过相关要求，以保证文化活动的持续、常态化开展。例如，泉州在“文化之都”活动年结束后，履行承诺，以创建全国公共文化服务体系示范区为抓手，完善公共文化服务体系建设，启动中国海上丝绸之路博物馆等项目，持续深化“万千百十”文化惠民活动。又如，在宁波2016年“东亚文化之都”活动类型中，除音乐、舞蹈、美术、书法等艺术类型外，一些围绕“文化之都”主题延伸出的会议、论坛（如“天一阁论坛”等），也都在“东亚文化之都”的带动下，发展成为了现在宁波每年都会举办的国际性高端文化论坛。对此，方丹青等（2017）以“欧洲文化之都”为研究对象，认为以“欧洲文化之都”这种城市大型文化事件为触媒所带来的“文化再生”的表现之一就是文化活动和项目的延续①。

随着经济社会的不断发展，市民对公共文化服务的需求也呈现出复杂多元的特点。年龄、性别、工作、学历、民族、地域等因素都影响着公众对公共文化服务的需求。“文化之都”建设不仅是本土的、历史的，还催生了国际化、高水准的产品，让市民在丰富的文化活动中感受他们过去未曾体验过的事物，获得更为新颖独特的体验。

二、扩大文化资源利用

“文化之都”为市民提供了接触文化的多元渠道。市民接触和参与文化活动的程度的提升，不仅仅取决于文化活动数量和规模的扩张，更受益于多元的参与渠道和高品质的文化产品。“文化之都”建设普遍采取改善文化基础设施、举办盛大庆典活动、推广文化旅游、开展文体赛事等措施来扩大文化资源利用。在此过程中，“文化之都”公众参与程度得到了极

---

① 方丹青，陈可石，陈楠.以文化大事件为触媒的城市再生模式初探——“欧洲文化之都”的实践和启示［J］.国际城市规划，2017（2）：101-120.

大提升，使“文化之都”文化活动不仅覆盖了各年龄层次、教育和职业背景的本地市民，还惠及外地游客、民间组织以及国内外文化艺术相关人士。本书将“文化之都”建设扩大文化资源利用的主要做法归纳为以下两个方面：

一是对内，公共文化的资源共享程度不断增强。城市内部跨部门、跨区域文化资源在“文化之都”的框架下不断得到整合利用。如泉州在“文化之都”建设期间，全市12个县（市、区）轮流在泉州西街“大麦仓”文化空间举办县域活动周，开展专场演出、音乐演唱会、图片展、书画展、研讨会等形式多样、充满县域文化特色的活动100多场次，形成了众多切合“文化之都”主题的叫好又叫座的文化品牌。泉州十分重视对各县、区原有优质文化资源的挖掘，打造富有地域民族特色的品牌、产业，并将其很好地融入公共文化的创新发展。

二是对外，公共文化的国际资源获取能力不断提升。对于本身拥有优质资源却囿于没有国际化平台的城市而言，“文化之都”的当选是不可多得的发展契机。如2017年“伊比利亚美洲文化之都”葡萄牙里斯本，全年活动吸引了伊比利亚半岛、墨西哥、南美及中美洲国家和地区的数百万人参加，上百位国外优秀艺术家、制作人、艺术从业人员将优质的文化资源带到里斯本，为里斯本艺术交流搭建了前所未有的国际大平台。又如，“创意城市网络”中的“文学之都”提出“通过文学作品交流提升城市国际性”；“音乐之都”提出“打造各种国际国内音乐交流平台”；“民间手工艺之都”提出“以手工艺品为媒介带动城市的国内外交流合作”。

对此，狄迪尔·帕里斯（Didier Paris）和泰瑞尔·巴尔特（Tierry Baert）（2011）等学者认为，通过扩大文化资源的开放共享程度，不仅能营造城市的良好文化生态，带动旅游业等相关产业的发展，还能有效提升市民的自信心和自豪感，解决相应的社会问题，实现更深层次的目的[①]。

---

① 欧阳坚，丁伟.国际文化发展报告［M］.商务印书馆，2005：13.

图5-4 里斯本2017年“伊比利亚美洲文化之都”纪念邮票[①]

第二节 社会力量参与“文化之都”公共文化建设

从“文化之都”以城市为场域的建设模式来看，“文化之都”建设各项事务的组织开展一般由当地政府主导，国家有关部门予以指导、支持，地方政府下辖的相关行政机构协作。但是，“文化之都”建设的具体过程离不开大量社会力量的参与和合作。且从国内外的普遍经验来看，社会力量参与方式主要有三种：一是资金捐赠；二是作为“利益相关者”参与项目的管理运行；三是以公私合营（PPP）模式成立公司，专业化运行。

一、在资金来源上吸引社会资本

虽然不同国家、不同地区“文化之都”建设所耗经费不同、经费来源渠道也不尽相同，但归纳起来，“文化之都”经费来源不外乎由三大部分构成：政府财政拨款、社会力量赞助以及经营性收入。国际经验表明，在市场经济条件下，除少数纯公共产品由政府直接产出和提供外，绝大多数准

① 来源：http://blog.sina.com.cn/s/blog_4c5d015e0102xa63.html。

公共产品采用由政府和市场混合提供的方式。关于城市文化建设私营部门逐步参与的演变过程，李亚娟（2015）认为，现阶段城市的文化建设已由早期政府单向投资为主的模式，转变为中央与地方之间的“公—公伙伴关系”，并在私营机构加入后发展成为“政府与私营机构合作的伙伴关系”①。

从欧盟官方评估报告关于1985年至2012年“欧洲文化之都”当选城市经费投入比例情况（图5-5、图5-6）可以发现，政府财政投入仍是整个“文化之都”经费来源的很大一部分，非欧盟国家的中央政府财政投入要高于地方政府投入。社会资金来源比例平均占到各“文化之都”经费来源的约22.17%，其中，最高的是西班牙“文化之都”圣地亚哥德孔波斯特拉，达70%。各级政府的财政投入是“欧洲文化之都”经费的主要来源之一，完全由政府承担，不仅纳税人的税负和政府的财政负担过重，而且容易产生政府和公共服务部门效率低下的“政府失灵”问题②。在欧洲，“文化之都”的建设既要依靠政府强有力的支持，又要吸引社会资本积极参与，使社会资本成为“文化之都”建设以及城市的整个文化建设的有益补充。例如，法国里尔“2004欧洲文化之都”的政府财政投入6030万欧元，社会资金投入1200万欧元，占总投入的20%，并发展了70多家企业作为2004年“文化之都”的合作伙伴③。德国埃森鲁尔在2010年“欧洲文化之都”的建设过程中，吸引了德国国内著名的金融企业、大型公司，如联邦铁路、鲁尔燃气公司、RWE莱茵集团德国能源公司、Sparkassen金融集团和HANIEL等作为主要赞助商。2008年“欧洲文化之都”英国利物浦成立的利物浦文化公司，在2003年至2008年间获得了来自利物浦市议会、英格兰艺术委员会、欧盟地方发展基金会等共计约1.04亿英镑的经费支持，占2003—2008年总经费来源的79.9%，社会资金，即赞助与经营性收入共计约2635.9万英镑，占到了总经费来源的20.3%（表5-1）。2015年“欧洲文化之都”蒙斯早在2004年提出“文化之都”申请之时就组建了“2015蒙斯基金会”（Fondation Mons 2015），由布鲁塞尔市（Federation

① 李亚娟.现代城市治理与城市文化建设研究[M].上海：上海人民出版社，2015：45.

② 贺善侃.国际大都市公益文化比较研究[M].上海：学林出版社，2010：14.

③ Dreano L, Jean E. European Capital of Culture in 2004: creative Lille [J]. Urban Planning International, 2012(3):17-24.

Wallonie Bruxelles）、瓦隆大区（Region Wallone）、埃诺省（Province de Hainaut）和蒙斯市（Ville de Mons）4个行政级别的相关人士构成。据统计，该基金会先后给予蒙斯7280万欧元的“文化之都”建设经费，其中，32%来自社会资本，68%来自政府财政资金①。

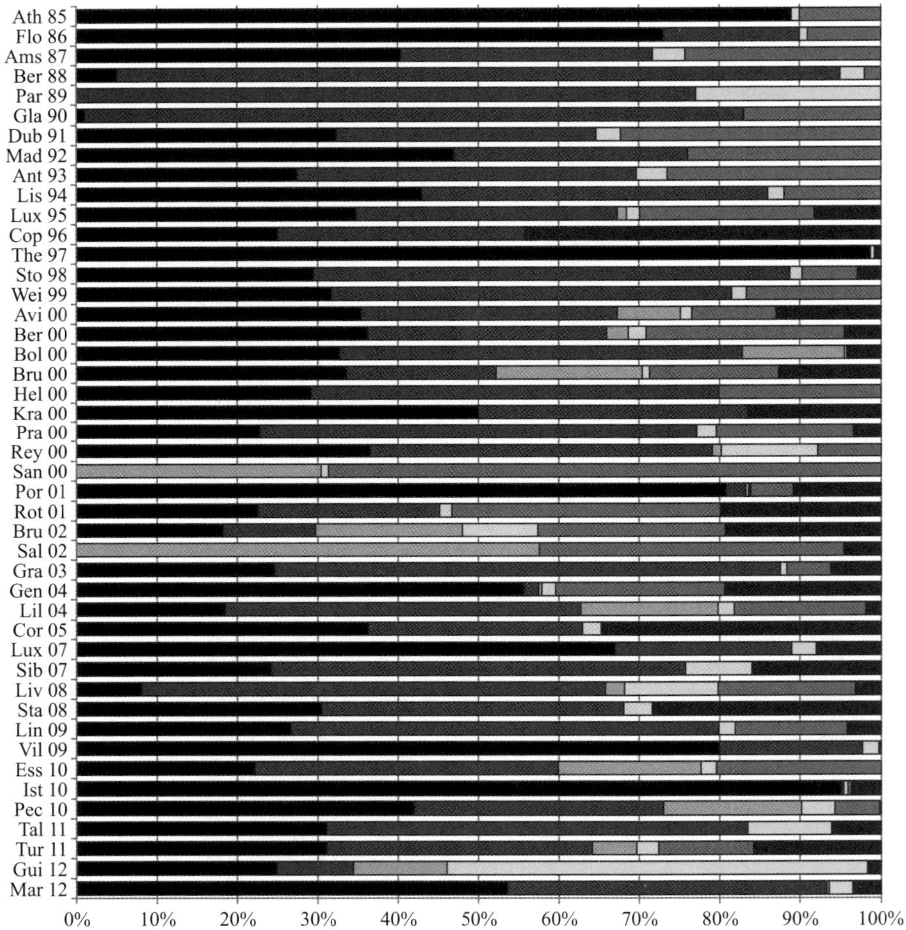

注：国家政府财政 地方政府财政 其他公共资金 欧盟资金 社会赞助 其他社会资金
（图中色块从左至右按此排列）

图5-5　1985—2012年“欧洲文化之都”当选城市经费来源比例②

① Ecorys and the Centre for Strategy and Evaluation Services. Ex-post evaluation of the 2013 European Capitals of Culture［R］. Luxembourg: Publications Office of the European Union, 2016:3.

② 来源：http://www.europarl.europa.eu/RegData/etudesIPOL-CULT_ET(2013)513985_EN.pdf。

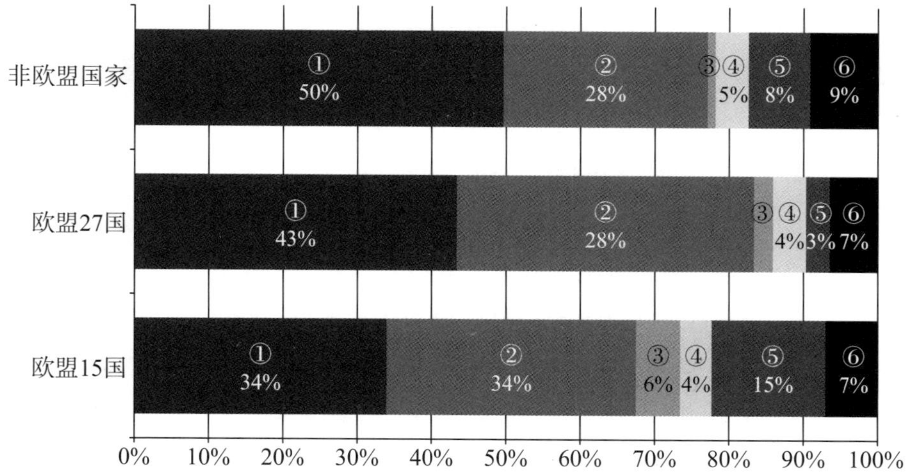

图5-6　1985—2012年“欧洲文化之都”欧盟国家和非欧盟国家经费来源比例对比图①

表5-1　2003—2008年利物浦文化公司经费来源情况（单位：万英镑）

经费来源		03—04财年	04—05财年	05—06财年	06—07财年	07—08财年	08—09财年	总计
公共财政	利物浦市议会	652	817.8	906.3	1214.6	1498.1	2392.3	7481.1
	英格兰艺术委员会和英国文化、媒体和体育部	—	7.1	531.9	331.6	128.3	53.9	1052.8
	欧洲地方发展基金会	98.7	150.2	168	296.6	418.6	294.5	1426.6
	欧盟	—	—	—	—	—	80.9	80.9
	其他公共财政	2.3	23.9	30.4	4.5	165.5	84.6	311.2
赞助与经营性收入	经营性收入	—	13.6	21.3	39.3	74.4	258.4	407
	资金赞助	—	109.8	278.8	287.3	354.2	444.2	1474.3
	实物赞助	—	—	90.4	137.2	261.3	265.8	754.7
总　计		753	1122.4	2027.1	2311.1	2900.4	3874.6	12988.6

① 来源：http://www.europarl.europa.eu/RegData/513985/IPOL-CULT_ET(2013)513985_EN.pdf。

就我国“文化之都”的建设运作情况来看，社会力量的参与具有一定的特殊性。在参与推动公共文化发展的社会力量相对不足、渠道有限的情况下，“文化之都”的主办主要依靠政府财政投入。例如，在2014年泉州“文化之都”建设的整个过程中，泉州先后投入资金约10亿元，其中，3.5亿元用于泉州当代艺术馆、木偶剧院、歌舞剧院、文化产业、闽南文化生态保护区建设以及农村文化、市直文化院团公益性演出等，5000万元用于文化活动开展直接相关的基础设施建设和活动项目经费支出，5000万元用于泉州西街“大麦仓”文化空间建设，6亿多元用于泉州公共文化中心的前期建设（项目总投资约33亿元）。在以政府为龙头“集中力量办大事”的同时，泉州鼓励社会组织、企业和个人以各种方式参与“文化之都”公共文化发展。泉州设立专门的筹资组，多渠道开辟融资方式，鼓励海内外侨胞通过慈善募捐等多种形式筹措建设发展资金，引导社会力量参与推动“文化之都”建设。据统计，募捐所得民资、侨资以及社会各界投入文化活动资金达3亿多元，其中，以港澳乡亲为主体募捐3000万元设立了泉州南音南戏发展基金，以国内泉籍异地商会为主体募捐6000多万元设立了泉州当代艺术馆基金[①]。泉州公共文化中心是泉州市市本级第一个采用PPP模式进行建设的项目，其投资、建设、管理等由泉州市公共文化中心投资运营有限公司来负责。该公司成立于2015年8月，由泉州市国有资产投资经营公司和PPP项目中标单位泉州中桥（集团）股份有限公司、福建省第五建筑工程公司以及泉州源和创意产业园运营有限责任公司联合体共同出资组建。

二、在管理运行上调动社会各方力量

根据盖茨（2007）关于城市大型节庆活动“利益相关者”及其角色的分析（图5-7）“文化之都”建设涉及主要包括城市政府部门、艺术活动

① 黄少萍.建设东亚文化之都，打造“海丝”先行区[EB/OL].（2015-01-28）[2017-11-30]. http://cpc.people.com.cn/n/2015/0128/c225450-26465743.html.

组织者、参展方、供应方、观众等在内的许多城市“利益相关者”①。

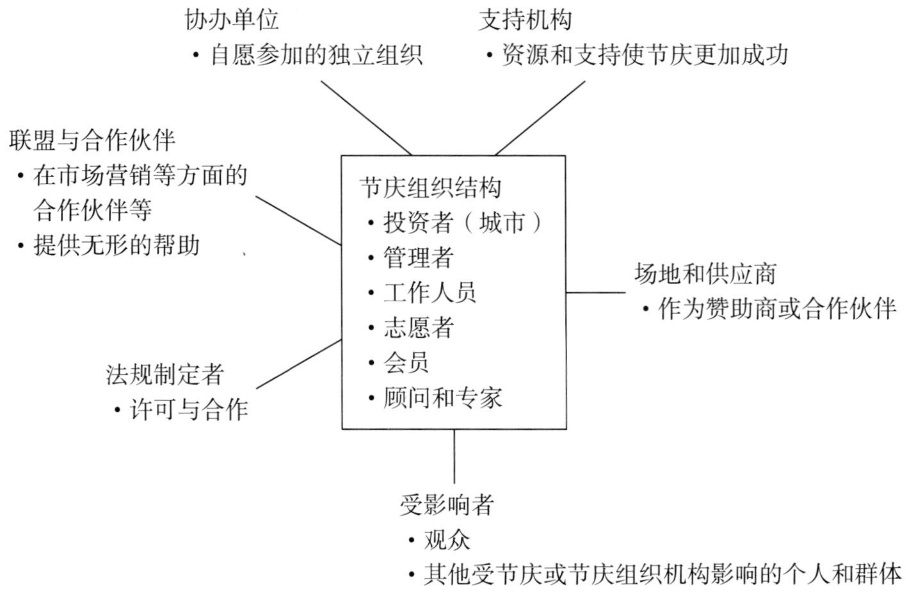

图5-7 节事活动利益相关者②

2013年欧盟发布的《欧洲文化之都：成功战略和长期影响力》报告（*European Capitals of Culture: Success Strategies and Long-term Effects*）指出，“欧洲文化之都”采取的“利益相关者”（stakeholders）管理模式，意味着政府部门和非政府部门、公益性文化团体和商业团体等城市文化事业发展的各方面都能够适时参与③。在“利益相关者”中，城市政府是“文化之都”的发起者、整个活动的执行者，在“文化之都”中处于主导地位。政府的政治参与以政策支持和财政经费投入为主要手段；非政府部门、私人和第三方以市场化行为参与为主；公众参与体现在民众的普

---

① 王春雷，赵中华.2009中国节庆产业发展年度报告［M］.天津：天津大学出版社，2010：23-24.

② Getz D. Festival stakeholder roles: concepts and case studies［J］. Even Management, 2007, 10(2): 103-122.

③ European Capitals of Culture: success strategies and long-term effects [EB/OL]. [2017-05-24]. http://www.europarl.europa.eu/RegData/etudes/etudes/join/2013/513985/IPOL-CULT_ET(2013)513985_EN.pdf.

遍参与上；潜在参与主要指在申请和筹备中形成的一些潜在的、未来的参与因素[①]。吴忠、王为理（2014）认为：

> 文化治理不仅指多元利益相关者、冲突者在一个相互依存、相互调适过程中培育出一种新型的公民社会关系，在开放、参与、责任、高效和团结原则框架下，以多样化的渠道影响公共文化事务的目标及调控手段的选择、实施；文化治理也指市民不仅作为利益相关者，拥有了更多的渠道影响文化发展的渠道。[②]

不少"文化之都"城市还成立了由政府和社会力量共同构成的"组委会""管理委员会"等，发挥着联系和沟通各"利益相关者"的桥梁角色。如法国里尔在2004年"欧洲文化之都"建设方案中就提出了成立由市经济、环境规划、文化、高等教育和研究领域等"利益相关方"共同构成的"大里尔委员会"，动员政府、私人和非政府部门等各方力量参与[③]，并强调，通过提升城市文化共享程度和市民的文化认同意识，把各个阶层的民众"凝聚在一起"[④]。

三、在实施执行上聘请或成立专业公司

在国外发达国家，鉴于"文化之都"具有文化服务公共性或准公益性功能，更基于"文化之都"自身可持续发展运营所具备的潜力，城市政府的文化主管部门成为穿针引线、给予适当补贴、提供相关配套服务的管理角色。随着"文化之都"建设内容和规模的不断扩大，涉及的专业事项

---

① European Capitals of Culture: success strategies and long-term effects [EB/OL]. [2017-05-24]. http://www.europarl.europa.eu/RegData/etudes/etudes/join/2013/513985/IPOL-CULT_ET(2013)513985_EN.pdf.

② Creative Europe: on governance and management of artistic creativity in Europe. an ERIC arts report to the NEF [R]. 2002:21.

③ ［法］安布罗西诺，吉隆，贾丽齐著；刘海龙译.法国视角下的创意城市［J］.国际城市规划，2012（7）:49-53.

④ 吴忠，王为理.城市文化论［M］.深圳：海天出版社，2014:218.

越来越复杂和专业，其所产生的社会影响力也越来越广泛，因此，大型文化事件和活动的开展迫切需要引入专业化、优质化、品质化的管理运作模式。鲁尔、利物浦等“文化之都”城市均在此方面有了比较成功的探索。

德国埃森鲁尔在“文化之都”筹备之初（2005年）成立了“鲁尔2010公司”（The RUHR.2010 GmbH），专门负责鲁尔“欧洲文化之都”活动筹备和执行等具体工作（图5-8）。该公司是PPP组成模式，“股东”为埃森市政府、鲁尔区协会RVR（Ruhr Regional Association）、北威州州政府（The Federal State of North Rhine-Westphalia）和鲁尔区行动委员会（由区域内68家大公司代表组成）[①]。自2006年起，鲁尔2010公司就开始全面参与、组织“文化之都”框架内的各项活动推广[②]，并在鲁尔当选年结束后，继续致力于整个地区的文化事业发展。

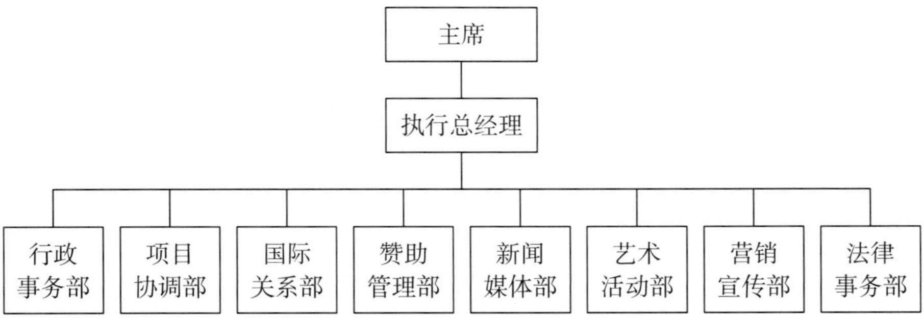

图5-8 鲁尔2010公司架构[③]

利物浦在“文化之都”建设期间成立了利物浦文化公司（Liverpool Culture Company）。该公司由利物浦市议会组建成立，负责“2008利物浦活动年”的前期筹备、文化基础设施建设、当选年文化活动组织、旅游发展、市场推广、赞助和经费支持以及后续城市文化活动开展等任务。

① Stemmrich D, Rahner S, Schmidtmann P. Gasometer Oberhausen, Geschichte-Techink-Arberit [M]. Essen: Klartext Verlag, 2007.

② 王春雷，赵中华.2009中国节庆产业发展年度报告［M］.天津：天津大学出版社，2010：63.

③ Ecorys. Ex-post evaluation of 2010 European Capitals of Culture［EB/OL］.［2017-02-21］. http://ec.europa.eu/programmes/creative-purope/sites/creative-europe/files/files/capitals-culture-2010-report_en.pdf.

公司成立初期，公司理事会（board）由利物浦市议会、反对党、政府议员以及当地工商、媒体、教育、文化等领域的代表共同组成。人员均由市议会选派任命，其中约一半的人员直接由市议会“内部选派”（internal secondments）[①]。理事会在2003年和2008年期间又进行了扩大，吸纳了更多来自本地和英国国内的传媒、文化、教育、经济等领域的相关人士，如英国文化、媒体和体育部的观察员，利物浦地方文化传媒和教育界人士，德比郡议员以及包括来自西北文化中心代表、英国BBC广播电视公司代表和海外人士。公司规模也由最初的15人，发展至现在的100人。布莱恩（Brien）（2010）认为，利物浦文化公司在利物浦2008年“欧洲文化之都”中扮演了积极的角色，是政府部门和文化艺术界建立良好合作伙伴关系的重要标志[②]。

第三节　“文化之都”带动公共文化服务供给体系的完善

“文化之都”在建设过程中，大多尽可能地通过种类更加丰富、形式更加多样、大众更加喜闻乐见的艺术作品、艺术种类、表现形式、服务方式等来扩大公共文化的受益面、提升大众参与度，进一步运用文化产品属于“边际效用递增”产品的这一特性，放大“递增”效应，满足公众不断增长的文化艺术需求。

一、完善城市公共阅读服务

公共图书馆是一座城市公共文化服务的核心。在“文化之都”建设的推动下，公共图书馆跳出了传统的藏书、借阅、参考咨询等基本服务，公共图书馆服务能力得到了进一步延伸和拓展，更加注重对市民文化多样性需求的满足和对城市文化发展的推动。在“文化之都”建设期间，公共图

---

①② Dave O. No cultural policy to speak of—Liverpool 2008 [J]. Journal of Policy Research in Tourism, Leisure and Events, 2010(2):113-128.

书馆在城市公共文化服务体系中的重要地位和作用被进一步突出，集中开展阅读推广活动、公益培训，增强跨国联盟等方式成为“文化之都”文化活动和交流的主要构成。本书将“文化之都”在完善城市公共阅读服务上的做法大致归结为以下七个方面：

一是将公共图书馆的资源和服务作为“文化之都”建设的主要内容。2011年芬兰图尔库以“相遇在图书馆”为主题开展了贯穿全年的特色公共阅读活动，其活动总量占图尔库“欧洲文化之都”活动的30%[①]。2016年是波兰第二大金融中心和第四大城市弗罗茨瓦夫的“欧洲文化之都”和“世界图书之都”当选年。弗罗茨瓦夫共有各类图书馆44座、服务点4个、多媒体中心2个[②]。在这一年中，弗罗茨瓦夫将提升城市阅读品质、完善图书馆服务体系作为“文化之都”建设的亮点，举办众多与文学有关的活动，邀请了世界各国上百名作家、诗人、学者以及文化相关人士来到这座城市，并在“世界图书与版权日”（4月23日）举办了主题为“欧洲文学之夜”的大型城市阅读活动，多名波兰知名演员聚集在弗罗茨瓦夫市中心，朗读莎士比亚的知名作品。

二是公共图书馆在“文化之都”期间组织开展大量的公益培训。1998年“欧洲文化之都”瑞典斯德哥尔摩市图书馆在当选年期间举办了一系列以城市公共服务部门工作人员为对象的市民公共教育培训项目，以加强公共服务部门工作人员对城市地方文化、政治历史、景点的了解。2008年利物浦在全市范围内开展了“城市之窗”（Windows Project）公益阅读培训项目，启动了针对城市老年人、残疾人、青少年的“诗歌之城”（city of poem）写作培训项目（图5-9），进一步提升市民的写作和阅读能力。

---

① Ex-post evaluation of 2011 European Capitals of Culture [EB/OL]. [2017-04-26]. https://ec.europa.eu/programmes/creative-europe/sites/creative-europe/files/files/ecoc-2011-evaluation_en.pdf.

② City Public Library in Wroclaw [EB/OL]. [2017-07-26]. http://mobi.wroclaw.pl/en/558-wroclaw-city-public-library-in-wroclaw.

（a）“城市之窗”公益阅读培训　　（b）“诗歌之城”写作培训

图5-9　利物浦市图书馆公益阅读培训项目[①]

三是公共图书馆在“文化之都”期间举办大量公益展览。2005年的爱尔兰科克将市图书馆纳入城市文化展览规划和文化宣传网络的大系统中，全市联动举办各类主题展览，进一步拓展市图书馆的公共文化服务。从2005年当选“欧洲文化之都”开始，科克市图书馆不仅成功举办了首届“世界图书日”等众多大型阅读活动，还在图书馆附近的街头、公园等户外场地组织了各类公共阅读推广活动。此后，科克将这一活动延续下来，至今仍由市图书馆每年定期举办[②]。

四是利用“文化之都”建设之机扩大公共图书馆的跨国联盟与合作范围。2000年当选“欧洲文化之都”的雷克雅未克（冰岛）、卑尔根（挪威）、赫尔辛基（芬兰）、布鲁塞尔（比利时）、布拉格（捷克）、克拉科（波兰）、圣地亚哥—德孔波斯特拉（西班牙）、阿维尼翁（法国）、博洛尼亚（意大利）的9座城市为迎接新世纪的到来，加强了在档案馆、图书馆、博物馆等城市公共文化机构的跨国合作，实现图书馆、档案馆合作的“九城合作”[③]。如卑尔根市档案馆提议发起“文化遗产保存项目”，建立数字化保存

---

① 来源：http://www.windowsproject.co.uk/。

② 高梦楚.欧洲文化之都发展与图书馆建设[D].北京：北京大学，2014：42-44.

③ Cogliandro G. European cities of culture for the year 2000-a wealth of urban cultures celebrating the turn of the century [R]. Brussels: European Commission, 2001.

项目，加强9座当选城市档案馆在文化遗产保护方面的能力[①]。此外，这9座当选城市的公共图书馆、档案馆、博物馆、美术馆等公共文化机构以巡展的方式向公众展示具有极高文化价值的地方文献资料、物件，让市民感受欧洲文化的丰富性、多样性。

五是在“文化之都”建设过程中注重发挥公共图书馆提升普通民众文化素养的作用。阿拉伯联合酋长国沙迦作为1998年“阿拉伯文化之都”、2014年“伊斯兰文化之都”以及2015年的“阿拉伯旅游之都”，十分注重提升城市阅读服务的品质。例如，沙迦在2014年“伊斯兰文化之都”建设过程中，先后投入4000多万美元实施了“知识没有边界”（Knowledge without borders）项目——目标是在2008年至2016年，为4.2万个沙迦家庭建设“家庭图书馆”（Home Library）。每个家庭图书馆配备健康、美食、教育、文学、科技等各类图书50本，共计约210万本图书[②]。该项目由沙迦酋长国国王发起，由苏丹·本·阿勒卡西米公主（Her Highness Sheikha Bedour Bint Sultan Al Qasimi）作为项目具体执行者。该项目的目标包括：①为生活在沙迦的市民提供更加丰富的图书和各类知识；②提升市民的文化素养，尤其是青少年儿童的科学文化知识；③重视图书馆事业，将图书馆作为培育和提升公民素质的重要机构；④将沙迦建设成为名副其实的“文化之都”。虽然该项目在近几年的实施过程中遇到了一些实际困难，对于阅读率不高、文盲率较高的阿拉伯国家城市来说，借助“文化之都”建设之机来提升城市公共阅读和全民素养，其意义之深远不言而喻。据统计，至2017年7月，政府已配备了约100万册图书，成功为2万个沙迦家庭建立了“家庭图书馆”[③]。

---

① Cogliandro G. European cities of culture for the year 2000-a wealth of urban cultures celebrating the turn of the century, [R]. Brussels: European Commission, 2001.

② Sharjah, the Cultural Capital of the Arab World [EB/OL]. [2017-07-24] . https://www.rotanatimes.com/centrosharjah/news/7575.

③ About us [EB/OL]. [2017-07-26]. http://www.thaqafa.ae/about.html.

图5-10　沙迦的流动图书车[①]

六是将提供高品质的城市阅读空间作为“文化之都”后续建设的重点。泉州在“文化之都”后续的公共文化建设上，以创建第四批全国公共文化服务体系示范区为抓手，推进市公共文化中心、市图书馆少儿分馆、24小时街区图书馆建设。在2017年建成的首家“百姓书房”的基础上，将在全市范围内逐步建成一批“百姓书房”（市级10家、每个区各10家），打造“15分钟阅读圈”。泉州“百姓书房”采取与市图书馆、少儿图书馆、24小时街区借阅机联动的形式，通借通还，不限于一地还书；馆藏也采取流通方式，各处借阅点与图书馆的馆藏互相流通、补充[②]。泉州市“百姓书房”选址标准：①选择人口较密集的地方；②选择环境较好的公共场所如公园等；③选择一些市民休闲的场所。百姓书房的标识也颇具泉州地方特色，以闽南红砖厝颜色为底色，以闽南建筑红砖厝轮廓为背景（图5-11）。

七是为公共阅读服务增添更多创意色彩。在不断完成城市公共图书馆设施网络和服务体系的同时，许多“文化之都”城市还创意性地将公共阅读服务延伸至学校、医院、公园、酒店、机场、海滩等场所，在服务体系上打破公共阅读服务仅限于公共图书馆之内的“传统”概念。例如，沙迦在“文化之都”当选期间就进一步完善和丰富了城市公共图书馆服务体系，除了前述提到的“家庭图书馆”，还为学校配备了“流动图书车”（Mobile library），为医院和诊所配备了“知识书箱”（Knowledge cart），为城市公园

---

① 来源：http://www.thaqafa.ae/home-library.html。

② 泉州市区两处“百姓书房”率先亮相[EB/OL].（2017-09-14）[2017-09-30]. http://www.nationalreading.gov.cn/ReadBook/contents/6271/349423.shtml.

设置了“邻家书屋”（Neighborhood library），与阿拉伯航空公司合作提供“航空图书馆”（On-board library）（图5-12），并正在建设“酒店图书阅读点”（Hotel library）。值得一提的是，沙迦已于2017年6月被联合国教科文组织授予2019年“世界图书之都”称号。又如，2013年“欧洲文化之都”马赛，在游客和市民首选的度假海滩之一的著名的伊斯特尔（Istres）海边新建了一个独具特色的“沙滩图书馆”（Beach Library in Istres）（图5-13）。虽然这个“沙滩图书馆”目前只有300多本藏书，但仍然配备了一名图书馆员定期为前来沙滩休闲度假的市民和游客提供借阅服务[①]。

（a）百姓书房标识

（b）百姓书房内部

图5-11 泉州“百姓书房”

（a）知识书箱

（b）邻家书屋

图5-12 沙迦的城市公共阅读设施[②]

① 高梦楚.欧洲文化之都发展与图书馆建设[D].北京:北京大学,2014:29-35.

② 来源:http://www.thaqafa.ae/initiatives.html。

（c）航空图书馆

图5-12　沙迦的城市公共阅读设施（续）

图5-13　马赛沙滩图书馆①

此外，根据使用目的不同，小型的社区图书馆建设以及公共文化机构与其他业态的融合也十分值得关注。如英国“文化之都”格拉斯哥和利物浦，社区图书馆积极与教堂、美术馆、博物馆、餐厅、俱乐部、老年中心、幼儿中心、邻里中心等联合建馆，增强了基层公共文化服务网络的服务能力，其便捷、高效的服务优势，极大地丰富了社区居民的日常文化生活。

① 来源：http://www.designboom.com/design/mobile-beach-library-by-matali-crasset-in-distres-france/。

二、提供免费或低价公益文化服务

公共文化机构是政府主办的公益性文化单位，是组织开展公共文化服务的主体和场所，也是保障公民基本文化权益的载体。图书馆、文化馆、博物馆等公共文化机构和设施的免费开放以及提供免费或优惠的公共文化服务是世界各国公共文化服务的基本经验和通行惯例。皮埃尔·穆里尼奥（Pierre Moulinier）（2009）认为，公共文化机构对市民进行文化普及、开展公共教育、吸引更多民众参与文化活动的方法可大致分为三类：

> 第一类是来自行销学的“促销”方法，如票房补贴，以低票价甚至免费的形式吸引观众，以及通过流动型服务及展演活动巡回到基层和偏远地区；第二类是采取更积极的攻势，来打动原本对文化不感兴趣的民众，配合民众的兴趣策划文化活动；第三类是“互动”的方法，让艺术家与民众直接互动，吸引民众参与。[①]

“文化之都”城市在建设过程中提供了大量免费或低价的公益性文化产品。如2011年“文化之都”芬兰图尔库在2006年至2012年间共计花费了5549万欧元，举办了8000多场活动，其中约4600场都是市民免费参与的公益性文化活动（图5-14）。法国里尔举办了许多质量高且免费的文化活动，目的在于宣传城市文化的多样性，吸引公众的广泛参与。2014年“欧洲文化之都”里加在当选年开展的近500项活动中，63%的活动向市民免费开放，为市民提供全开放式的触手可及的文化参与渠道（accessible culture），文化活动覆盖了约67%的里加市民[②]。巴黎为了扩大国家剧院的观众群，在“欧洲文化之都”当选年期间，实行面向大众的低价政策，票价普遍仅在5—30欧元之间。宁波交响乐团在宁波当选“文化之都”期间

① ［法］穆里尼奥著；陈羚芝译.法国文化政策机制［M］.台北：台北五观艺术出版社，2009：99.

② Fox T, Rampton J. Ex-post evaluation of the European Capitals of Culture final report [R]. Luxembourg: Publications Office of the European Union, 2015: 53-63.

不仅提供文化惠民演出，还启动了“免费开放日”，于每周五下午交响乐团排练时对市民免费开放。爱好交响乐的市民可以通过宁波交响乐团微信公众号报名。泉州市政府将面向基层、面向群众开展免费或低票价文艺精品公益性展演列入为民办实事项目，其中，于“文化之都”当选年启动的在府文庙李文节祠堂举行的惠民文化演出（每晚7点30分开始），成为常态化惠民演出项目之一。节目由泉州市演出管理处统一调配，表演者由泉州市专业的演出团体和志愿者共同组成，每年提供不少于300场的公益性演出场次。据统计，2017年上半年，泉州市所组织的梨园、高甲戏、木偶、南音歌舞剧团和艺校以及民间文艺演出团队在府文庙李文节祠堂或府文庙广场举办了140多场公益性活动，观看、参与人次近5万。

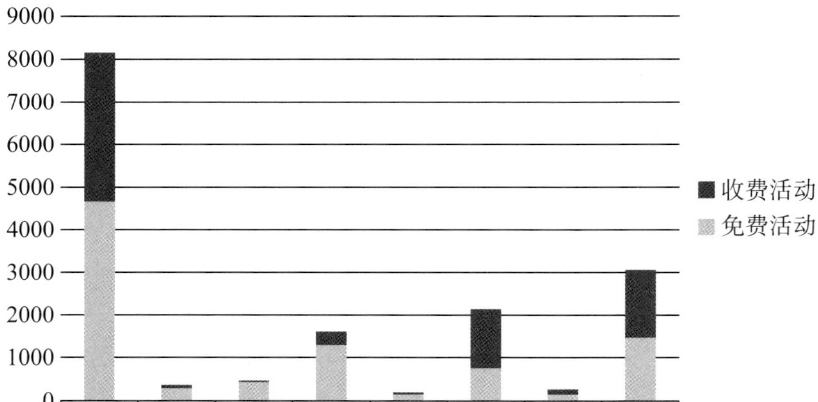

	总计	音乐会	展览	表演	科技项目	工作坊	研讨会	其他
■ 收费活动	3530	60	20	280	20	1400	110	1640
■ 免费活动	4660	300	450	1330	180	760	180	1460

图5-14　2011年“欧洲文化之都”图尔库在当选年免费和收费活动的数量（单位：个）[①]

三、增进跨部门协作与配合

“文化之都”城市文化资源整合的过程，往往也是城市主题文化形成

① Ecorys. Ex-post evaluation of 2011 European Capitals of Culture [EB/OL] . [2017-04-26] . http://ec.europa.eu/programmes/creative-europe/sites/creative-europe/files/files/ecoc-2011-evaluation_en.pdf.

的过程。城市文化的创新发展常常建立在对城市主题文化的提炼和对城市文化资源再认识的基础上。只有在新的理念指导下，通过对其文化资源的梳理和重构，一座城市才能真正在“文化之都”建设中形成合力、获得动力，从而避免城市化过程中产生的“无序和内耗”[①]。2014年“东亚文化之都”泉州通过“文化之都”建设，很好地整合了市、县公共文化资源，形成高度一致的市、县两级联手推进全域文化资源联动新格局。戴艺璇（2015）在对泉州建设“东亚文化之都”的文化政策进行专门性研究时总结泉州的“东亚文化之都”成功之处在于两点：一是整合泉州各地的特色文化和文化发展成果在市区集中宣传展示，让市民和游客就近感受到浓厚的地域文化气息；二是推动各区、县文化“走亲”，互动性地举办特色茶文化、香文化、陶瓷文化活动[②]。

此外，2010年“欧洲文化之都”比尔森市图书馆与市交通部合作，推出了文化、旅游、交通一体卡。市民购买新的比尔森市一卡通，不仅可以在交通上享受便捷优惠，它还可直接作为市图书馆和西波西米亚大学图书馆的读者卡，并能获得一定的旅游门票优惠[③]。蒙斯2015年“欧洲文化之都”当选年的文化活动之所以吸引了广大市民的积极参与，是因为其“文化之都”建设“整体规划”（integrated planning）的理念，即市政多部门之间紧密配合、相互协作，包括市交通部、警察局、旅游局、教育局等，为当选年活动的顺利开展提供和创造了一个紧密合作、彼此配合的社会氛围。如在当选年期间，蒙斯推出了“文化+交通”的模式，在市内文化遗迹、文化设施之间开通往返免费公交[④]。

---

① 付宝华.城市主题文化与世界名城崛起[M].北京：中国经济出版社，2007：17.

② 戴艺璇.泉州市建设“东亚文化之都”的文化政策研究[D].泉州：华侨大学，2015：29.

③ Pilsen European Capital of Culture 2015 book one programme outline [EB/OL]. [2017-04-26]. http://www.pilsen2015.cz.

④ Mons 2015: European Capital of Culture [EB/OL]. [2017-04-10]. http://www.uitp.org/sites/default/files/documents/.Publications/PTI/PTI02%3A14_MonsEN.pdf.

图5-15　2015年“欧洲文化之都”蒙斯的公交车身宣传标语[①]

纵观纽约、伦敦、巴黎、东京等世界城市，它们不仅有发达的城市文化中心区，也有纵深“文化腹地”的有力支撑。反观“文化之都”，也能够发现，一些“文化之都”之所以在后续建设过程中形成了较强的影响力，与其带动周边城市群文化发展的功能密不可分。如2010年埃森鲁尔“欧洲文化之都”就实现了“核心城市+城市群”多城文化资源互动和共享的文化发展模式，即形成了以埃森为核心城市，与鲁尔区内的波鸿、多特蒙德、杜伊斯堡和奥伯豪森四个城市共同展开的“1+4”模式。整个文化年活动在“探索鲁尔”和“体验鲁尔”的两大活动主题下开展，同时，又依据城市群的不同文化特点，分为机会之都（City of Opportunities）、艺术之都（City of Art）、文化之都（City of Cultures）和文化产业（Cultural Industries）等多个特色文化项目，全程贯穿绘画、戏剧、音乐、舞蹈、创意产业和文化节六大类文化活动（图5-16）。期间，鲁尔区还与共同获得2010年“欧洲文化之都”称号的土耳其伊斯坦布尔、匈牙利佩奇建立了文化活动联动的城际伙伴关系。“1+4”多城互动模式不仅丰富了鲁尔2010年“文化之都”的整体框架，还对带动鲁尔整个区域的文化发展起到了十分有利的促进作用。

① 来源：http://www.uitp.org/sites/default/files/documents/Publications/PTI/PTI02%3A14_MonsEN.pdf。

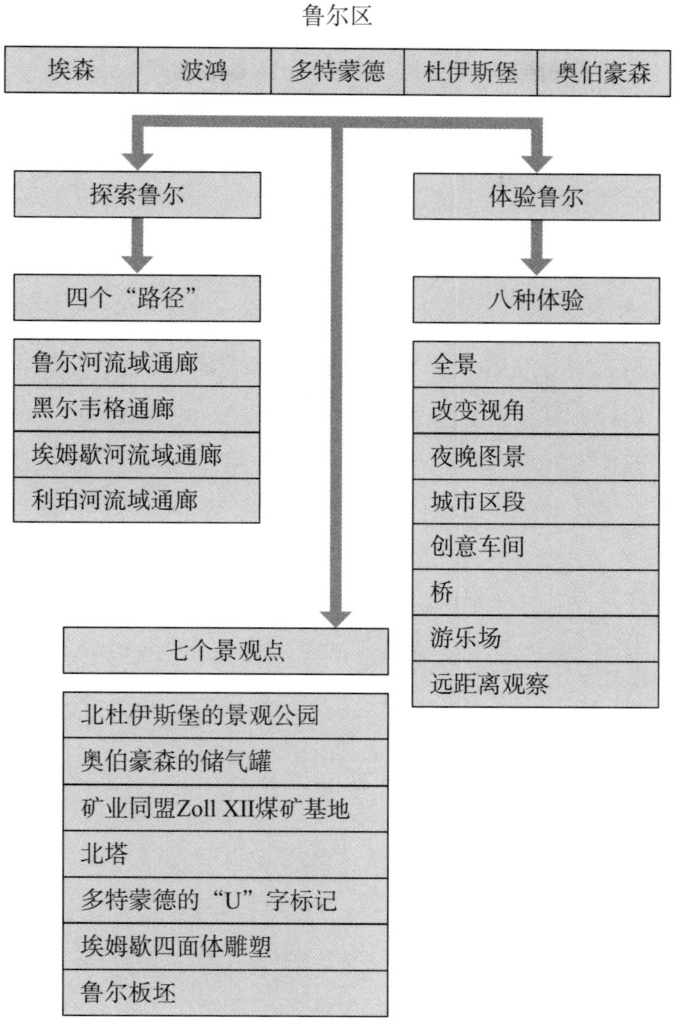

图5-16 2010年“欧洲文化之都”埃森鲁尔的活动框架[①]

四、公共文化服务向城市社区延伸

事实表明，社区文化的蓬勃兴起对繁荣城市公共文化建设、丰富市民文化生活、提升市民文化素质等方面起到非常积极的作用。“文化之都”

① 张兴国，周挺.2010年“欧洲文化之都”活动——德国埃森鲁尔旧工业区转型新路径[J].新建筑论坛，2011(4):108-111.

的公共文化建设当然更应当致力于通过完善社区、基层的文化服务，惠及更多市民，改善部分市民在文化可及和共享上的弱势状态，由此扩大全体市民在文化获取、文化共享和文化表达上的主动权。因此，“文化之都”城市在建设过程中主要从以下两方面来增强公共文化面向社区、基层的服务能力。

一是将文化资源从城市中心区域扩散和延伸至城市社区，为当选城市提供了高度集聚的优质公共文化资源和服务。利物浦、埃森鲁尔、图尔库、吉马良斯、里加、马赛普罗旺斯、林茨、图尔库等历届欧洲“文化之都”城市，均以构建“社区文化”（Neighbourhood Culture）为主题，将文化活动和资源送进社区、送到市民身边①，注重采取各种行之有效地方式激发普通市民的艺术兴趣、扩大文化参与或艺术欣赏的人口比例。

在众多“文化之都”城市中，最经典的当属法国里尔在“欧洲文化之都”当选期间建设的“文化休闲之家”（maisons folie）。2004年“欧洲文化之都”法国里尔的文化项目侧重于向城市社区延伸、向市民身边拓展，积极鼓励和吸引广大市民参与。许多城市在完善城市文化建设的过程中，倾向于在新建设施、购置设备，但里尔市却决定，将那些有能力组织市民团队、有场地再利用可能性的空间整合起来，打造为城市新的公共文化服务阵地——“文化休闲之家”。在里尔市政府的规划下，“文化休闲之家”随着里尔的“欧洲文化之都”建设应运而生。“文化休闲之家”就是对现有的散落在城市社区、市民身边的旧纺织厂、啤酒厂、修道院等旧建筑进行整合、改造。改建后的“文化休闲之家”中设有剧场、花园、厨房、餐厅、录音棚、艺术家工作室和展厅等市民共享的文化艺术空间。而且，休闲之家的活动大部分由当地居民自己策划，自主选举产生社区“文化大使”，向社区居民进行文化志愿服务和文化活动推荐。如“红磨文化休闲之家”（Maison Folie Moulin）（图5-17），在当选年期间开展了385个项目、162项活动，举办了35场展览，吸引了4万多名市民参与，不仅建

---

① Riga 2014: the place of neighborhoods on a city’s cultural map [EB/OL]. [2017-04-19]. http://www.brigade.lv/en/news/ news/riga-2014-hosts-international-forum-on-the-place-of-neighbourhoods-on-a-city-s-cultural-map/.

立了自己的官方网站，方便市民及时了解文化活动和安排，还为市民提供文化艺术活动和作品的视频，市民能将其分享到脸书、推特、拼趣等个人社交平台上[①]。里尔分布在城市社区的“文化休闲之家”，在城市文化设施网络建设中为平衡市中心及郊区文化资源起到了重要作用。劳伦特·德雷诺（Laurent Dreano）（2012）把“文化休闲之家”喻为丰富市民文化生活的“实验室”[②]。罗朗·德雷阿诺（Rolon Delano）（2012）认为，“文化休闲之家”是推动市民文化创作和文化民主化发展的“有效工具”[③④]。

图5-17 里尔红磨“文化休闲之家”[⑤]

此外，2014年“文化之都”拉脱维亚里加开展了“积极邻里”（Active Neighbourhoods）活动计划，举办了社区文化旅游、社区摄影展、社区故事会和文化讲座等内容丰富、形式多样的文化活动，覆盖了社区各年龄层次、各类型的居民，扩大地方文化的宣传和推广；其间，举办了规模盛大的“里加社区文化论坛”（Neighbourhood Culture Forum），吸引了欧洲历

① About [EB/OL]. [2017-06-20].http://maisonsfolie.lille.fr.

②④⑤ Dreano L. European Capital of Culture in 2004: creative Lille [J]. Urban Planning International, 2012(3):17-24.

③ 德雷阿诺，埃尔耐克著；赵淑美译.2004欧洲文化之都：创意城市里尔［J］.国际城市规划，2012（3）：17-24.

届“文化之都”城市、即将申请的城市以及其他国家城市代表参与。据2014里加基金会（Riga Foundation 2014）数据统计，里加于2014年“欧洲文化之都”当选年中所提供的文化活动覆盖了里加的58个社区，基本达到全市文化活动全覆盖（图5-18）。

图5-18 里加58个城市社区分布图[①]

为方便市民和游客更好地感受城市文化、享受文化服务，2017年“欧洲文化之都”丹麦奥胡斯推出了24小时、48小时、72小时的“奥胡斯市民文化卡”（表5-2）。持有该卡的市民和游客能够享受以下五种服务[②]：

- 免费参观至少20家博物馆和景点；

① 来源：https://en.wikipedia.org/wiki/Neighbourhoods_in_Riga。

② Aarhus Card [EB/OL]. [2017-06-20]. http://2017.bookaarhus.com/en/to-do/a1380677/aarhuscard/showdetails.

- 奥胡斯市全城和中日德兰大区公共交通免费乘坐（含机场线）；
- 免费进入城市公共游泳馆和溜冰场；
- 在部分商店购物享受折扣；
- 导游讲解服务享受折扣。

表5-2 奥胡斯市民文化卡[①]

类 型	价 格	图 片
24小时卡	299丹麦克朗（约人民币310元）	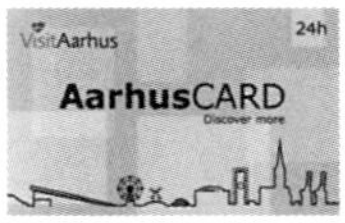
48小时卡	499丹麦克朗（约人民币518元）	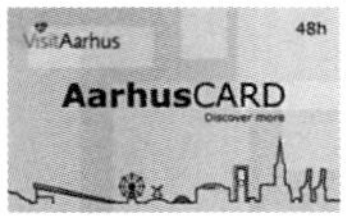
72小时卡	599丹麦克朗（约人民币622元）	

2009年“欧洲文化之都”奥地利林茨，在当选年期间连续每月举办“月度文化社区之星”文化活动，通过在商店橱窗、地铁、巴士、公交沿线、公园等公共场所展示“社区之星”的艺术作品，营造“文化城市”的氛围[②]。2011年“欧洲文化之都”芬兰图尔库也开展了“社区文化活动周”（Neighbourhood Weeks），打造“在身边”的文化活动，让市民便捷参与当选年文化活动和项目。我国“东亚文化之都”泉州、青岛、宁波、长沙、哈尔滨，将公共文化与“文化之都”建设共同的惠民服务宗旨相结合相统一，在建设过程中发挥相互促进和带动的作用。这一惠民行动对于申请、创建和当选期间有大量国内外文化艺术资源聚集的“文化之都”城市而言意义更为特殊，意味着国际化高端文化资源及其服务走进社区、街道，送到普通市民“身边”，也意味着普通群众有了接触文化、欣赏文化、参与文化、享受文化服务的相对公平的渠道和机会。

---

① 来源：http://2017.bookaarhus.com/en/to-do/a1380677/aarhuscard/showdetails。

② 疏影.当选“欧洲文化之都”有哪些好处[N].中国文化报，2016-03-07(3).

二是“文化之都”通过促进更多市民就近、便利参与社区的文化活动来提升市民的文化归属感、认同感。“文化之都”为市民提供了比以往更多接触公共文化的机会，在提升市民文化艺术素养的同时，鼓励不同人群之间的交流，增加理解，减少人与人之间的疏离感，增强社会凝聚力。美国、英国、加拿大、新加坡、澳大利亚等国家都比较重视社区精神的培养，注重加强不同族群、宗教信仰者之间的相互理解，对共同生活在一定区域的“文化环境”有较高要求。以2012—2013年“东盟文化城市”新加坡为例。新加坡在当选年期间积极将公共文化送入社区，提升市民对传统文化的认同感。分布在市民身边的新加坡民众联络所（Community Centre）为不同年龄层次、不同国籍背景的市民分类提供文体活动，组建了社区艺术团、合唱团、舞蹈团、军乐队、风笛队、华乐队、话剧社等，增开了促进社区年轻人交流的公益培训班，为年轻人提供更多“东盟文化城市”活动中的跨国学习交流机会。可以说，在“东盟文化城市”建设期间，民众联络所在联结民众与民众、民众与社区、民众与政府、社区与社区之间发挥着重要作用。此外，新加坡马来传统文化馆（Malay Heritage Centre）和印度传统文化馆（Indian Heritage Centre）等城市的重要公共文化机构也积极地同各个社区、市民社团合作，推出巡回展览等大型活动。已连续举办多年、在亚洲有一定影响力的新加坡文化遗产节，在“东盟文化城市”期间也在多个社区设置了分会场。新加坡文物局也主动同国家教育部、国家图书馆管理局和国家公园局合作，把各种高质量且免费的文物展送入社区[①]。

五、特殊人群的公共文化服务

公共文化服务是政府对社会公众提供的基本服务之一。从对象上看，它是政府向社会每一位成员都提供的服务，服务对象是全体人民；从方式

① 新闻通讯及艺术部.文物局属下博物馆拟免费开放给国人[EB/OL].(2011-03-11)[2017-08-05]. http://www.zaobao.com/ special/.report/singapore/budget2011/story20110311-101832.

上看，它是开放式的，主要表现在公共文化设施和设备无条件地向公众开放；从提供的内容和结果来说，它对全体人民应该是均等的[①]。这就意味着特殊人群都可以和其他人一样参与或享受所有公共文化服务。然而，实际上，由于主客观条件限制，许多常规的公共文化服务对于城市特殊人群来说往往可望而不可及，因此面向特殊群体安排更为合适的服务项目，一直都是公共文化服务的重要内容。国际经验表明，“文化之都”除提供社会公众皆可参与的活动外，一般都会面向城市特殊群体提供公共文化服务。经笔者整理，2013—2014年的“文化之都”在当选年期间以主题化或系列化活动方式开展服务的城市，其服务的特殊人群普遍涉及：未成年人、残疾人、外来人口、低收入人群、少数族裔、老年人以及同性恋者等，并可大致分为三方面。一是“文化之都”城市都普遍开展了专门针对青少年和儿童的各类活动，将未成年人作为文化服务、阅读推广的重点群体，以激发和培养未成年人对文化艺术的兴趣，提升其文化艺术素养；二是“文化之都”城市的相关文化组织和相关机构针对残疾人、外来人口、低收入人群和少数族裔等提供合适的阅读、技能培训和文化活动，丰富这类人群的文化生活，帮助他们更快融入和适应社会；三是在“文化之都”框架下，提供适合老年人和同性恋者等特殊人群参加的公共文化活动。

1.保障青少年儿童的公共文化服务

“文化之都”保障青少年儿童公共文化服务的主要举措为：

一是为青少年儿童提供更多质量高、类型丰富、形式多样的文化活动。如2010年“阿拉伯文化之都”卡塔尔多哈将为青少年儿童开展的“欢乐之城”（City of Joy）项目是当选年期间的一项“重头戏”。根据该项目规划，2010年，多哈在市中心新设立了儿童电影院、儿童国际电影院、少儿图书馆、青少年绘画展示馆、科技体验专区等一大批重要的青少年公共文化活动设施，为本市及周边地区的青少年儿童提供了大量文化、艺术、教育、科技、环保等方面的公共文化活动（图5-19）[②]。

---

① 范志杰.发展文化事业促进文化产业政策研究[D].北京：中国财政科学研究院，2013：40.

② Doha City of Joy [EB/OL]. [2017-07-26]. http://www.architects-of-air.com/uploads/doha-qatar-2010.pdf.

（a）多哈少儿图书馆

（b）儿童电影院

图5-19　多哈青少年公共文化设施[①]

又如，2014年“欧洲文化之都”于默奥拥有约2万名1至15岁的儿童和中小学生。于默奥在“文化之都”建设期间，积极推动教育部门和公共文化机构的合作，开展了“校园文化”（Kultur i skolan）、“创意校园”（Skapande skola）、“2014戏剧节”（Theatre Festival 2014）、“一起加油”（Give Me Five）等多个适合低龄儿童和在校中小学生参加的文化活动。其中，于默奥市图书馆在当选年期间组织了“一起加油”讲故事活动，吸引了众多儿童及家长；为期10天的“2014戏剧季”为青少年儿童带来了戏剧表演、音乐和剧本创作、古典音乐剧和电影欣赏；于默奥芭蕾舞学院（Balettakademien Umeå）、于默奥市歌剧院（Norrlands Operan）以及于默奥人民大学（Folkuniversitetet）联合开展青少年儿童学习神话故事和舞蹈表演项目，不断将艺术氛围延伸至校园，让年轻的一代感受“欧洲文化之都”的理念和宗旨。据统计，2014年于默奥市政府对儿童和青少年文化活动投入的经费超过历年。以较受欢迎的“校园文化”（Kultur i skolan）活动项目为例，该项目2013年得到约10万欧元的市政府资金支持，2014年增至15.3万欧元[②]。2013—2014年，各类活动的儿童和学生参加人数有了

① 来源：http://www.architects-of-air.com/uploads/doha-qatar-2010.pdf。

② Fox T, Rampton J. Ex-post evaluation of the European Capitals of Culture final report [R]. Luxembourg: Publications Office of the European Union, 2015:33.

大幅度提升（表5-3），这对于人口只有11.8万的小城于默奥市来说，具有十分显著和长远的意义。

表5-3 2013—2014年于默奥市1至15岁儿童参与文化项目人数对比[①]

项目名称	年份		增加（%）
	2013年（人）	2014年（人）	
“文化作品”（Kulturverket）	2950	13200	347
“校园文化”（Kultur i skolan）	9370	13210	41
“创意校园”（Skapande skola）	6347	8154	28
“儿童和年轻人文化艺术之家”（Kulturcentrum för barn och unga）	3667	4132	13

此外，2012年“东盟文化城市”新加坡结合日常公共文化活动的普及和推广，于当选年期间成立了用于青少年公共文化发展的专项基金——“创意生活基金”。从成立之时起，该基金一直致力于资助中小学生的文化艺术教育，组织在校中小学生的午餐音乐会、各类手工艺竞赛，定期提供博物馆、美术馆、艺术中心等游览活动[②]。

二是注重在“文化之都”期间深化“文教结合”，将文化艺术普及融入中小学美育教育。例如，在“文化之都”的带动下，维尔纽斯、锡比乌、卢森堡、斯塔万格、新加坡等城市纷纷确立了“文化立市”的城市发展目标，其中，新加坡的“全球化教育”项目强化了学校在对青少年艺术普及和文化知识素养提升方面的重要角色。斯塔万格在全市中小学设立了音乐和艺术体验相关课程，并重点推广戏剧和视觉艺术教育。维尔纽斯联合立陶宛国家音乐学院，结合在“文化之都”期间推出的新剧目，定期组织老师进校园为学生们提供剧目讲解，提升在校学生的艺术欣赏能力，并为每年至少8000名在校学生提供免费的校外艺术表演实践机会。2014年“欧洲文化之都”于默奥市歌剧院（Norrlands Operan）与于默奥市音乐学

① Tim F, James R. Ex-post evaluation of the European Capitals of Culture final report [R]. Luxembourg: Publications Office of the European Union, 2015:33.

② 谢艳艳.每年8000万元普及文化艺术［EB/OL］.（2011-03-11）［2017-08-06］. http://www.zaobao.com/special/report/singapore/budget2011/story20110311-101825.

校（Umeå Music School）联合开展了El Sistema项目，安排歌剧院表演艺术家、专业演员进校园，为中小学生传授戏剧、歌剧、舞蹈、乐器、声乐、演唱等技能，并在结束相关课程学习后，为学生们提供表演展示的机会（图5-20）。许多“文化之都”城市还积极组织当地公共图书馆服务、博物馆和美术馆展览进校园，开设相关阅读推广、艺术品欣赏、传统文化知识学习等项目，激发青少年儿童的人文艺术素养。

图5-20　于默奥El Sistema项目活动图片[①]

三是利用“文化之都”期间政府对社会文化事业的经费补助，为青少年儿童提供精品文艺节目的优惠票价。2015年“东亚文化之都”青岛在当选年期间开展了“惠民院线戏剧展”活动，设立李沧剧院、青话小剧场两个活动地点，推出经典儿童剧和精品成人剧16台，共计演出40场。在“文化之都”活动年期间，剧院推出优惠票价鼓励更多市民走进剧院，享受高雅艺术，推广城市文化。在活动年的展演季中，李沧剧院的儿童票分别为10元、30元、40元三个档次，青话小剧场演出的成人剧票价均为60元，所有的活动均为城市的外来务工人员和特困儿童预留免费观看座位。在节目内容上，既有新颖独特的儿童剧，也有当下流行并适合儿童欣赏的成人剧；不仅有历年精选的保留剧目，也有专业艺术院团为“文化之都”活动

① 来源：http://www.skola.umea.se/musikskolan。

年新编排的剧目。

四是利用“文化之都”平台，搭建青少年儿童的专属艺术节和大型赛事活动，为青少年儿童提供国际化的文化艺术交流渠道。如韩国光州世界青年节庆事务局在光州当选“东亚文化之都”期间举办的“2016年世界青年节”吸引了中国、日本、美国、俄罗斯、墨西哥等30多个国家的青少年团体参加活动。其内容涵盖公共演出、星夜电影节、城市露营、体验活动、景点观光、街头艺术、科技与文化等板块，涉及乐器、舞蹈、美术、书法、声乐等艺术形式。横滨在2014年“东亚文化之都”当选期间举办了“横滨少年芭蕾庆典2016”，汇聚了大批国内外优秀的少年芭蕾舞者，为青少年儿童的文化艺术交流与展示提供了一个国际化平台。

2.保障老年人、残疾人等特殊群体

随着诸多城市进入“老龄化”，加强为老年人的公共文化服务也就自然成为“文化之都”建设的重要任务之一。2010年“世界图书之都”斯洛文尼亚首都卢布尔雅那在养老院和庇护收养中心设立读书角，在展览馆和博物馆为盲人及其他残障人士设立无障碍通道和阅读设施①。2012—2013年“东盟文化城市”新加坡的民众联络所从满足各年龄层次居民的不同需要出发，开展了近百场针对老年人的丰富多彩的社区文化教育活动，部分民众联络所还开设了满足老年人文体需要的“乐龄俱乐部”。韩国清州市的老人综合福利馆在2015年“东亚文化之都”期间为老年人举办了“银发文化节”。同时，福利馆终身教育科还为当地老年人提供了音乐、舞蹈、绘画、健身等免费课程和演出，致力于提升当地老年人的生活幸福感，提供享受文化活动的机会和平台。据清州老人综合福利馆统计，2015年的“银发文化节”吸引了400多位老年人参加。

此外，长沙、济州、马赛等“文化之都”在为残障人士、低收入人群等城市弱势群体提供公共文化服务方面也采取了许多措施，以体现“文化之都”城市的人文关怀，折射出城市文明的高度。如2017年“东亚文化之都”长沙，为环卫工人等城市低收入人群和弱势群体发放了数百张免费的演出票券。韩国济州2016年“东亚文化之都”开展了针对残障人士的

---

① 刘传.2010年世界图书之都——卢布尔雅那[N].中国文化报,2010-04-24(5).

文化活动——“2016残障人士艺术节”。该活动由济州残障人士文化艺术中心主办，得到韩国文化体育观光部和韩国文化艺术委员会的大力支持，邀请了济州及各地的残障艺术家到场演出。2013年“欧洲文化之都”法国马赛通过“创意邻居”（Quartiers Créatifs）项目为残疾人和失业人群提供合适的公共文化服务，扩大这部分人群参与文化活动的渠道和机会[①]。

六、发挥志愿者在公共文化服务中的作用

“文化之都”城市还十分重视志愿者参与，把组织开展文化志愿服务作为畅通社会善意表达的重要渠道。在西方国家的“文化之都”城市中，“文化之都”项目的运行、开展以及城市文化活力的带动，主要依靠社会各界对艺术和文化的持续性投入，这不仅包括政府财政和社会资金的投入、公共文化机构的高效运作，还包括了文化志愿者的服务。就志愿行动本身来说，这种深层次的文化参与是公民个体的自我教育过程，有助于带动更多人积极利用公共文化设施、享受所提供的公共文化资源和服务。总体来看，“文化之都”建设过程中，志愿者发挥了三方面的积极作用：一是经济贡献力，为“文化之都”文化活动的开展节约了成本；二是培育了潜在的文化艺术普及和文化消费群体，志愿行动在引发文化艺术兴趣的同时，也刺激了文化艺术的市场消费行为；三是展示了社会的文化善意，为市民奉献社会、帮助他人提供了更广的参与空间。如法国里尔，就通过文化志愿者项目的开展，使个人和组织得以在“文化之都”公共文化服务中发挥一定作用。

2004年“欧洲文化之都”里尔设立了“大使计划”（Ambassadeurs），鼓励每一位参与“大使计划”的志愿者向自己周围的朋友、邻居、同事推介“文化之都”的各项活动内容，帮助他们更便利地参与和享受文化活动。在“大使计划”的带动下，市民逐渐成为城市文化活动的受益者，提

① Ecorys and the Centre for Strategy and Evaluation Services. Ex-post evaluation of the 2013 European Capitals of Culture［R］. Luxembourg: Publications Office of the European Union, 2014:6.

升了市民对“文化之都”建设的关注度和参与度。通过“大使计划”，里尔吸引了1.78万名志愿者参与到“里尔2004欧洲文化之都”各个项目的开展过程中，其数量占到了当时里尔全市人口比例的1.3%（2004年里尔人口约为120万）[①]，是1998年至2012年“欧洲文化之都”城市中志愿者人数占城市人口比例较高的城市（图5-21）。这对里尔“文化之都”建设的成功起到了长远的促进和带动作用。

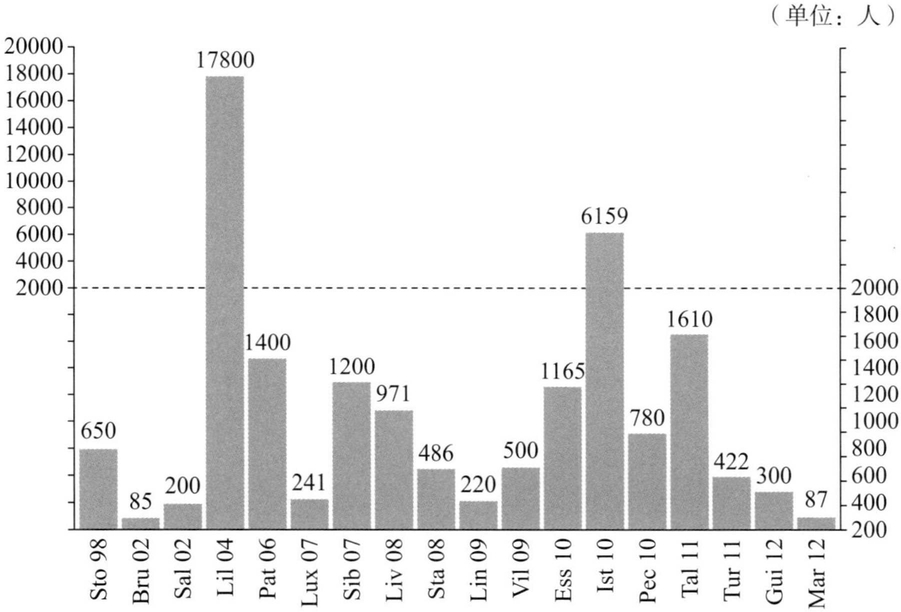

图5-21 1998—2012年部分“欧洲文化之都”城市当选年期间文化志愿者人数（单位：人）[②]

此外，在文化志愿者参与上取得较好成效的“文化之都”还有英国利物浦、日本奈良、罗马尼亚锡比乌、奥地利林茨等。2008年“欧洲文化之都”英国利物浦在当选年期间特别注重鼓励青少年参与文化志愿服务，全市几乎所有中小学生在“文化之都”当选年都参加了至少一项文化志愿服务。在2016“东亚文化之都”日本奈良的文化项目开展中，“奈良

① Palmer/Rae Associates. European Cities and Capitals of Culture part I [EB/OL]. [2017-06-11]. http://www.atlas-webshop.org/epages/61492534.sf/en_GB/?ObjectPath=/Shops/61492534/Products/ATL_00097.

② 来源：http://www.europarl.europa.eu/RegDataIPOL-CULT_ET(2013)513985_EN.pdf。

东亚文都执行委员会”积极发动了奈良市民作为志愿者参与，组建了名为“NARA-SHIP Crew”（奈良市民小组）的市民文化志愿者服务团队，协助活动年开展期间的艺术展作品解说、现场服务、国际交流活动支援等服务工作。同时，奈良“文化之都”组委会还积极通过脸书、推特等网络媒体即时发布各类文化志愿服务信息，方便市民了解并主动参与各项活动。2007年“欧洲文化之都”罗马尼亚锡比乌文化志愿者数量虽然在总数上并不算欧洲“文化之都”中最多的，但锡比乌志愿者的一大特色就是吸引了来自欧洲及世界诸多国家志愿者的加入，为文化志愿服务增添了许多国际色彩。在2009年“文化之都”奥地利林茨，志愿者不仅在公共文化服务中作为服务者的角色，还与艺术家门共同完成了艺术作品创作，让志愿者也成为“文化之都”公共文化产品的创作者和提供者。

第六章 “文化之都”中的公共文化国际交流合作

“文化之都”不仅应具备面向全国、领先全国的文化服务能力，还应有更高层次的要求，并主要体现在两方面：一是面向国内外的文化枢纽作用和辐射力量，二是突显“文化之都”优势的文化集聚力和整合力。在约瑟夫·奈“文化软实力”的理论中，文化产品能否走向世界是显示一个城市文化国际化发展的程度，是衡量“文化之都”城市软实力的重要标志之一。

在我国，《中华人民共和国公共文化服务保障法》、《中华人民共和国公共图书馆法》以及中办、国办《关于加快构建现代公共文化服务体系的意见》（以下简称“意见”）均对开展公共文化领域的国际交流合作有相关要求。公共文化服务保障法第十二条提出“国家鼓励和支持在公共文化服务领域开展国际合作与交流”，公共图书馆法第九条也指出“国家鼓励和支持在公共图书馆领域开展国际交流与合作”，“意见”要求“加强群众性文化活动的国际交流，支持群众文化走出去，形成多层次的对外文化交流格局”。实践证明，我国的“文化之都”公共文化合作与交流被赋予了更深刻的意义：

> 一方面，通过国际合作与交流，推动优秀群众文化活动成果走出去，在国际舞台上展示中国老百姓的文化创造和文化表现，以文化的、民间的交流夯实“民心相通”的基础，建立向世界讲好中国故事的话语体系和表现体系；另一方面，通过国际合作与交流，把国外优秀的民族民间文化活动成果引进来，既能活跃和丰富群众性文化活

动，又为吸收借鉴国外公共文化服务的成功做法和经验提供样本。①

开展公共文化国际交流与合作，不仅是推进我国“文化之都”建设的具体抓手，也是贯彻落实公共文化服务保障法、公共图书馆法和“意见”的具体措施，对我国公共文化的长远发展而言，更是拓展国际影响力的新尝试。作为在特定国际区域内具有较强的交流和互动能力的“文化之都”城市，其公共文化的国际表达更具有兼容并蓄的特点，是促进跨语言、跨国家、跨民族交流，实现国际、城市间社会民众交往心理“零距离”的合适载体，这也印证了芝加哥学派“社会心理空间聚合”的相关理论思考。

第一节　“文化之都”拓展公共文化的发展空间

对于一般城市而言，主要服务于本地公众的公共文化服务，由于缺少国际化的资源、内容、平台、形式、渠道和必要的载体作为支撑，走出国门、开展国际交流有一定难度和瓶颈。而“文化之都”建设在本质上要求公共文化的发展也应符合其整体建设的国际性。因此，这就从客观上推动以往局限于本地的公共文化服务应当经由“文化之都”的渠道实现国际交流，成为文化国际化发展的重要方面。

“文化之都”的相关活动虽然主要在城市层面举办，但它并不仅局限于服务本地市民，其文化产品需具备面向国际、兼容内外、带动周边的文化辐射和共享功能。于是，公共文化产品和服务在“文化之都”建设框架下得到了迅速扩展，加速了跨地区、跨国界的公共文化共享体系的构建，进一步实现城市间、国际的文化资源和文化服务的互联互通。周振华（2004）从建设具有“国内外影响力的文化中心城市”的角度认为：

一般来说，国内外有影响力的文化中心城市，其文化建设不仅是要

① 柳斌杰，雒树刚，袁曙宏.中华人民共和国公共文化服务保障法解读［M］.北京：中国法制出版社，2017：54.

满足本地居民的需要，更是为了适应和引导更广阔区域内的人群需要。文化中心城市的都市文化不能是内向的、封闭的，应该是外向的、开放的。这种外向型的特点往往体现在文化活动的形态结构和空间布局中。[①]

“国内外有影响力的文化中心城市”之所以能发挥出强大的影响力，很重要的原因之一就是这些城市的文化向城市带、都市圈、国际区域扩展的趋势和能力较为显著。虽然“文化之都”一般在城市体量、国际地位、区域影响力及枢纽作用方面，还无法与世界城市、国际文化大都市等相媲美，但对“文化之都”城市而言，服务于本地文化建设与影响、辐射、带动周边地区文化发展同样重要。“文化之都”实践也多次证明，开展国际、城市间的文化交流将始终是“文化之都”国际性特征的重要标志之一。

一、引进国外优秀资源，带动高雅艺术普及

“文化之都”这种跨国家、民族和地域的城市交流，为当选城市带来了总量大、品种多的国外艺术精品。例如，2017年“东亚文化之都”长沙市民艺术节融合了当年中日韩三国“文化之都”城市的优秀节目：日本京都市艺术团的踢踏舞表演、日本国粹京舞伎舞蹈、日本琴弹奏、韩国传统舞蹈扇子舞、伽倻琴独奏以及大邱国际音乐剧庆典经典选段等高质量的文艺作品。这些都是市民在国内少有机会能够欣赏到的。又如2018年“东亚文化之都”哈尔滨，利用毗邻俄罗斯、与日韩交通便捷的区位优势，在当选年邀请了俄罗斯国家交响乐团、乌拉尔模范爱乐乐团等东北亚国家的精品艺术团来哈尔滨演出，引进了东北亚经典的歌剧剧目，一定程度上推动了哈尔滨的高雅艺术欣赏普及。

对于当选城市来说，“文化之都”所带来的大量国际精品艺术内容，不仅与市民不断增加的文化艺术需求相吻合，更重要的是在“引进来”和“走出去”的过程中，扩展了国际视野，引入了公共文化发展的国际参照。

---

① 周振华，陈向明，黄建富.世界城市——国际经验与上海发展［M］.上海：上海社会科学院出版社，2004：255.

公共文化的国际交流有助于提升本地公共文化产品的档次和水准，有助于提升市民的文艺素养，也为城市未来的文化艺术发展梳理了国际化的标杆。

二、拓宽公共文化“走出去”的国际交流渠道

从历史上看，一座城市对外开放最活跃的时候，也是城市经济社会最发达、对外文化交流最频繁的时候。“文化之都”的建设，正是对城市对外开放意识不断增强的集中体现。在公共文化国际化发展过程中，“文化之都”城市对内鼓励各种社会力量支持和参与，对外积极推进与国际同类城市的文化交流。因此，“文化之都”的公共文化从单一城市走向不同城市、区域，以至向国际延伸，活动、资源、产品、人才、技术、信息等多重交流渠道被打通，城市的文化产品和生产供给的空间架构得以拓展、运行机制得以创新，从而改变城市自服务的原始状态，优秀公共文化资源的国际共享模式得以建立[①]。从一系列“文化之都”公共文化国际交流的实践中可以看到，“文化之都”城市的公共文化建设不断向国际高水准推进。

2014年“东亚文化之都”日本横滨举办了中日韩沙雕艺术创作展。泉州古乐“南音”和非遗表演狮子舞亮相2014年横滨“东亚文化之都”闭幕式。2015年青岛祭孔乐舞亮相新潟中日韩“东亚文化之都”美食节；同年，有超过20个文化交流活动在3个“东亚文化之都”城市同时举行。2016年中日韩三国合作秘书处、2016年“东亚文化之都”三座城市（韩国济州、中国宁波、日本奈良）、济州国际管乐节组委会和“世界文化开放”组织在韩国济州共同举办了2016“东亚文化之都”管乐团交流活动。2016年西班牙圣塞瓦斯蒂安“欧洲文化之都”的活动主题为“文化：为了共同生活”，其亮点活动包括以和平为主题的欧洲艺术展、“移动大使馆”等，来自欧洲数十个国家的艺术家搭乘“移动大使馆”的轮船、公共汽车和自行车，巡游欧洲多个城市，创造、分享和传播语言多样性及其他主题的艺术作品[②]。

---

① 陈慰.以全民艺术普及为特色的宁波“东亚文化之都”建设研究［M］//张爱琴.宁波“一人一艺”全民艺术普及发展报告（2017）.北京：中国社会文献出版社，2017：42-51.

② 疏影.当选“欧洲文化之都”有哪些好处［N］.中国文化报，2016-03-07（3）.

2017年“欧洲文化之都”丹麦奥胡斯邀请华南师范大学音乐学院的师生举行了“奥胡斯—2017欧洲文化之都”“Made In China”音乐会，为“欧洲文化之都”增加了更多“中国元素”，也为与“东亚文化之都”的进一步交流搭建了桥梁。2006年“伊斯兰文化之都”叙利亚阿勒颇在当选年期间举办了100多场音乐会、歌舞晚会，在广场和大街举办电影节等各种艺术活动，举办各类文化活动683场，吸引了不少阿拉伯、伊斯兰国家参加；对外出版介绍阿勒颇历史、文明的图书116种；举办了一系列报告会、诗歌朗诵会及53场研讨会，国际性研讨会37场，吸引了来自阿拉伯国家的900多位学者参加，对促进伊斯兰文化国际交流对话起到了有效的促进作用[①]。

其中，特别值得一提的是宁波2016年“东亚文化之都”公共文化的国际交流不仅由政府主导，还鼓励更多的民间文艺团队和草根艺人借“文化之都”之机主动“扬帆出海”，踏上国际化的大舞台，让本地公共文化得到了更多“走出去”的机会（表6-1）。据统计，2016年，宁波全市文化活动对外交流近百场次，对80%综合参与率的“一人一艺全民艺术普及工程”总体目标的实现起到了显著推进作用。

表6-1 宁波部分文化艺术机构和民间文艺团队在2016年“东亚文化之都”当选年期间的对外交流情况[②]

	名　称	对外交流内容
文化艺术机构	宁波小百花越剧团和宁波市甬剧团	参加了在日本奈良和韩国济州举行的“东亚文化之都”活动年开幕式及相关活动
	宁波交响乐团（2015年底成立）	得到了首次出国公演的机会——参加韩国济州国际管乐节，与世界顶级管乐大师Steven Mead和国际著名管乐团队O’Brass同台表演
	宁波市歌舞团	首次参加了韩国光州的边缘艺术节和济州的筷子节
	宁波演艺集团	参加了“中国——中东欧国家文化交流年”演出活动

① 柯南，王贵发.伊斯兰文化之都：阿勒颇［J］.中外文化交流，2017(10)：78-81.

② 来源：http://www.sohu.com/a/66419266_160402。

续表

	名　称	对外交流内容
民间文艺团队	镇海招宝山街道后大街社区草根文艺团队	以宁波非遗“十里红妆”[①]亮相韩国济州耽罗艺术节
	北仑梅山舞狮队	参加了奈良平城京天平祭活动
	红牡丹书画国际交流社团	组织书画家赴日本交流展出
	同心书画院	组织书画家赴奈良举办个人艺术展

1.带动非物质文化遗产的国际交流

非物质文化遗产的国际交流之所以重要，是因为相当数量的非物质文化遗产存在于特定的城市或地区，最能体现出一座城市的民间智慧和地方特色，也具有更为突出的国际交流价值。《中华人民共和国公共文化服务保障法》将优秀传统文化传承活动与全民阅读、全民普法、全民健身、全民科普和艺术普及共同列为公共文化服务的主要任务和基础工程。联合国教科文组织在2006年《文化多样性与人类全面发展——世界文化与发展委员会报告》(*Our Creative Diversity: Report of the World Commission on Culture and Development*)中也指出：

> 非物质和物质形态的文化遗产之间的互动关系组成了人类的整体文化景观，它们是一个城市市民思维和行动的历史文化坐标，只有对他们加以妥善保护，我们才能从历史发展的角度看待一个城市的特有文化。[②]

纵观30多年来“文化之都”的城市文化建设和公共文化品牌打造的做法，许多“文化之都”城市在利用城市历史文化遗产方面都积累了丰富经验。在很大程度上，“文化之都”提升了与非物质文化遗产相关的国家或城市之间优秀传统文化传承活动的国际交流水平，推动非物质文化跨国

---

① 十里红妆：古代婚嫁习俗。

② 联合国教科文组织著；张玉国译.文化多样性与人类全面发展——世界文化与发展委员会报告[M].广州：广东人民出版社，2006：110-111.

交流更加频繁和更为活跃地开展。本书将其总结为两点：一是“文化之都”城市在执行文化遗产政策时，多数强调以保护为主，城市发展服从于文化遗产保护，在保护的前提下发挥文化遗产的精神文化与教育功能；二是在处理与城市发展协调时，注重整体保护的理念，不仅保护建筑本身，而且保护遗产存在于其中的自然环境、生活方式与文化氛围。吴忠（2014）等学者在《城市文化论》中描述欧洲城市借助文化遗产开展公共文化服务时就曾写道：

> 在公民保护意识培育方面，文化遗产被纳入中小学教育的重要课堂，当书本中设计文化遗产内容时，学校就组织学生到相应的文博馆；博物馆也会开展公众教育拓展活动，引导学生临摹美术作品，现场制作陶器、刺绣、传统手工艺品等，或亲身体验考古发掘的科学过程；社区则通过开展一系列“文化遗产日”宣传普及活动、组织传统文化节庆活动、开发文化遗产地旅游来推动民众有关文化遗产保护的意识和行为，提升民众对民族文化的认同感和自豪感。①

本书认为，“文化之都”在注重其国际性的同时，应尽可能实行严格的保护措施，在挖掘城市非物质文化遗产潜能的同时，着力塑造特色鲜明的城市形象，构建城市文化个性，为市民寻找和建立文化认同提供重要依据。“文化之都”推进非物质文化遗产国际交流的主要做法，可归纳为以下四个方面：

一是积极举办国际非遗展和相关活动，发挥非遗文化产品国际文化交流的功能。2017年“东亚文化之都”长沙雨花非遗馆从传承保护到“展示、展演、展销”，结合“一带一路”倡议，将雨花非遗馆打造成为长沙“东亚文化之都”的亮点：如2017年4月，雨花非遗馆作为重要参观点，迎来了日本京都和韩国大邱等50多批次的外国友人；雨花非遗馆组织非遗大师们赴日韩开展花鼓戏、湘剧、湘绣等非遗项目的巡演、巡展。宁波在2016“东亚文化之都”当选年期间开展东亚非物质文化遗产展、东亚非

① 吴忠，王为理.城市文化论［M］.深圳：海天出版社，2014：231-232.

物质文化遗产保护论坛、传统艺术展演、浙江省非物质文化遗产相关传统工艺品及衍生品设计大赛等五大系列、十多项活动，其中，宁波的朱金漆木雕、越窑青瓷烧制技艺、日本的奈良团扇、奈良笔墨、韩国传统米酒制作、草帽编织等中日韩三国的经典非遗项目得到了很好的展示和交流。“东盟文化城市”新加坡国家遗产委员会对新加坡的博物馆进行了大规模扩张，将原国家博物馆重新组建为三个专业博物馆，即亚洲文明博物馆、新加坡历史博物馆、新加坡艺术博物馆，对非物质文化遗产内容和产品进行专业细分，开展形式多样的非物质文化体验活动，突出展示了新加坡多元的文化特色。

二是积极开展本土非遗和地方特色文化的海外交流合作。如当选2005年“创意城市网络”之“民间手工艺之都”的美国圣达菲既为本土民间工艺品搭建了国际展销市场，又提升了城市国际形象。艺术家们通过售卖民间手工艺品，不仅展示了本国民间文化的魅力，获得可观的经济收益，更重要的是，还为许多面临失传的民间手工技艺搭建了国际化的传承和合作平台。据统计，圣达菲国际民间艺术品市场每年都能吸引来自六大洲40多个国家的上千名艺术家，且这一数字在当选“文化之都”的促进下，呈递增之势[①]。作为我国首个国家级文化生态保护区——“闽南文化生态保护实验区”的泉州，在2014年“东亚文化之都”建设中对非遗保护和传承投入了大量人力、物力和财力。当选“文化之都”时，泉州共有各级非遗名录达601个，非物质遗产项目数量、等级居全国地级城市前三位（其中世界级4个[②]、国家级31个、省级76个、市级170个[③]）。为了更好地衬托和展示泉州作为“东亚文化之都”的魅力，泉州以五店市传统街区为重点，打造了市级非物质文化遗产展示中心、闽台缘海外文化交流中心、艺术品展示与交易中心、工艺品研发中心等非遗文化国际交流的重要平台。

---

① 刘容.城市场域下非物质文化遗产生产性保护比较研究——以教科文组织创意城市网络民间手工艺之都杭州和圣达菲为例[J].广西师范学院学报(哲学社会科学版),2016:43-48.

② 泉州是我国目前唯一一个拥有联合国全部三大类非遗项目的城市。

③ 泉州荣获“东亚文化之都”称号,探索创新非遗传承[N/OL].(2013-12-10)[2017-10-10]. http://cache.baiducontent.com/c?.

期间，泉州的经典非遗——木偶戏，分别到日韩进行表演；泉州木偶剧院还受邀到美国华盛顿和加拿大多伦多举行了公演、体验式展演和学术讲座共计50多场；泉州市掌中木偶剧团与香港偶影艺术中心合作，并赴韩国参加“2014国际综艺合家欢巡回演出”。据统计，正是得益于2014年“东亚文化之都”带来的国际化展示交流平台和发展机遇，在2015—2018年泉州“东亚文化之都”后续发展的四年中，泉州先后组织了130个文化团组、2100多人次赴日本、韩国、美国、法国、南非等33个国家和地区进行非遗交流与合作，邀请了日本、韩国、美国、多哥、法国等40多个国家和地区的128个文化团体莅临泉州进行非遗交流，非物质文化遗产的国际交流达到高峰。

三是扩大非物质文化遗产的国际影响力。2016年“东亚文化之都”日本奈良在天理文献馆举行“大和名胜图巡游展览”，汇集了从江户时代末期到明治时期奈良的名胜古迹以及神社和寺院的各种画作，让奈良市民近距离感受日本传统印刷技术，增加了国际社会对奈良历史文化的了解。因韩国清州当选2015年“东亚文化之都”，清州市的筷子文化和筷子文化节被150多个国家媒体介绍，受到更多国际关注。2016年“东亚文化之都”宁波开展了丰富的非遗文化传承活动，举办了“东亚非物质文化遗产展”，展出中日韩三国共9座“文化之都”城市的47项、超过240件非遗作品，设置了如日本酿酒、韩国泡菜制作、茶道、花道、奈良漆器、清州陶艺、泉州提线木偶、青岛宗家庄木板年画、宁波金银彩绣、剪纸等众多适合市民参与的非遗互动体验项目。此外，宁波还利用“东亚文化之都”国际交流的契机打造“保国寺”古建筑博物馆文化品牌，推动以保国寺为代表的宁波建筑文化“走出去”，提升保国寺古建筑博物馆在国内外的影响力和知名度。

四是非遗和传统文化在大规模文化交流过程中得到传承、保护和发扬。2015年“东亚文化之都”韩国清州在清州文艺文化遗产园地举办“东亚文化之都”系列之韩服体验活动，市民、游客可免费试穿韩服并体验制作长生柱、踢毽子、放风筝等韩国民间传统活动，使非物质文化遗产成为向市民和游客展示清州“文化之都”文化魅力的亮点活动。2016—2017年“东盟文化城市”文莱首都斯里巴加湾市，把保护当地传统文化和非物质文化遗产作为所要实现的重要任务之一，并将此作为斯里巴加湾面向国际推介文化和旅游的重要内容。于是，在国家文化、青年和体育部（Ministry of Culture，Youth and Sports）的大力推动下，斯里巴加湾于2016年启动了“农村和年轻人创新计划”（Cottage and Youth Initiative Program），通过展示当地的传统文化、风俗和手工艺品，推动手工艺品销售，促进当地旅游业发展[①]。

除以上列举的部分“文化之都”外，其他国家和地区的“文化之都”，如比利时安特卫普、法国阿维尼翁、挪威卑尔根、葡萄牙波尔图、西班牙萨拉曼卡、阿联酋沙迦、沙特阿拉伯利雅得、阿尔及利亚康斯坦丁、墨西哥梅里达、孟加拉达卡等均在非物质文化遗产的保护、交流、传承和服务方面有不少特色举措，在此不一一列举。

2.推动公共文化人才的跨国流动

公共文化人才的国际交流也是许多“文化之都”城市公共文化国际发展的重要内容之一。关于城市文化发展的人的问题，查尔斯·兰德利和理查德·佛罗里达的创意产业理论均有相关表述：兰德利（2000）认为“创意人才是创意城市的原动力，巴塞罗那、格拉斯哥、埃姆舍尔等城市都是在人才的推动下迈开了脚步”[②]；佛罗里达（2002）提出了“富有创意的人力资源——创意阶层（creative class）的知识结构、个性特征和生活形态，他们如何成为城市发展生产力的中心环节以及创意阶层的出现对城市和社区未来的影响”[③]。不管是兰德利的“创意人才”还是佛罗里达的“创意阶层”，文化艺术人才（包括原创人才、制作人才、管理人才等）都被认为是建设创意城市的核心要素。

不同的“文化之都”都有其各自不同的、特殊的目标和理念，但通过众多“文化之都”城市的实践可以发现，“文化之都”框架内的国际交流

---

① ASEAN City of Culture is a great opportunity to promote local products [EB/OL]. (2016-08-24) [2017-09-05]. http://eng.caexpo.org/index.php?m=content&c=index&a=show&catid=10021&id=202213.

② Landry C. The creative city: a toolkit for urban innovators [M]. Earthscan Copyright, 2000:169.

③ Florida R. The rise of the creative class [M]. New York: Basic Books, 2004:59-63.

是一个以文化上的交流带动人才流通和意识形态上沟通的过程。佛罗里达在《创意阶层的崛起》(*The Rise of the Creative Class*)(2010)一书中认为“多样性基础指标获得高分的地区是吸引人才和高科技扎根的沃土”，并设计出了复合多样性指数(CDI)，包含文化熔炉指数、波西米亚人指数、同性恋指数等，以测量城市文化对不同民族、不同年龄、不同职业的宽容和容纳，进而对城市人才结构多样化和文化多样性之间的关系进行探索①。尽管各个国家在人才交流、人口结构和文化多样性上的衡量标准并不能彼此完全适用，但其中一些规律是具有普遍性的。《中国城市文化报告2017》就指出“流动的人群是文化的承载者，流动性越强的城市，文化就越多元、越生机勃勃”②。

因此，一座城市发展的不竭动力在于人的创意和创造力，一座作为“文化之都”的城市更是如此。一方面，“文化之都”的建设需要有各类人才，尤其是文化艺术人才的支撑，如欧洲国家普遍在高等教育体系中建立了完备的创意艺术教育人才培养体系，澳大利亚建立了以布里斯班大学创意产业研究中心为核心的文化人才培养梯队，新加坡的“创意新加坡”规划了新加坡未来20年文化艺术人才的培养和发展战略，韩国设立了对文化艺术人才的“教育机构认证委员会”等。另一方面，发达的公共文化服务有助于城市文化人才和文化从业人群的发展，增强城市的文化人才聚集度和文化创新能力。换言之，公共文化为市民获取文化知识和信息提供了有利环境，有助于增强城市人力资源的总体素质和人才竞争力。城市对图书馆学专业、文博专业、艺术专业、美术专业等文化人才培养的投入和保障，为公共文化的发展创造了基础性支撑。于是，为了增强“文化之都”城市人才集聚、激活文化人才活力、提升城市文化竞争力，必须要有行之有效的文化艺术人才政策和较为完善的公共文化服务体系；而“文化之都”公共文化国际交流的蓬勃开展，又反过来从客观上提升了不同国家、民族和地区文化艺术人才的流动性。

如2012—2013年“东盟文化城市”新加坡为了推动“文艺复兴城市”

---

① Florida R. The rise of the creative class [M]. New York: Basic Books, 2004.

② 黄昌勇，张晓明等.中国城市文化报告2017 [M].上海：同济大学出版社，2017：83.

的建设目标，于当选“文化之都”期间推出了“艺术之家计划”（Arts Housing Scheme），为艺术家和艺术组织入驻新加坡提供优惠措施。通过该计划引进的艺术家只需支付市场价10%的房租就能迁居至政府指定的区域，其余90%由新加坡国家艺术委员会（Singaporean National Arts Council）来承担[①]。2014年“东亚文化之都”泉州启动实施了“泉州市‘海纳百川’高端人才聚集计划”。该计划设25个人才项目，把人才工作项目化，借此培育本土文化人才，不断集聚国内外各类高端人才，使泉州成为国内文化人才发展的新高地[②]。此外，还有芬兰图尔库的“艺术家在身边计划”（Artists Around）、科希策的“艺术家长住计划”[③]（Košice Artists in Residence Program）和新潟“韩国舞蹈家居住计划”（韓国舞踊家レジデンス・プログラム）等，均为挖掘人才、培养人才、保留人才采取了许多行之有效的措施。图尔库2011年“欧洲文化之都”当选年活动吸引了瑞典、德国、美国、英国等十几个国家的参与（图6-1），为国际化程度不算高的这座北欧城市集中注入了大量国际化的文化元素。

“文化之都”在申请和创建过程中，为引进和培育文化艺术人才创造了良好的政策环境。这些发展政策的共同之处在于吸引舞蹈、音乐、文学、绘画、演艺、动漫、戏剧等各类艺术家和艺术人才，为他们开展“文化之都”活动提供免费或优惠的场地、场馆、设施和设备支持，并为后续的发展提供租金优惠、生活补贴、创作和研究等经费资助。其共同的目的就是吸引艺术家、丰富本地的文化艺术元素、提升文化艺术创作能力，并以固定的展示展演方式向大众提供丰富的文化艺术内容。这从长远上对改善城市公共文化质量、提升公共文化服务水平来说具有十分重要的作用。

---

① National Arts Council. Arts housing scheme: introduction [EB/OL]. [2017-09-13]. http://www.nac.gov.sg.

② 戴艺璇.泉州市建设“东亚文化之都”的文化政策研究［D］.泉州：华侨大学，2015：35.

③ Košice Artist in Residence [EB/OL]. [2017-09-13]. http://www.resartis.org/en/residencies/list_of_residencies/?id_content=6113.

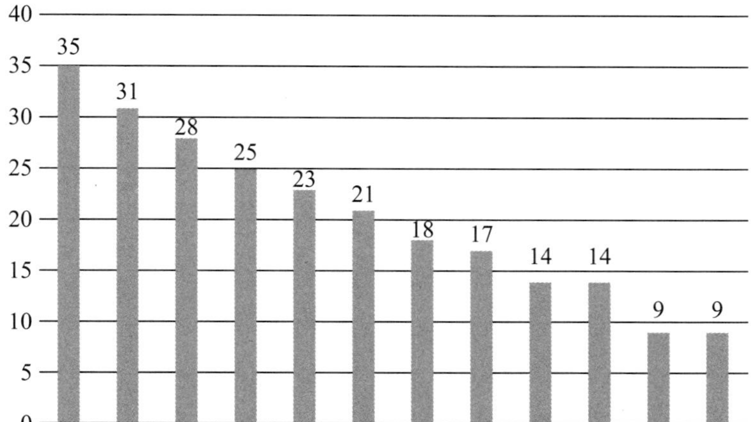

	瑞典	德国	美国	英国	爱沙尼亚	法国	俄罗斯	挪威	西班牙	丹麦	荷兰	立陶宛
■活动数量（个）	35	31	28	25	23	21	18	17	14	14	9	9

图6-1 2011年图尔库“欧洲文化之都”开展的国际性文化活动数量[①]

三、为本地公共文化建设带来较高的国际关注度

“文化之都”建设是着眼于新经济条件下国际社会重视城市文化发展和文化多样性的产物。其意义在于，一定程度上改变了以西方国家和商业大都会城市为中心的世界城市关系版图，将更为丰富的城市文化呈现于世界。从1985年最早评选的“欧洲文化之都”开始，许多城市通过申请、创建和当选“文化之都”获得了实际的收获。可以说，“文化之都”建设不仅扩大了城市影响力、提升了城市形象、增加了城市国际知名度，更在国际交流中，为本地公共文化建设带来了前所未有国际关注度。王可（2010）在对比利时安特卫普“欧洲文化之都”的国际影响力进行分析时认为：

> “欧洲文化之都”的称号让世界“钻石之都”、比利时第二大城市安特卫普是在1993年“大变了个样”：在此之前由于受到政治因素的影响，这座城市几乎与国际事务没了什么联系；但当突破了重重阻力获得了‘欧洲文化之都’的称号后，安特卫普开始重回国际视

① 数据来源：James R, et al. Ex-post evaluation of 2011 European Capitals of Culture。

野，"市民从那时开始意识到这座城市的魅力，并开始为这座城市而骄傲"。[①]

2014年的光州"边缘艺术节"不仅成为光州"文化之都"建设中非常重要的一部分内容，更借"文化之都"吸引了来自世界更多国家和地区的关注。当年的光州"边缘艺术节"打造了以国立亚洲文化殿堂、忠壮路邮局、锦南公园、外汇银行、民主之钟为中心的五大文化活动区，吸引了来自世界各地的K-pop、魔术、舞蹈、街舞等100多支民间艺术表演团队。当选年结束后，光州"边缘艺术节"还与"ACC春之庆典"、ASEM文化部长会议等大型跨国文化活动相结合，扩大了与中日两国"文化之都"城市的交流、交往。

拉脱维亚的里加市在当选2014年"欧洲文化之都"期间成功举办了拥有将近80个国家、460支合唱团（约2.7万人）参加的"2014世界合唱比赛"（2014 World Choir Games），让里加获得了更高的国际声誉。不仅如此，里加还在当选"文化之都"的推动下，将仅在每年夏季举办的本土艺术节——"里加艺术节"（Riga Festival），发展成为国际化色彩浓厚的、贯穿全年的大型城市文化活动，更多国外艺术家和观众加入艺术节中，使一个本地的小型艺术节借助"文化之都"这个大平台，走出欧洲、走向世界。

在促进本地公共文化服务品牌吸引更多国际关注、扩大影响力方面具有异曲同工之妙的，还有瑞典于默奥的"街角文艺展"（CORNER）。"街角文艺展"项目（图6-2）是于默奥2014年"欧洲文化之都"组委会与斯德哥尔摩、里耶卡等历届"文化之都"城市共同发起的"线上+线下"艺术展。艺术家们从车站、地铁、街头、广场、码头、景点等公共场所取景，内容和表达形式多样，既有图片、视频、音乐、文字，也有舞蹈、舞台剧等多种适合街头展示的艺术形式，为来自不同国家的艺术家们搭建了一个通过自己"独特视角"产生的作品来理解于默奥城市文化魅力的平台。据统计，2014年，"街角文艺展"项目吸引了来自欧洲17个国家的艺术机构和近60位国外艺术家参与。从此，"街角文艺展"每年都吸引了大量国际知

① 王可."欧洲文化之都"成欧洲城市点金石[N].北京商报,2010-03-29(13).

名的艺术组织机构长期、持续地参与，如克罗地亚Pogon独立文化和青年艺术中心、斯洛文尼亚Exodos艺术中心、英国北爱尔兰艺术委员会（Arts Council Northern Ireland）和波兰的Gdansk城市文化艺术中心等[①]。

(a)“街角文艺展”标志　　(b)“街角文艺展”作品

图6-2　于默奥“街角文艺展”[②]

同时，许多“文化之都”城市在文化交流共享中、在公共文化国际交流合作中又进一步突出和发挥了本地的文化特色。如素有日本“动漫之城”的新潟，利用2015年“东亚文化之都”，将本土“新潟漫画大赛”“新潟动漫节”和“cosplay艺术节”推向国际舞台，以作品巡展、动漫游行、歌曲展演等艺术表现手法，让更多国家和地区了解到新潟的动漫特色。光州也通过“国际泡菜文化节”的举办，面向公众常年提供泡菜文化体验和宣传活动，增加外国人对韩国泡菜文化特色的了解。

此外，还有许多“文化之都”的公共文化交流活动从当选年一直持续开展、保留下来，并常态化为市民提供国际性的公共文化产品和服务。波兰克拉科夫、西班牙萨拉曼卡、土耳其伊斯坦布尔、斯洛文尼亚马里博尔等“文化之都”城市均保留了当选年期间的经典文化活动，并在后续的城市发展建设中，不断深化和拓展。如斯洛文尼亚马里博尔的“穿越时空”（Trans-Time）艺术展，以现代艺术的穿越为主线，在“文化之都”后续的建设中，已由斯诺文尼亚拓展至伊斯坦布尔、曼谷、卡萨布兰卡、雅加达、上海等城市。

① About [EB/OL]. [2017-04-13]. http://www.cornersofeurope.org/about/.

② 来源：http://www.cornersofeurope.org/events/ersboda-turning-umea-inside/。

第二节 “文化之都”与特定国际项目结合

一、与中国“一带一路”倡议相结合

对我国“文化之都”而言，“文化之都”“海上丝路”“国际化”等概念始终相互渗透，是文化与经济的交融、国家战略与区域定位的契合，更是带动城市转型跨越的动力和助推器。我国“文化之都”城市积极呼应“一带一路”倡议，不断整合“文化之都”城市的文化资源，与东亚、“一带一路”沿线国家进行了更深入、丰富的文化对接，持续扩大“文化之都”建设的国际效应，实践进展丰硕。

2017年公布的《文化部“一带一路”文化发展行动计划（2016—2020年）》提出了建立和完善文化产业国际合作机制，支持“一带一路”沿线地区实施特色文化产业项目，积极利用“一带一路”文化交流合作平台推介文化创意产品，推进互联网与文化产业融合发展等举措。从已有实践来看，在“一带一路”倡议下，中国与阿拉伯国家的文化交流得到进一步扩大，达成了多个有益于促进中阿文艺交流的协议。其中，涉及“文化之都”建设的主要有《中阿合作论坛2014年至2016年行动执行计划》（2014年）。该计划声明，中国将以音乐、工艺美术、舞蹈、戏剧、舞台综艺等适宜的艺术活动，加入黎波里（黎巴嫩）2014年“阿拉伯文化之都”和君士坦丁（阿尔及利亚）2015年“阿拉伯文化之都”的庆祝活动。在该计划有效期内建立“中阿百家文化机构对口合作”关系，涉及博物馆、图书馆、美术馆、国际性艺术节、国际书展等文化机构[①]。此后，在《中阿合作论坛2016年至2018年行动执行计划》（2016年）中[②]，又进一步约定了双方围绕“文化之都”主题，开展“海上丝绸之路国际艺术节”“中阿丝绸之路文化之旅”“意会中国—阿拉伯知名艺术家写生”等多个文化交流活动[③]。

---

①② 中国—阿拉伯国家合作论坛2014年至2016年行动执行计划[EB/OL].（2014-06-10）[2017-04-30]. http://www.fmprc.gov.cn/zalt/chn/gylt/zywj/t1163770.htm.

③ 王辉.“一带一路”文化交流蓝皮书：中阿文化交流发展报告（2017）[M].北京：社会科学文献出版社，2017：70-86.

作为联合国教科文组织认定的海上丝绸之路起点城市，泉州以文化推动"东亚文化之都"向"21世纪海上丝绸之路先行区"延伸。制订了《泉州市建设21世纪海上丝绸之路先行区行动计划》，实施泉州港口复兴、双向投资贸易、吸引泉州华人华侨参与、阿拉伯新走廊、绿色智能制造、金融创新、自贸区建设、现代海洋城市建设、文化旅游合作、人才培养引进和人员往来这"十大行动计划"，编制了《泉州市21世纪海上丝绸之路先行区建设总体方案》《泉州建设海上丝绸之路先行区战略规划》等方案，引导泉州作为"东亚文化之都"的可持续发展。

2016年宁波借助"文化之都"建设，加大与"一带一路"沿线国家城市的交流，开展了众多大型的国际文化交流活动，具体表现为：一是加强与"一带一路"沿线国家城市的结好力度，重点打造21世纪海上丝绸之路"友城群"、中东欧"友城群"；二是围绕"世遗""非遗""海丝"和商帮文化、藏书文化、浙东文化资源，深化了本地的对外文化交流活动，把更多品牌项目推向国际市场；三是更大范围地促进民间文化交流。在此背景下，开展了"东亚文化之都2016宁波开幕式"活动、2016东亚非物质文化遗产展、第24届中日韩青少年运动会、中日韩文化艺术交流季、中日韩青年设计艺术节等大型中日韩文化交流活动，涉及甬剧、越剧、民乐、音乐舞蹈、书法美术等艺术门类和文化学术等内容，相继与30余个国家开展了100余批次的文化交流，输出了一批具有中国特色和宁波地域风格的文化精品。此外，2015年"文化之都"青岛也以"文化之都"为契机，积极融入中日韩自贸区建设和"一带一路"建设；2017年"东亚文化之都"长沙以"活力东亚·快乐长沙"为主题开展中华文化的全球传播和推广。

二、与东欧"琥珀之路"相结合

欧洲"文化之都"在推进过程中也十分注重与有相同历史文化背景国家之间的文化交流和互动。例如，爱沙尼亚、拉脱维亚、波兰、捷克、奥地利、斯洛文尼亚、匈牙利等部分中东欧国家"欧洲文化之都"当选城市，在文化跨国交流时，围绕中世纪中东欧地区文化、商贸发展的"琥珀之路”（Amber Road）（图6-3）[①]，在博物馆、美术馆、纪念馆、展览馆等公共文化机构开展了众多公益性的文化艺术交流和展示活动。“琥珀之路”作为欧洲一条古代运输琥珀的贸易道路，连接了欧洲的多个重要城市，维持了多个世纪，目前已经成为在欧洲具有文化、历史、旅游为一体的重要的

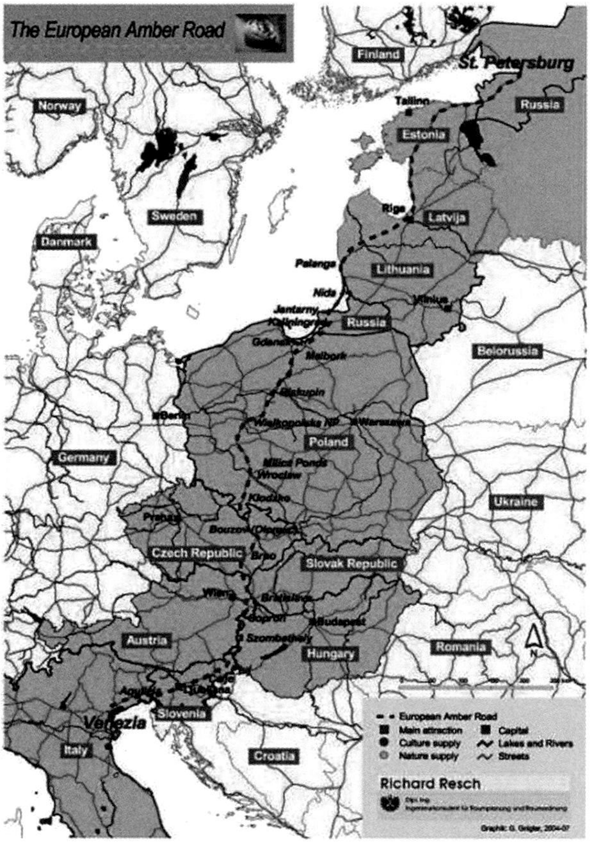

图6-3 “琥珀之路”沿线国家和主要城市[②]

---

① 琥珀之路（Amber Road）：是一条古代运输琥珀的贸易道路，这条水路和陆路结合而成的通商道路，从欧洲北部的北海和波罗的海通往欧洲南部的地中海，联结了欧洲的多个重要城市，维持了多个世纪。在很长一段时间，琥珀作为装饰品中的重要组成部分，被从北海和波罗的海海岸的产地，经由维斯瓦河和第聂伯河运输到意大利、希腊、黑海和埃及。琥珀之路联结了琥珀的产地和在欧洲、中东地区和远东地区的消费地，并经由另一条通商道路丝绸之路继续通往亚洲。

② 来源：https://www.google.com/search?espv=2&biw=1280&bih=1&q=Amber+Road。

“文化路线”。此外，2014年，“欧洲文化之都”里加还以琥珀艺术为特色，举办了首届“国际当代琥珀珠宝设计展”（Amber in Contemporary Design Jewellery）等活动，呼应了2012年联合国世界旅游组织（UNWTO）提出的“加强琥珀之路沿线国家旅游交流”的相关决议[①]。

三、与西班牙等国“朝圣之路”相结合

西班牙的圣地亚哥德孔波斯拉“朝圣之路”（Route of Santiago de Compostela）（图6-4）于1993年被列入世界遗产名录。该线路以圣地亚哥德孔波斯拉为终点，向整个欧洲大陆延伸出网状的道路，连接了莱昂、布尔戈斯、圣地亚哥德孔波斯拉等著名的历史文化城市，沿线保存了近2000座宗教建筑，全景展现了中世纪伊比利亚半岛和欧洲其他地区的文化遗迹[②]。其主路段850公里的“法兰西之路”主要位于西班牙境内。

作为欧洲，尤其是伊比利亚半岛的重要文化标志，圣地亚哥德孔波斯拉在“文化之都”（主要是“欧洲文化之都”和“伊比利亚美洲文化之都”）的建设过程中陆续对“朝圣之路”进行了以下几个方面的维护、更新和改造：一是设计“朝圣之路”的专用标识，增加在城市中的显示度，在沿线所有地区都设计统一的标识。二是修建以古代朝圣者为原型的城市雕像，并分布在教堂、驿站、广场、街角等。这些分布在“朝圣之路”沿线的主题雕塑从艺术的角度还原了古代的朝圣之旅，让参观者置身于朝圣之路的真实场景中。三是制作线路纪念签章，出版“朝圣之路”的线路指南，展示“朝圣之路”的全线景观，介绍每一处遗迹的文化历史背景[③]。

---

① European Capital of Culture—Riga 2014 [EB/OL]. [2017-04-18]. http://www.mfa.gov.lv/en/usa/european-capital-of-culture-riga-2014.

②③ 陈怡.西班牙圣地亚哥德孔波斯拉朝圣之路——基督教精神遗产的展示[J].中国文化遗产，2011(6):102-109.

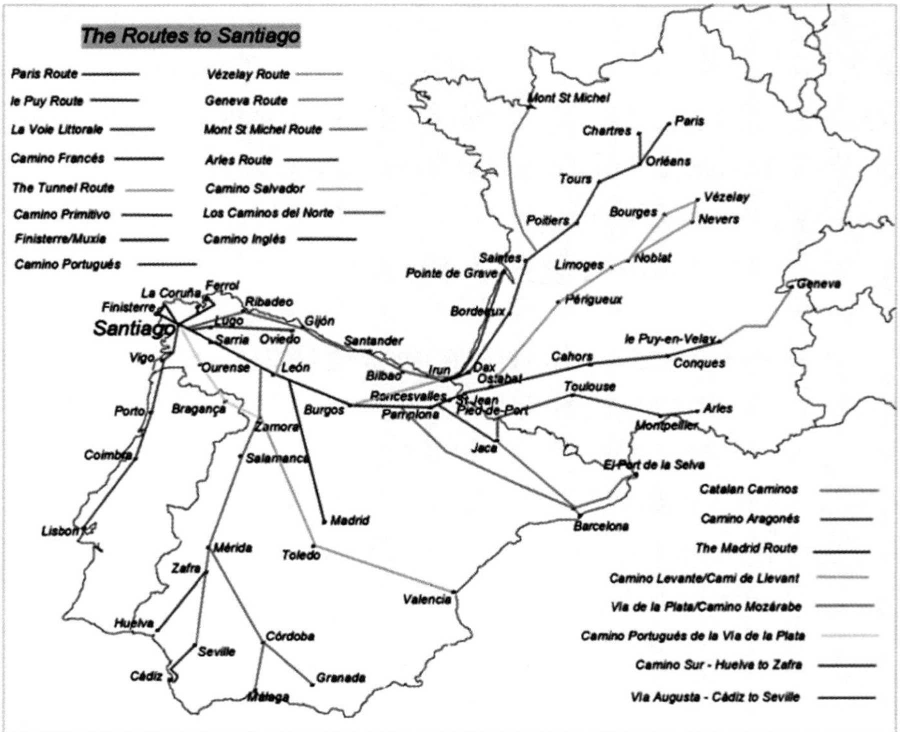

图6-4 圣地亚哥德孔波斯拉“朝圣之路”地图①

四、与联合国《2030可持续发展议程》相结合

联合国《2030可持续发展议程》（*The 2030 Agenda for Sustainable Development*）于2015年9月在联合国峰会上通过，并于2016年1月1日正式生效。与“千年发展目标”（Millennium Development Goals）相比，“2030议程”设置了17个目标和169个分解任务②，提升了覆盖面，更具有普遍性。

在《联合国教科文组织推进2030可持续发展议程》（*UNESCO Moving Forward the 2030 Agenda for Sustainable Development*）报告中指

① 来源：https://www.google.com/search?q=route+of+santiago+de+compostela+map&tbm。

② The 2030 agenda for sustainable development [EB/OL]. [2017-09-03]. https://sustainabledevelopment.un.org/content/documents/21252030%20Agenda%20for%20Sustainable%20Development%20web.pdf.

出，联合国教科文组织正在实施的世界遗产评选符合可持续发展目标第11项"建设包容、安全、有抵御灾害能力和可持续的城市和人类住区"中的第4条"进一步努力保护和捍卫世界文化和自然遗产"，"创意城市网络"评选符合第4项"确保包容和公平的优质教育，让全民终身享有学习机会"中的第7条"肯定文化多样性和文化对可持续发展的贡献"[①]。联合国《2030可持续发展议程》在全球层面承认了文化、创意和文化多样性在应对可持续发展挑战中的重要作用。从2001年联合国教科文组织《文化多样性宣言》的发布、2005年《保护和促进文化表现形式多样性公约》的通过，再到《2030可持续发展议程》的出台，可以说，这十多年是世界各国在文化领域达成共识、推动文化多样性发展的关键时期[②]。

因此，可以说，"文化之都"建设的开展是国际社会落实联合国《2030可持续发展议程》的一项共同举措。如"阿拉伯文化之都"，就是在《阿拉伯文化发展公约（2005—2014）》和联合国《千年发展计划》下联合开展的，以期实现"提升人们对阿拉伯世界文化财富的认同"的目标；"创意城市网络"起源于教科文组织全球文化多样性联盟倡议，在联合国教科文组织关于优先进行"文化和发展"与"可持续发展"的全球战略框架下运行，其设立刚好处在上承《联合国教科文组织文化多样性宣言》，下启《保护文化内容和艺术表现形式多样性国际公约》的关键节点上，发挥了催化和促进作用[③]；我国出台的《"一带一路"文化发展行动计划（2016—2020年）》，与《2030可持续发展议程》理念相通、目标一致、相互对接，对我国"文化之都"主动融入"一带一路"、拓展我国"文化之都"文化交流的空间具有重要作用：有助于与沿线国家增信释疑，增强"一带一路"倡议的国际吸引力，提升我国参与南南合作的水平，以实现在新的国际发展治理体系

① UNESCO moving forward the 2030 agenda for sustainable development [DB/OL]. [2017-09-03]. http://unesdoc.org/images/0024/002477/247785e.pdf.

② 意娜."联合国2030可持续发展议程"下的国际文化创意产业发展趋势[J].广东社会科学,2016(4):70-72.

③ 刘光宇.正确认识联合国教科文组织"创意城市网络"[J].科技智囊,2013(11):57-68.

乃至整个全球治理架构中获得更多话语权和影响力[①]。

第三节　应用数字化提升“文化之都”公共文化国际传播能力

在数字化、网络化时代下，公共数字文化成为“文化之都”提升国际传播能力的重要手段之一，众多“文化之都”城市开辟了专题网站，用于介绍当选年的文化活动安排、提供信息服务、公布申报书、评估报告等。部分“文化之都”城市还加强了在文献资料中心、数字文化空间等方面的建设。这些均是“文化之都”城市提升其国际传播和服务能力的有力举措。

一、文献中心建设

1.“欧洲文化之都文献中心”建设

于2007年10月成立的“欧洲文化之都文献中心”（Documentation Centre on European Capitals of Culture）旨在保存“欧洲文化之都”在30多年的发展过程中所产生的大量书籍、文章、研究报告、新闻宣传等文献资料[②]，将“欧洲文化之都”的丰富成果向公众、媒体、学者广泛传播，达到宣传和促进“欧洲文化之都”长久发展的目的。“欧洲文化之都文献中心”的具体任务包括：搜集、整理和保存“欧洲文化之都”项目进展的相关资料信息；为“欧洲文化之都”城市之间开展文献方面的交流合作，分享建设实践经验；为“欧洲文化之都”的相关研究和从事欧洲文化研究的学者和机构提供资料支持等，如“欧洲文化之都大学联盟”（University

① 曹嘉涵.“一带一路”倡议与2030年可持续发展议程的对接［J］.国际展望，2016（3）:37-39.

② Ecorys and the Centre for Strategy and Evaluation Services. Ex-post evaluation of the 2015 European Capitals of Culture [R]. Luxembourg: Publications Office of the European Union, 2016:36-37.

Network of the European Capitals of Culture，UNECC）[①]。

该中心坐落于雅典市中心，由雅典市文化局和信息部联合管理运行，主要通过线下和线上两条渠道向大众提供公共文化服务。市民可以前往文献中心，向工作人员咨询相关信息。同时，该文献中心还定期举办“欧洲文化之都”的相关展览，以加强对“欧洲文化之都”项目的宣传介绍，扩大该项目的影响力，让国际社会了解“欧洲文化之都”30多年的发展历程和取得成就[②]。文献中心所提供的线上数字公共文化服务内容主要包括以下三大类：一是“欧洲文化之都”项目情况，如城市申报书、文化项目介绍、新闻媒体和相关报道；二是“欧洲文化之都”的评估和总结报告，如当选城市的自评报告、欧盟的总结报告；三是与“欧洲文化之都”相关的学术性资料，如高校、科研机构撰写的与“欧洲文化之都”相关的报告等。

2.“东亚文化之都文献资源中心”建设

“东亚文化之都”文献资源中心（图6-5）于2017年4月19日在长沙图书馆揭牌。该中心位于长沙市图书馆五楼多元文化馆内，现收藏了与“东亚文化之都”相关的文献500多种，包括历届当选城市建设资料汇编30种、日韩文物图片精选集2种，以及覆盖多个门类的日韩原版图书429种。作为长沙2017年“东亚文化之都”建设的重要成果之一，该中心收集整理了历届“东亚文化之都”的文献资源与日韩原版图书，旨在展示“东亚文化之都”的建设成果、打造具有国际品质、东亚风韵和湖湘标识的文化品牌。同时，长沙市图书馆还配套开展了“东亚文化之都”相关的活动，如“日本寿司之旅”“韩服展示体验”“京都色彩日记、国色天香——中日香文化交流”“最in韩曲风”等旅游、美食、音乐方面的阅读活动，以满足市民多样化、国际化的文化需求[③]。

---

① About [EB/OL]. [2017-09-13]. https://www.yumpu.com/user/ecoc.doc.athens.eu.

② The Documentation Centre on European Capitals of Culture [EB/OL]. [2017-09-13]. https://www.loststory.net/other/documentation-centre-european-capitals-culture.

③ “东亚文都”文献资源中心即将揭牌[EB/OL].（2017-04-16）[2017-06-30]. http://news.youth.cn/jsxw/201704/t20170416_9492781.htm.

（a）“东亚文化之都文献资源中心”内景　　（b）长沙图书馆多元文化观读者须知

图6-5　长沙图书馆“东亚文化之都文献资源中心”

随着“东亚文化之都”的逐年开展，各城市在创建和后续建设过程中积累了丰富的政策、理论和实践成果，形成了数量庞大、内容丰富、品种多样的第一手文献资料。将这些经验和成果进行收集、整理、保存、研究和传播，将对“东亚文化之都”创建和后续建设提供智力支持、专业支撑，也对完善“东亚文化之都”公共文化服务体系建设有着重要意义。“东亚文化之都文献资源中心”作为我国推进“文化之都”可持续发展、促进公共文化国际化水平提升的重要内容，是扩大“文化之都”公共文化国际交流能力的有力举措。虽然“东亚文化之都文献资源中心”在长沙成立，文献中心的建设工作刚刚起步，但与我国推进“文化之都”建设的目标还有一定差距，文献中心的建设还有很大提升空间。“文献资源中心”的建设应兼顾阶段性与长期性，既要立足当前，也要着眼长远。在现阶段，重点规划建设文献资源中心的实体空间和线上文献信息平台，逐步形成覆盖全面、形成特色、服务全国、联动国际的建设和开发并进的格局。从长远考虑，加强公共文化国际合作与交流，建立起与“文化之都”城市群、“一带一路”城市群等更加广泛的文献资料研究、合作与交流的联系。本书认为，该中心应进一步明确定位，完善以下五大方面功能：

一是收集。广泛收集中日韩三国关于“东亚文化之都”以及其他“文化之都”建设的文献资料，建成国内系统完整的专业性文献资料保障中心，文献的形式包括文字、图片、音视频等纸质或数字的多种资源形态。二是保存。同步建设实体文献空间和数字文献信息中心平台，对相关纸质文献和数字资源长久保存。三是研究。有计划地开展“东亚文化之都”和其他“文化之都”文献的深度整理开发、加工提炼、课题研究、成果推送等工作，形成二次文献等多项专题特色成果。四是利用。塑造文献信息中心的知识服务品牌和影响力，在全国应建立统一的信息平台（网站），吸引国内外用户使用中心的文献、知识产品和咨询服务，统一发布信息、统一提供服务，数字文献资源中心应集成纸质文献的定位、索引，实现搜索及全文浏览、下载、传递、推送、关联和特色数据库、线上参考咨询等功能。五是交流。以我国“东亚文化之都”为纽带，积极开展对外文化的研究与交流，提升中国“东亚文化之都”建设的影响力，搭建与国外“文化之都”建设相关研究机构的交流窗口或平台，增强“东亚文化之都”数字文化资源的服务能力，逐步建立较为完备的“东亚文化之都”文献资源建设体系和服务体系，推动“东亚文化之都”建设成果转化和应用的力度。

二、比利时蒙斯公共数字文化空间建设

随着谷歌等大型科技和技术企业的入驻，比利时小城蒙斯市被冠以欧洲新“硅谷”之称。蒙斯2015“欧洲文化之都”组委会希望通过各种与文化和科技相关的培训、展览、活动、体验，“让居民参与到城市的建设和推广中，和他们共同探讨如何迎接数字时代的到来”①。因此，蒙斯2015年“欧洲文化之都”当选年活动也紧紧围绕着城市科技与文化融合的主题展开，其中蒙斯为2015“欧洲文化之都”打造的“欧罗巴咖啡屋”（Café Europa）（图6-6）是其“文化之都”建设促进文化与科技创新发展的成果之一。

“欧罗巴咖啡屋”位于蒙斯市中心，面积仅70平方米，是集教育、

① 比利时蒙斯2015“欧洲文化之都”系列活动开幕［EB/OL］.（2015-01-27）［2017-06-29］. http://news.xinhuanet.com/world/2015-01/27/c_127426850.htm.

文化、科技、休闲为一体的城市数字休闲文化体验空间。市民和游客能够在这个数字休闲体验空间中免费学习编码和网页开发，体验3D打印和各种怀旧经典电子游戏等。咖啡屋每周免费开展艺术表演、展览、讨论等文化交流活动，为青少年、年轻人、家庭组织各类讲座等，提供点心和免费Wi-Fi[①]。屋内有一个由10块屏幕组成的“欧洲墙”（Europa Wall），能与10多座欧洲“文化之都”城市进行实时活动连线，如比尔森（2015）、里加（2009年）、都柏林（1991年）、圣塞瓦斯地安（2016年）等，实现线上互动交流的同步开展。其中，在蒙斯2015年开展“2015大数据周”（Big Data Week 2015）活动期间，咖啡屋与蒙斯世界展览馆（Mundaneum）、蒙斯大学、布鲁塞尔数据科技中心、蒙斯ITé数字传媒科技中心、数据动力科技公司、Futurocité市民创新中心、谷歌公司以及IBM公司等共同合作，开展了上百项科技文化体验活动，全年累计吸引1.5万人次参与。对于这个只有9.3万人的城市来说，也着实体现了蒙斯2015年“文化之都”建设的口号——“当科技遇上文化”（Where Technology Meets Culture）。

图6-6　蒙斯“欧罗巴咖啡屋”[②]

① Mons-the metamorphosis [EB/OL]. [2017-04-11]. https://teatimeinwonderland.co.uk/2015/04/06/mons-the-metamorphosis/.

② 来源：https://www.google.com/search/Europa+Mons。

图6-6 蒙斯“欧罗巴咖啡屋”（续）

此外，蒙斯还将科技与艺术相结合，打造了一条展示城市当代建筑艺术的虚拟“地铁”路线（图6-7）。虽然名为“地铁”，但实际上每个地铁“站点”即为一个线上景点，游客和市民到达每个“站点”后，不仅能看到实体的建筑、图片，还能在移动设备上看到虚拟图像和背景介绍[①]。

（a）虚拟“地铁”路线图　　（b）“欧罗巴地铁”应用程序

图6-7 蒙斯“欧罗巴地铁”[②]

---

① Report on the second monitoring and advisory meeting for the European Capitals of Culture 2015 [EB/OL]. [2017-08-05]. https://ec.europa.eu/programmes/creative-europe/sites/creative-europe/files/files/ecoc-2015-second-monitoring_en.pdf.

② 来源：http://ikesu.org/works/mons-2015-metro-europa/。

（c）“欧罗巴地铁”所展示的虚拟图像

图6-7 蒙斯“欧罗巴地铁”（续）

第七章 “文化之都”成效评估中的公共文化

从近年来各“文化之都”的实践情况来看，尽管“文化之都”建设已经取得非常显著的成效，但不同区域客观存在的经济基础、区位特点、资源禀赋、人文传统等差异，使“文化之都”建设及其公共文化发展呈现出一定程度上的复杂性和不平衡性。因此，当前关于“文化之都”建设成效评估、分析和研究也是多角度的：有学者从社会学角度关注文化符号如何促进城市文化重新获得发展，有学者从经济学角度探讨诸如“文化之都”等大型城市文化活动在何等程度上促进了城市经济的发展[①②]，还有学者就“文化之都”创建过程中市民对城市生活的满意度变化进行量化分析[③]。

目前，在“文化之都”中，当属“欧洲文化之都”和“创意城市网络”的评估体系较为成熟、完善，相比之下，“美洲文化之都”“东盟文化城市”“东亚文化之都”等其他“文化之都”的相关评估工作则较为零散、随机，同时，我国文化和旅游部也正在酝酿和筹备未来对国内“东亚文化之都”建设情况开展评估。国际经验表明，“文化之都”建设一直处于不断变化的动态过程中，“文化之都”城市公共文化的个性也是十分明显。因此，评估工作需要充分结合特定“文化之都”城市的总体目标、活动内容、创建过程、组织机构、推广方式和相关政策，应与多样化的“文化之

---

① Gomes P, Librero-Cano A. Evaluating three decades of the European Capitals of Culture programme: a difference in differences approach [J]. Journal of Cultural Economics, 2016(4):1-17.

② Liu Y D. Cultural events and cultural tourism development: lessons from the European Capitals of Culture [J]. European Planning Studies, 2014(22), 498-514.

③ Liu Y D. Event and quality of life: a case study of Liverpool as the 2008 European Capital of Culture [J]. Applied Research Quality Life, 2016(11):707-721.

都”建设现状相适应。本书主要分析、借鉴“欧洲文化之都”和“创意城市网络”的较为成熟的评估做法，结合公共文化服务的相关重要指标，探讨“文化之都”公共文化发展的评估思路与方法。

文化评估在欧洲、北美和澳洲早已被视为一种有效的判断、评价城市文化发展成效的机制，在推动文化资源更有效利用以及促进城市文化整体发展方面也发挥了积极作用。20世纪90年代末，澳大利亚政府官方出台的城市文化发展评估内容，就包括了：公共设施、经济、旅游、教育、历史保护、社区、青少年、环境八大方面①。2015年，美国非营利组织“适宜居住的社区伙伴”（Partners for Livable Communities）在定义“文化社区”（Culture Builds Community）时，将文化发展作为一种衡量城市发展的方法融入城市评价之中，提出了文化在经济、社会、人文、环境四个方面的重要作用和衡量维度：

> 经济发展：通过加强文化设施，如文化中心、图书馆等，以增加收入、创造就业、促进合作；社会发展：城市文化资源发挥构建共同身份、促进相互理解、培育多元文化的重要作用；人文发展：文化解决社会问题的能力提升、带动创意创新；环境发展：改善文化环境以达到社会物质环境的发展，带动经济发展、提升市民自信心。②

第一节 “欧洲文化之都”评估方式

欧盟迄今先后对“欧洲文化之都”的评估做出了三次具体要求：1999年，欧盟《第1419号决议》（*Decision NO. 1419*）首次提出了要对“欧洲文化之都”开展评估的建议；第二次是在2006年，《2006年关于欧洲文化之都的决议》（*2006 Decision on the Capital of Culture*）明确要求欧盟委员会必须组织第三方机构对当年“欧洲文化之都”情况进行评估，撰写一份

---

① Australia Council. Better places richer communities: cultural planning and local development—a practical guide [M]. Sydney: Australia Council, 1997:8.

② Focus areas [EB/OL]. [2017-09-21]. http://www.livable.org/program-areas/culture-builds-communities/overview/focus-areas.

独立评估报告，并由欧盟委员会审核后以欧盟官方名义发布；第三次要求，也是最新的一次要求，是2014年5月3日欧盟议会和欧盟委员会颁布的《第445号决议》（*Decision NO. 445*）（见附录三）[①]，首次以欧盟法律的形式将评估工作固定下来。《第445号决议》关于开展评估的规定如下：

> 2020—2033年“欧洲文化之都”进行了最新内容修改，即从2020年开始（至2033年）当选城市都需要递交本城市当选年的自评报告。评估的宏观标准应分为：“对长期战略的贡献”、“欧洲维度”、“文化和艺术内容”、“传达能力”、“推广”和“管理”六项。[②]

同时，欧盟又对这六项标准进行划分，又从性质和功能上分为“影响”和“结构”两大类指标（表7-1）。

表7-1 “欧洲文化之都”城市评估标准[③]

指标类型	标 准	标准说明	数据来源
影响类	具体目标1：保护和提升欧洲文化的多样性，突出共同的文化特征，提升市民对文化的认同度	市民对欧洲文化多样性的共识和欣赏	委托第三方机构对当地居民进行调查
		市民对文化的认同和归属感	
	具体目标2：推动文化对城市发展的长期促进作用	对城市文化动力和文化活跃度提升的国内外认同度	调查当选城市的游客，调查国际游客的旅游选择意向，听取相关专家的意见和观点，获取其他权威性来源的数据公布
		GDP的增加，以及城市在文化和创意领域就业率的提升	
			当地统计局、国家统计局以及相关机构的统计数据

① Official journal of the European Union [EB/OL]. (2014-05-03) [2017-08-16]. http://eur-lex.europa.eu/legalcontent/EN/TXT/?uri=CELEX:32014D0445.

② Rules for the European Capital of Culture panel [EB/OL]. [2017-08-16]. http://ecoc2021.culture.gr/wp-content/uploads/2015/10/RULES-FOR-THE-ECOC-PANEL.pdf.

③ 来源：European Capitals of Culture 2020-2033 guide for cities preparing to bid。

续表

<table>
<tr><th>指标类型</th><th>标　准</th><th>标准说明</th><th>数据来源</th></tr>
<tr><td rowspan="16">结果类</td><td rowspan="3">具体目标1：提升城市文化的范围、多样性和角度，包括推动跨文化交流</td><td>文化活动数量</td><td rowspan="3">由“欧洲文化之都”管理机构提供项目数据</td></tr>
<tr><td>“欧洲文化之都”文化项目的总价值</td></tr>
<tr><td>突出文化多样性、彰显欧洲文化主题、体现跨国合作的文化活动数量</td></tr>
<tr><td rowspan="3">具体目标2：增加文化参与渠道和提升市民的文化参与度</td><td>“欧洲文化之都”活动参与情况</td><td>由“欧洲文化之都”管理机构提供项目数据</td></tr>
<tr><td>市民（含年轻人、少数民族、残疾人等）文化活动参与率（%）</td><td rowspan="2">委托第三方机构对当地居民进行调查</td></tr>
<tr><td>文化志愿者数量</td></tr>
<tr><td rowspan="3">具体目标4：加强文化领域的功能，提升文化和其他领域的联系</td><td>城市文化发展的长期规划战略</td><td>当地公共机构的统计数据</td></tr>
<tr><td>对文化基础设施投入的总价值</td><td>当地相关部门统计数据</td></tr>
<tr><td>文化治理的多部门可持续合作关系</td><td>当地相关部门统计数据</td></tr>
<tr><td rowspan="3">具体目标5：通过文化来提升城市的国际知名度和影响力</td><td>游客人数的增加</td><td>当地旅游局数据</td></tr>
<tr><td>媒体对城市积极报道的数量增加</td><td>当地主流媒体报道</td></tr>
<tr><td>当地居民对“欧洲文化之都”的认识程度提升</td><td>委托第三方机构对当地居民进行调查</td></tr>
</table>

一、评审委员会事前监督

1985年开展的“欧洲文化之都”项目，无论从规模还是影响上都发展成为了欧洲目前最成功、最具有权威性的城市文化建设项目。根据目前的评选规则，“欧洲文化之都”参选城市有长达6年的准备时间，即欧盟提前6年发布竞选通知（如2018年底发布2025年的竞选通知），提前4年确定当选城市（如2020年就确定了2025年的当选城市）。可以说，在这6年中，参选并顺利当选“欧洲文化之都”的城市拥有充分且必要的时间、空间和机遇来改善和提升城市文化建设的整体水平，营造城市文化氛围，完善公共文化服务体系，为各类文化项目的开展做准备①。因此，对于这个过程，加西亚（Garcia）和科克斯（Cox）（2013）认为，“在经历了30多年的发展后，欧洲文化之都的评估显得尤为重要”②。

城市一旦被正式确认当选后，就进入了接受欧盟的监督与支持阶段。在这个阶段，该市的文化规划要接受欧盟“欧洲文化之都”评审委员会的定期监督。“欧洲文化之都”评审委员会的一项重要职责就是维护“欧洲文化之都”的品牌形象，保证项目的健康可持续发展。这一阶段，评审委员会的职责主要有两方面：一是监督当选城市的创建情况，在达到一定建设任务后，欧盟委员会才允许向当选城市提供资金支持。二是指导当选城市的创建。对当选城市采取事前监督的意义在于保证当选城市如期按照既定目标和规划完成各项任务。

在此阶段，当选城市有责任和义务向欧盟委员会和评审委员会及时汇报城市“欧洲文化之都”项目的组织运作、人员配备、资金使用、活动开展等情况。评审委员会则根据城市在竞选申请书（Bidding book）中设定的目标、项目和相关规定，对当选城市的筹备工作进行监督，判定当选城市的筹备工作是否按照最初的规划设想来运行，并就欧盟“欧洲文化之都”专项经费的发放事宜向欧盟委员会汇报。因此，关于欧盟专家小组的事前监督（monitoring），2014年欧盟《第445号决议》（*Decision No. 445*）中的具体规定如下：

> 专家组须监测指定城市为获得称号的当年所做的筹备工作，并在其成为指定城市至称号年度开始期间提供相应的支持和指导。为此，欧盟委员会应召集三个监测会议，由专家组和指定城市参加，时间安

① European Capitals of Culture: more than 30 years [EB/OL]. [2017-03-05]. https://ec.europa.eu/programmes/creative-europe/sites/creative-europe/files/library/ecoc-fact-sheet_en.pdf.

② Gomes P, Librero-Cano A. Evaluating three decades of the European Capitals of Culture programme: a difference in differences approach [J]. Journal of Cultural Economics, 2016(4):1-17.

排为：当选年前3年、当选年前18个月和当选年前2个月。成员国、候选国或潜在候选城市可选派观察员列席上述会议。指定的城市应在每次监测会议前6周向委员会提交进度报告。[①]

在这一阶段，评审委员会将多次召开会议，围绕当选城市举办“欧洲文化之都”的前期准备工作展开讨论，对当选城市的准备、规划进行评估，并且进一步提出建议和意见以及是否按照评审委员的意见进行修改等。评审委员会将对城市的进展情况进行综合评估，最后向欧盟委员会提交报告。此外，为了扩大评审委员会事前监督的影响力，欧盟《第445号决议》进一步要求：

监测报告发送给欧盟委员会、指定城市、相关成员国、候选城市以及潜在候选城市。评审委员会亦可随时在必要的时候到指定城市进行实地查考。[②]

二、城市自我评估

城市的事后自我评估（Ex-post Evaluation）旨在衡量每个“欧洲文化之都”当选城市建设目标的完成情况[③]。事后自我评估涉及当选城市“欧洲文化之都”项目的运行效果、城市影响力对比以及后续改进建议等内容，从而为日后“欧洲文化之都”评选和所有“欧洲文化之都”当选城市的未来发展提供参考和借鉴。

---

① European Capitals of Culture 2020-2033 guide for cities preparing to bid [EB/OL]. [2017-12-23]. https://ec.europa.eu/programmes/creative-europe/sites/creative-europe/files/library/capitals-culture-city-own-guide_en.pdf.

② Decision No 445/2014/EU of the European Parliament and of the Council [EB/OL]. (2014-05-03) [2017-08-16]. http://eur-lex.europa.eu/legalcontent/EN/TXT/?uri=CELEX：32014D0445.

③ European Capitals of Culture (ECoC) 2020-2033 [EB/OL]. [2017-12-23]. https://ec.europa.eu/programmes/creative-europe/sites/creative-europe/files/library/capitals-culture-city-own-guide_en.pdf.

根据欧盟《欧洲文化之都2020—2033当选城市自我评估指南》[*European Capitals of Culture (ECoC) 2020–2033*]，每座城市应于当选后第一年的12月31日前完成报告，向欧盟递交报告，并由欧盟在网上予以公布。同时，该指南规定，评估报告由高校、科研机构等第三方来完成：

> 外部和独立的评估应侧重于把欧洲所有的文化资本置于欧洲的大背景下，以备未来欧洲文化之都的候选城市，以及所有欧洲城市，做比较并汲取经验教训。这些评价应包括对行动的整体评估，包括开展该行动过程中的工作效率，其影响和相应的改进办法等内容。[①]

1990年“欧洲文化之都”格拉斯哥是首个开展自我评估的城市，其评估分为三个阶段：第一阶段评估为1989—1991年，侧重于当选带来的直接经济影响；第二阶段评估为2002—2004年，侧重当选所带来的长期文化影响；第三阶段为2004—2008年，侧重从城市整体发展的角度来评估。另一个在“欧洲文化之都”评估历史中具有典型和代表性意义的城市为2008年“欧洲文化之都”利物浦。其《影响08》(*Impacts 08*)评估报告由利物浦大学和利物浦约翰摩尔斯大学共同编制，对利物浦当选“欧洲文化之都”前后(2005—2010年期间)城市的经济、社会、文化等方面进行了较为全面、综合的评估[②]，包括：市民文化参与、经济和旅游发展、文化活力和可持续性、城市形象和市民认同、政府文化治理五大部分。基本上，城市在进行自我评估时主要会考虑的问题有：

一是评估时长。对当选城市的评估以怎样的时间节点最为适宜，是整个评估工作中很重要的一个内容，从“欧洲文化之都”建设的角度，最好是一个相对长时期的评估，以便对城市文化的整体情况形成更全面的了解和对比。但目前大多数“欧洲文化之都”的评估都相对较短，许多情况

---

① European Capitals of Culture (ECoC) 2020–2033 [EB/OL]. [2017-12-23]. https://ec.europa.eu/programmes/creative-europe/sites/creative-europe/files/library/capitals-culture-city-own-guide_en.pdf.

② About [EB/OL]. [2017-12-23]. http://www.uneecc.org/userfiles/File/Liverpool%20presentations/Beatriz_Garcia.pdf.

下，在城市当选年结束后的一至两年内就基本结束了对城市的评估工作。因此，“欧洲文化之都政策小组”（policy group）在2010年提出的一份关于“欧洲文化之都”未来发展报告中曾建议，对“欧洲文化之都”的评估工作应当持续至当选年结束后至少2年，最理想的是能够一直延续到结束后的3至4年甚至更长时间。

二是评估报告的主要内容。在格拉斯哥和利物浦等城市的已有基础上，“欧洲文化之都”当选城市的事后评估报告近年来基本形成以下四大部分：①对文化项目开展情况的评估，即以“欧洲范畴”所涉及的维度为衡量标准，对照当选城市在申请时所设立的文化发展目标，客观评估文化项目的成效、问题和影响；②对项目运行的经济评估，包括经费来源、管理运作、基本建设等方面的经费情况；③对媒体宣传、旅游等相关产业和社会效益等方面的评估；④对当选城市经验和问题进行总结，为后续申报城市和欧盟官方提供参考[①②]。

三、欧盟阶段性整体评估

欧盟委托帕尔默/雷等欧洲权威的第三方评估机构，对“欧洲文化之都”项目进行阶段性整体评估。根据欧盟《欧洲文化之都2020—2033当选城市自我评估指南》，欧盟委员会应基于相应的评估结果，每隔五年，向欧洲议会、欧盟理事会和各相关委员会提交阶段性评估报告。欧盟的评估基于“文化之都”城市发展现状、活动和项目等原始数据信息，依据欧盟层面相关政策，通过量化指标、定性调查、问卷、面谈、实地考察等方式，对“欧洲文化之都”发展状况进行有效反馈。该指南具体规定如下：

2024年12月31日前提交第一份中期报告；2029年12月31日前

---

① 李双幼.“欧洲文化之都”对泉州“东亚文化之都”建设的启示[J].中共郑州市委党校学报，2014(6)：73-77.

② Capitals-culture-city-own-guide [EB/OL]. https://ec.europa.eu/programmes/creative-europe/sites/creative-europe/files/library/capitals-culture-city-own-guide_en.pdf.

提交第二份中期报告；2034年12月31日前提交项目总结报告。[①]

目前，已经形成并公布的阶段性整体评估报告主要有《欧洲文化之都研究报告》（*Report on European Cites and Capitals of Culture*）、《欧盟委员会关于欧洲文化之都发展总结报告》（*Summary of the European Commission Conference*）、《欧洲文化之都：通往成功之路》（*European Capitals of Culture: the Road to Success*）等，都是对“欧洲文化之都”发展阶段、状况、成效的整体性回顾和总结。

第二节 “创意城市网络”评估方式

一、开展自我评估的目的与要求

2015年5月在日本金泽召开的联合国教科文组织“创意城市网络”第11次全体大会通过的《会员国监督评估指导纲要》（*Membership Monitoring Guidelines*）正式规定，对“创意城市”的评估需要在联合国和会员城市两个层面共同进行，以促进“创意城市网络”的整体健康持续发展。该纲要要求“创意城市网络”会员城市每四年对文化和创意产业在经济、社会、环境发展中的影响进行自我评估，其主要目的有以下五个方面：

> 一是监督会员城市在本地和国际层面对创意城市网络主要任务的落实情况；二是创新未来体现创意城市的活动项目；三是增加与联合国以及其他会员城市的沟通交流；四是提升创意城市在本地的影响力和创新性；五是加强对创意城市的研究、分析和数据采集，促进可持

① European Capitals of Culture 2020–2033 [EB/OL]. [2017-12-23]. https://ec.europa.eu/programmes/creative-europe/sites/creative-europe/files/library/capitals-culture-city-own-guide_en.pdf.

续发展。[①]

根据该纲要的规定，“创意城市网络”会员城市的自我评估内容包括：基本情况、成效总结、对创意城市网络的全球贡献、对创意理念价值的强化、加强城市间合作的创新性做法以及未来进一步推进的战略规划等方面。目前，已有41座“创意城市网络”会员城市向联合国教科文组织提交了自评报告（表7-2）。

表7-2 “创意城市网络”会员城市自我评估提交情况[②]

时间	提交城市
2016年2月28日前	首批（2004—2006年）加入“网络”的9个会员城市完成评估报告并向联合国教科文组织递交
2016年11月30日前	第二批（2007—2009年）加入“网络”的10个会员城市完成评估报告并向联合国教科文组织递交
2017年11月30日前	第三批（2010—2013年）加入“网络”的22个个会员城市完成评估报告并向联合国教科文组织递交
2018年11月30日前	第四批（2014年）加入“网络”的28个会员城市完成评估报告并向联合国教科文组织递交

二、评估结果的应用

当选城市评估报告提交一个月后，由联合国教科文组织秘书处转交给评估小组进行评估。评估小组将依据评估原则和要求，于次年2月底前完成对报告的评价，并给出相关建议。《会员国监督评估指导纲要》虽然规定，城市一旦获准加入，便可授权使用教科文组织的名称和标志，且当选

① Membership monitoring guidelines [DB/OL]. (2015-05-28) [2017-09-03]. http://en.unesco.org/creative-cities/sites/creative-cities/files/UCCN%20Membership%20Monitoring%20Guidelines_ENG.pdf.

② Discover the first 9 UCCN membership monitoring reports [EB/OL]. (2016-01-04) [2017-09-03]. http://en.unesco.org/creative-cities/events/discover-first-9-uccn-membership-monitoring-reports.

资格是无限期的，但也规定，如果当选城市出现以下情况，将被摘牌：

> 一是当选城市无法在规定时间内完成并提交评估报告，并在收到教科文组织两次提醒后仍然未提交的，将从“创意城市网络”中除名；二是评估小组两次认定该当选城市没有很好地履行“创意城市网络”的承诺、无法很好地发挥价值、被认定为“不满意”的，将从“创意城市网络”中除名。①

从联合国教科文组织对“创意城市网络”当选城市的监管可以看出，加入创意城市网络并不是一劳永逸的，如果城市在加入以后就从此故步自封、停滞不前，以至从网络中除名，将错失宝贵的发展良机。

第三节 “文化之都”评估中对公共文化成效的聚焦

公共文化成为城市生活质量的重要标尺，是城市世界观和价值观的体现。在“文化之都”建设中，公共文化的繁荣与发展更应当成为衡量一个城市文化建设的重要标准之一。因此，在“文化之都”多年的发展实践中，公共文化的效能和影响力以及对于推动城市文化整体发展的重要作用，在“文化之都”建设评估中逐步得到普遍认同。

一、对公共文化服务理念的强化

公共文化，强调的是文化服务的普惠性和文化成果共享性。公共文化是以满足公民基本文化需求为主要目的，由政府主导、社会力量参与，向全体公民提供的公共文化设施、产品和服务。公共文化服务始终以社会效

① Discover the first 9 UCCN membership monitoring reports [EB/OL]. (2016-01-04) [2017-09-03]. http://en.unesco.org/creative-cities/events/discover-first-9-uccn-membership-monitoring-reports.

益为重，不以营利为目的，为社会提供非竞争性、非排他性的公共文化产品及资源配置，其最主要的特征为公益性、基本性、均等性、便利性①。公共文化与“文化之都”存在现实需求、建设重心、建设动因、价值追求等多方面的高度一致。在大部分“文化之都”的发展建设指标中，都把“文化参与的机会与公平性”“加大财政资金在公共艺术上的使用”“增加市民接触文化的机会”等作为城市发展的目标，而这些都是公共文化服务中十分重要的元素或指标②。帕尔默（Palmer）、卡尔森（Carlsen）、克拉克（Clark）等都曾对“文化之都”建设中与公共文化相关的要素提出过一系列评估设想。从总体上看，在“文化之都”建设中，公共文化被赋予了更多的社会价值和社会效益。

在卡尔森等的基础上，克拉克（Clark）（2008）增加了更多全球化元素，提出了评估的四大框架：经济、社会和环境提升；空间和基础设施；品牌、形象和口碑；自信心和组织管理③。

加西亚（Garcia）和梅尔维尔（Melville）（2009）在利物浦等“文化之都”的实践基础上，进一步丰富了内容，构建了由六大评估指标：

• 经济和旅游（economy and tourism）：在投资、旅游、就业、经济等方面的影响力；

• 形象和感知（image and perception）：对利物浦城市形象的塑造，增强市民对城市的自信；

• 基础设施建设和可持续性（physical infrastructure and sustainability）：提升公共领域、遗产保护、城市文化基础设施建设；

• 文化活力（cultural vibrancy）：提升文化体系和创意经济的活力和可持续性；

• 可及性和参与（access and participation）：强调公众的直接和间接文化参与；

---

① 戴珩.公共文化服务体系120问[M].南京：南京师范大学出版社，2011：3.

② 刘瑾.首都文化竞争力研究[M].北京：中国社会科学出版社，2015：105-106.

③ Clark G. Local development benefits from staging global events [M]. Paris: Publications de I’OCDE, 2008.

● 管理和传达能力（governance and delivery）：聚焦管理、发展和合作方面的影响力。①

2010年，理查德（Richards）和帕尔默（Palmer）共同提出了一个评估城市“文化成果”的评估框架，包括经济影响力（economic impacts）、文化影响力（cultural impacts）、社会影响力（social impacts）、城市复兴（urban regeneration）、形象影响力（image impacts）五大维度。

刘毅德（Yi-De Liu）（2014）以衡量文化旅游为侧重点，提出了五大评估框架：体验经济（experience economy）、城市形象塑造（image shaping）、城市复兴（urban regeneration）、文化影响力（cultural impacts）和合作关系（partnership establishment）②。

表7-3 不同评估模式的对比③

指标	“影响2008”模式	文化成果评估模式	刘毅德模式
指标1	经济和旅游	经济影响	体验经济
指标2	形象和感知	文化影响	城市形象塑造
指标3	基础设施建设和可持续性	城市复兴	城市复兴
指标4	文化活力、参与和可达性	文化影响力	文化影响力
指标5	管理和传达能力	—	合作关系
指标6	—	社会影响力	其他

研究表明，“文化之都”建设始终把实现城市文化持续繁荣发展、保护和利用好文化遗产作为长远目标。在此建设过程中，文化设施和空间得到完善、文化活动数量增加、文化参与渠道扩大、文化参与率实现提升、

① Garcia B, Melville R, Cox T. Creating an impact: Liverpool’s experience as European Capital of Culture [R]. Liverpool, 2009.

②③ Liu Y D. Cultural events and cultural tourism development: lessons from the European Capitals of Culture [J]. European Planning Studies, 2014(22):498-514.

文化融合更加紧密等。这种以文化为核心发展要义、对文化资源的需求和利用率大为提高、文化发展动力足、文化发展需求大的特点，是“文化之都”与一般城市最大的不同。因此，随着“文化之都”建设成效的不断巩固，“文化之都”城市公共文化建设效益也更加显现。这将是“文化之都”长期、稳定、健康的发展格局得以巩固的重要内在因素。

二、对公共文化内容的充实

从宏观层面上看，公共文化这一概念不是对文化类型、样态、形态加以区分，而是在实践层面与市民基本文化权益直接相关。在“文化之都”公共文化发展内容的广度上，充分体现了以公共文化为核心，兼及文化旅游、文化科技、文化教育等相关领域的沟通和融合，体现了以公共文化为杠杆，带动城市经济、教育、科技、体育等多元发展效应；在“文化之都”公共文化发展内容的深度上，既有开闭幕式或大型艺术节等集中、短期亮点活动，也有在非遗、历史文化、学术、产业发展、项目合作等方面的深化和持续交流。但总的来说，对于“文化之都”来说，每个城市成为“文化之都”的目的意义和发展侧重点都不一样，但无论其采取何种发展模式，归根结底都是人的发展，是对地域人文内涵的丰富，是对文艺事业繁荣的促进①。国际经验表明，在“文化之都”建设中，城市所发挥出的凝聚力和扩张力会将优质公共文化资源、服务和产品集聚，甚至将城市潜在的资源都聚拢到一起②。对此，欧盟的阶段性评估报告认为：

> 一是在文化活动和项目的构思与实施过程中囊括本地艺术家及文化团体；二是所涉及的文化活动的范围大、多样性显著、整体艺术质量高；三是把地方文化遗产和传统艺术以新颖的方式表达出来。③

① 陈忆戎.节庆产业与城市发展[M].北京：中央编译出版社，2011：19.

② 李亚娟.现代城市治理与城市文化建设研究[M].上海：上海人民出版社，2015：117.

③ Garcia B, Cox T. European Capitals of Culture: success strategies and long-term effects [EB/OL]. [2017-12-10]. http://www.europarl.europa.eu/RegData/etudes/etudes/join/2013/513985/IPOL-CULT_ET(2013)513985_EN.pdf.

这些“文化之都”城市提供的公共文化产品和服务，不仅数量多、在城市文化建设史上可谓前所未有，而且质量高、品质优，能够满足市民群众、国内外游客的多元化的文化需求。比如“欧洲文化之都”的评估就明确提出“判断一座当选城市的筹备工作和当选年活动是否成功，最重要的就是所传递的文化内容是否符合、满足市民的需求”，对文化内容方面的评估应当涉及：

> 1. 内容是否促进欧洲文化多样性的活动范围、提升质量、促进欧洲公民之间的跨文化对话和更广泛的了解；2. 范围和质量应突出反映欧洲文化、遗产和历史的共同方面，体现欧洲一体化和欧洲当前的发展主题；3. 内容是否可以促进欧洲艺术家的合作，推动与不同国家或城市合作，包括在适当情况下，与获得称号的其他城市共同打造伙伴关系；4. 内容是否能引起欧洲和世界的关注。[①]

阿基诺（Aquino）（1996）[②]、马塔罗素（Matarasso）（1997）[③]、威林根（Van Willigen）（2000）[④]、埃文斯（Evans）（2005）[⑤]、斯图卡斯（Stukas）（2008）[⑥]、爱德泽尔（Edizel）（2014）[⑦]等学者均普遍认可“文化之都”这种城市评选和运作机制对城市文化建设，尤其是充实和丰富城市文化建

---

① Garcia B, Cox T. European Capitals of Culture: success strategies and long-term effects [EB/OL]. [2017-12-10]. http://www.europarl.europa.eu/RegData/etudes/etudes/join/2013/513985/IPOL-CULT_ET(2013)513985_EN.pdf.

② Aquino J A, Russell D W, Cutrona C E, et al. Employment status, social support, and life satisfaction among the elderly [J]. Journal of Counseling Psychology, 1996(4), 480-489.

③ Matarasso F. Use or ornament? The social impact of participation in the arts [M]. Stroud: Comedia, 1997.

④ Willigen V M. Differential benefits of volunteering across the life course [J]. Journal of Gerontology: Social Sciences, 2000(55):308-318.

⑤ Evans G. Measure for measure: evaluating the evidence of culture's contribution to regeneration [J]. Urban Studies, 2005:(42): 959-983.

⑥ Stukas A, Snyder M, Clary E. Handbook of consumer psychology. Marketing and consumer psychology series [M]. New York: Taylor & Francis, 2008.

⑦ Edizel H. Governance of sustainable event-led regeneration: the case of London 2012 Olympics [D]. London: Brunel University, 2014.

设所带来的积极影响。爱沙尼亚塔林从2007年筹备“文化之都”之日起至当选年结束，共计举办了7000多场文化活动，累计花费1373.1万欧元，通过集中展示本地区的文化亮点、文化遗产、文化活动等，吸引了大批国内外艺术家、文化团队、艺术精品于此。图尔库、萨洛尼卡、克拉科夫、萨拉曼卡、斯塔万格等“文化之都”在当选期间所开展的各种文化活动和项目均超过千场次[①]，均对城市公共文化的丰富性、多样性起到了促进作用。具体例子可见本书第五章，在此不多赘述。

三、对市民文化参与的扩大

公共文化是市民均等享受文化成果的有效途径。在“文化之都”中，公益性的文化艺术项目及其内容的饱满性和丰富性，关系到广大市民基本文化权利的保障和城市文化品位的塑造。因此，判断“文化之都”公共文化发展以及“文化之都”整体建设成效时，市民文化参与情况是十分重要的指标之一[②]。加西亚（2013）认为，对“文化之都”公共文化的“市民参与”指：

> 在项目策划和实施的过程中，吸引当地居民和整个社会的参与；在易参与性方面，保证对残疾人和老年人、青少年、少数民族、社会弱势群体等给予特别关注，为他们提供新的、可持续的、共同参与的文化活动；同时，还要保证文化与教育领域的相互联系。[③]

欧盟2013年发布的《欧洲文化之都：成功战略和长期影响》报告就曾对利物浦、埃森鲁尔、伊斯坦布尔、里尔、哥本哈根等历届参与率较高的“文化之都”城市进行研究。报告认为，这些城市不仅城市人口基数较多，许多“文化之都”更是从筹备之初就不断培育市民的参与意识，在整

---

① 芬兰图尔库启动2011年“欧洲文化之都”活动[N/OL].（2011-01-16）[2017-10-10]. http://gb.cri.cn/27824/2011/01/16/5005s3125614.htm.

②③ Garcia B, Cox T. European Capitals of Culture：success strategies and long-term Effects [EB/OL]. [2017-12-10]. http://www.europarl.europa.eu/RegData/etudes/etudes/join/2013/513985/IPOL-CULT_ET(2013)513985_EN.pdf.

个建设过程中不断重视公共文化、充实产品和服务、丰富市民参与渠道，进而为当选城市带来了前所未有的文化参与人数。

据评估报告数据统计：在2000年至2012年间的“欧洲文化之都”城市中，参与“文化之都”各项活动的人数几乎均超过本市人口的50%（图7-1）[①]。2000年赫尔辛基活动年期间获得了全市70%的综合参与率；2008年挪威“文化之都”斯塔万格75%的市民从不同程度上参与了“欧洲文化之都”活动，其中，9%的市民表示他们以表演者、组织者、志愿者和观众身份参与，42%的市民“欣赏过至少三次以上的表演”，24%的市民“参加了至少一项活动”，64%的市民认为“‘欧洲文化之都’给他们带来了前所未有的文化体验”[②]。2011年图尔库，约有77%的当地市民以表演者、志愿者等形式直接或间接地参与了“文化之都”文化活动，市民对本市当选2011年“欧洲文化之都”的知晓率达100%，图尔库当选“文化之都”在芬兰全国的知晓率达96%[③]。在哥本哈根1996年“文化之都”年中，87%的人参与了至少一次活动，40%的市民认为“体验和感受到了新的活动形式”，50%的市民认为“感受到新的场地设施带来的巨大便利”[④]。此外，卢森堡（2007）、利物浦（2008）、林茨（2009）、埃森鲁尔（2010）、马里博尔（2012）等当选城市的文化活动覆盖了本地一半以上人口（图7-1）。其中，利物浦从“文化之都”筹备至当选年期间（2005—2008年）的参与人次总体呈现逐年递增的趋势，当选年达到最高峰，四年累计参与人次约1834.5万人次（图7-2、图7-3）[⑤]。

---

① Garcia B, Cox T. European Capitals of Culture: success strategies and long-term effects [EB/OL]. [2017-12-10]. http://www.europarl.europa.eu/RegData/etudes/etudes/join/2013/513985/IPOL-CULT_ET(2013)513985_EN.pdf.

② Berg C, Rommetvedt H. Stavanger-regionen som europeisk kultukrhovedstad-slik innbyggerne serdet [M]. Stanvanger: International Research Institute of Stavanger, 2009:19-43.

③ 数据来源于：https://ec.europa.eu/programmes/creative-europe/sites/creative-europe/files/files/ecoc-2011-evaluation_en.pdf.

④ 方丹青，陈可石，陈楠.以文化大事件为触媒的城市再生模式初探——“欧洲文化之都”的实践和启示［J］.国际城市规划，2017（2）：101-107.

⑤ Beatriz G, Melville R, Tamsin C. Impacts 08 [EB/OL]. [2017-05-13]. https://www.liverpool.ac.uk/media/livacuk/impacts08/pdf/pdf/Creating_an_Impact_-_web.pdf.

（单位：百万）

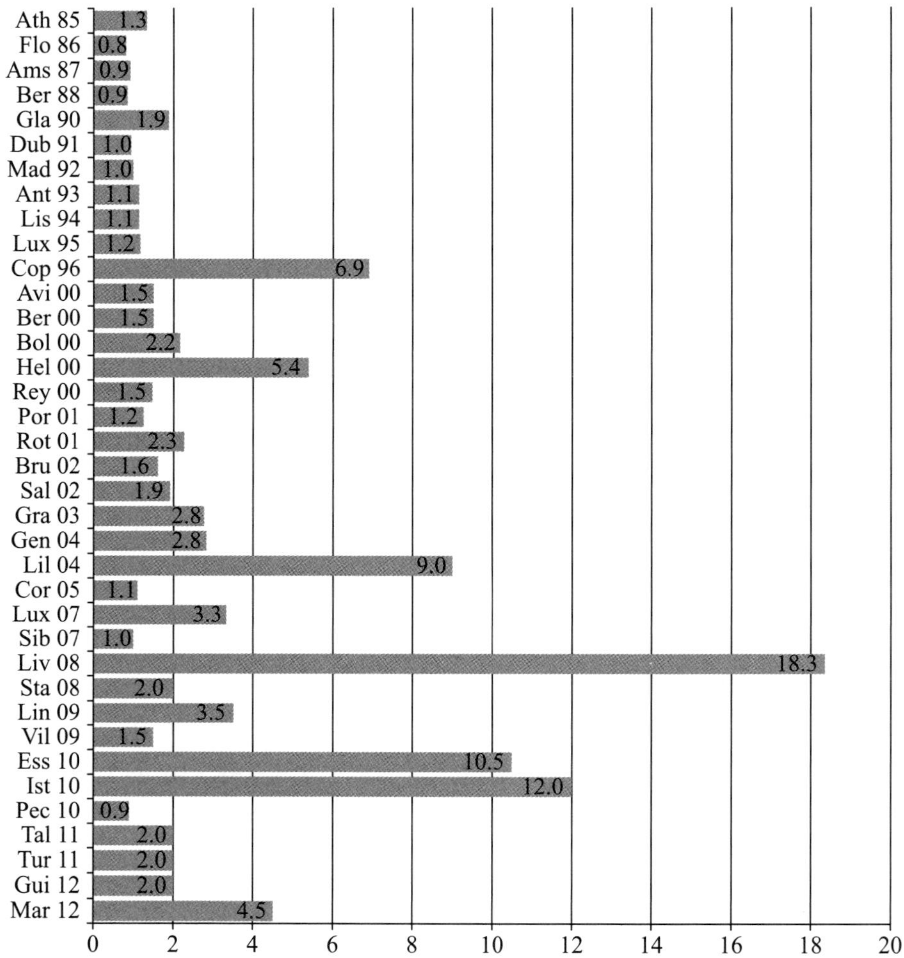

图7-1　1985—2012年部分“欧洲文化之都”文化活动参与人次统计（单位：百万）①

在“文化之都”框架下开展的各类城市大型文化活动对于人口较小的城市来说，比以往任何文化活动所吸引的人数都要多。例如，对于一个人口只有9.3万的比利时小城蒙斯而言，2015年“文化之都”当选年文化活动吸引了近220万人次的参与；人口为19.8万的奥地利第三大城市林茨，在2009年仅“文化之都”开幕式就为这座城市带来了13万人的参与；人口11万的瑞典

① 来源：http://www.europarl.europa.eu/RegData/2013/513985/IPOL-CULT_ET(2013)513985_EN.pdf。

小城于默奥的闭幕式几乎吸引了全城参与。此外，格拉斯哥（1990）、都柏林（1991）、马德里（1992）、哥本哈根（1996）、卢森堡（2007）、林茨（2009）、于默奥（2014）、蒙斯（2015）等"文化之都"城市市民走进博物馆、展览馆，欣赏文化艺术表演，参与文化活动的人数均较以往有大幅的提升（表7-4）。

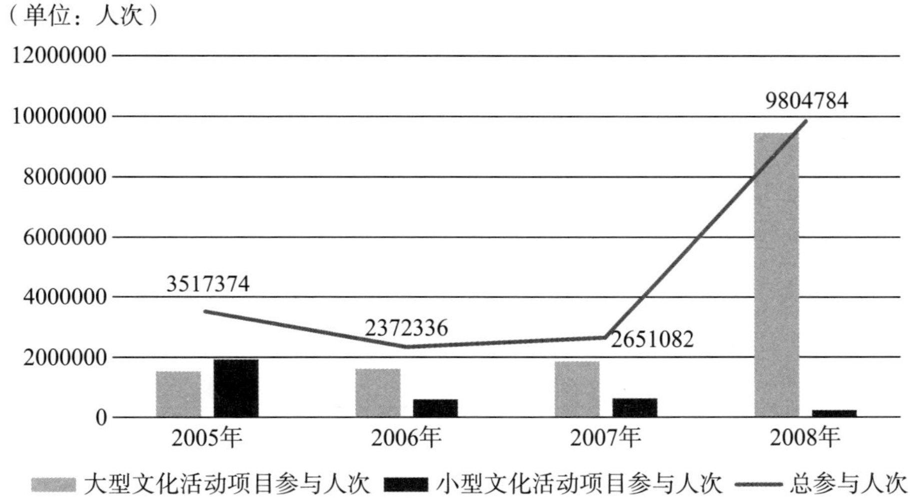

图7-2 2005—2008年利物浦文化活动参与情况[①]

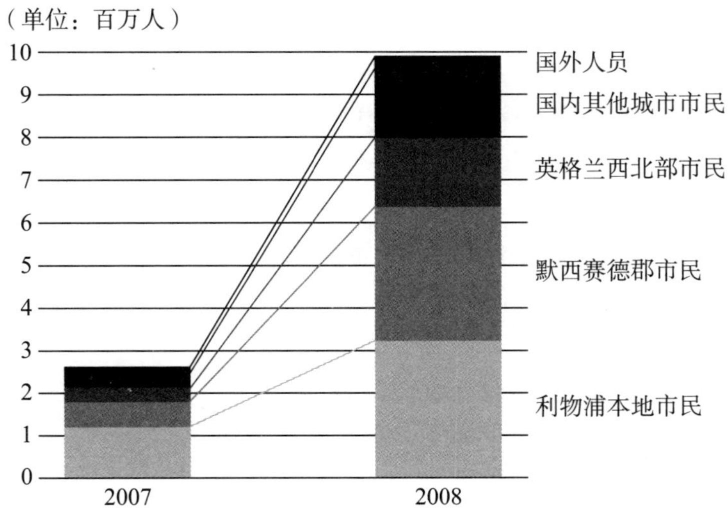

图7-3 2007—2008年利物浦文化活动参与人数增长情况[②]

①② Beatriz G, Melville R, Tamsin C. Impacts 08 [EB/OL]. [2017-05-13]. https://www.liverpool.ac.uk/media/livacuk/impacts08/pdf/pdf/Creating_an_Impact_-_web.pdf.

表7-4 部分“欧洲文化之都”公众文化参与人次增长比例统计[①]

当选城市和年份	走进博物馆/展览馆人数	欣赏文化艺术表演人数
格拉斯哥（1990）	+40%	—
都柏林（1991）	+72%	+31%
马德里（1992）	+10%	+21%
安特卫普（1993）	+87%	+2%
里斯本（1994）	+50%	—
卢森堡（1995）	+13%	+45%
哥本哈根（1996）	+13%	—
魏玛（1999）	+110%	—
博洛尼亚（2000）	+17%	—
卢森堡（2007）	+14%	—
利物浦（2008）	+30%	—

表7-5 林茨、于默奥、蒙斯的“欧洲文化之都”热门文化活动参与人次情况[②]

<table>
<tr><th>城 市</th><th>部分热门文化活动</th><th>参与人数（万人）</th></tr>
<tr><td rowspan="4">林茨
（2009年）</td><td>“屋顶上的艺术”（Art on the Rooftops of Linz）</td><td>27.28</td></tr>
<tr><td>“林茨国际街头艺术展”
（International Linz Street Art Festival）</td><td>21</td></tr>
<tr><td>“81天环游世界”（80+1: A Journey Around the World）</td><td>17</td></tr>
<tr><td>开幕式</td><td>13</td></tr>
<tr><td rowspan="3">于默奥
（2014年）</td><td>“燃烧的雪——欧洲文化之都开幕式”
（Burning Snow: Opening ceremony）</td><td>5.5</td></tr>
<tr><td>于默奥美术馆Leonor Fini展</td><td>4.7</td></tr>
<tr><td>“北部之光：欧洲文化之都闭幕式”
（Northern Light:Closing ceremony）</td><td>11</td></tr>
</table>

① 来源：Cultural events and cultural tourism development: lessons from the european capitals of culture。

② Fox T, Rampton J. Ex-post evaluation of the European Capitals of Culture final report [R]. Luxembourg: Publications Office of the European Union, 2015:11.

续表

城 市	部分热门文化活动	参与人数（万人）
蒙斯（2015年）	博里纳日的凡·高画展——艺术家的诞生（Van Gogh in the Borinage: the birth of an artist exhibition）	18.0
	开幕式	10.0
	大都会博物馆开幕展（Metamorphosis weekend）	5.0
	都铎博物馆（Musée du Doudou）	5.0
	蒙斯纪念馆（Mons Memorial Museum）	2.7
	凡·高艺术馆（Maison Van Gogh）	2.1
	欧罗巴咖啡屋（Café Europa）	1.5

此外，根据部分“文化之都”城市的评估报告显示，在文化活动参与的人口结构上，中年女性、教育学历高、家庭收入高的这三类人是当选年文化活动的主要参与者。在斯塔万格，男性、年轻人、老年人、学历低以及收入低的人群参加的积极性较低①。再以市民参与率较高的2012年“欧洲文化之都”葡萄牙吉马良斯为例。当年全市约74.9%的人参与了当选年的文化活动。根据葆拉·克里斯汀（Paula Cristina）（2016）对吉马良斯当选年前后进行的对比研究显示（表7-6）：在吉马良斯“文化之都”年文化参与人群中，一半以上为女性，且15至24岁年龄段为主力；受教育年限在6年以内的为“较为积极”的参与者。对此，戈索（Gursoy）（2011）指出，虽然当选年前后参与人群类型并无明显变化，但无论在哪个城市，女性确实是文化活动年中表现非常积极的群体②③。

① Berg C, Rommetvedt H. Stavanger-regionen som europeisk kultukrhovedstad-slik innbyggerne serdet [M]. Stanvanger: International Research Institute of Stavanger, 2009:19-43.

② Gursoy D, Chi C, Ai J, Chen B T. Temporal change in resident perceptions of a mega-event: the Beijing 2008 Olympic Games [J]. 2011(2): 299-324.

③ Lee S B, Lee C K, Kang J S, et al. Residents' perceptions of the 2008 Beijing Olympics: comparison of pre-and post impacts [J]. International Journal of Tourism Research, 2013(3):209-225.

表7-6 吉马良斯“欧洲文化之都”当选年前后参与人口情况比例对比表[①]

类别	项目	当选年之前的比例	当选年之后的比例
性 别	女性	59.2%	55.5%
	男性	40.8%	44.5%
年 龄	15—24岁	55.4%	52.1%
	25—64岁	43.1%	43.6%
	65岁以上	2.5%	4.4.%
教育水平	接受了4年教育	16.0%	13.5%
	接受了6年教育	50.1%	35.8%
	中等学历	27.7%	43.0%
	大学学历	6.2%	7.6%
月收入水平	少于500欧元	11.5%	19.2%
	500—1000欧元	35.5%	42.7%
	1001—2500欧元	24.4%	26.6%
	超过2500欧元	5.1%	11.4%

四、对城市发展综合效应的提升

“文化之都”既是激发城市发展活力的有效工具，又是一种综合的文化现象。从城市文化发展的横向来看，“文化之都”的建设为当选城市带来了动态的竞争发展环境，并在此环境中不断实现自我增值、自我完善；从纵向来看，随着“文化之都”评选的逐年开展，这种文化带动城市发展的综合效益得到了不断显现。在“文化之都”建设中，“文化”对于城市发展而言是一个“包含经济价值（文化产业）、人心凝聚（社会氛围营造、美学培养、心理调适）和促进国际交流（文化旅游、文化外交）等重要含义于一体的词语”[②]。

---

① 来源：Paula C R, Laurentina V, Jose C R, et al. Resident’s perceptions on impacts of hosting the Guimarães 2012 European Capital of Culture: comparisons of the pre-and post periods。

② 邱琪瑄.台北市文化政策阶段及制度变迁分析[M]//黄昌勇，张晓明等.中国城市文化报告2017.上海：同济大学出版社，2017.

1.带动文化及相关产业

“文化之都”对当选城市文化及相关产业的带动主要体现在以下两方面：

首先，在城市化进程中，第三产业因其高附加值、高科技含量、低能耗、低污染等特点成为不少“文化之都”城市产业结构转型升级的必然选择[①]。例如，“创意城市网络”在对其“文学之都”的评估中提出“促进文学和加强文学产品市场化发展”的要求；“民间手工艺之都”须“积极组织民间手工艺交易活动，带动手工艺品市场发展”；“设计之都”须“带动设计行业和创意产业发展”；“电影之都”须“带动电影拍摄、制作等相关产业发展”；“音乐之都”须“基于本地特色发展音乐产业”。这些“文化之都”建设的相关要求，均对当选城市的文化产业、文化经济效益有显著推动作用。

对此，第三方评估机构帕尔默/雷（2004）从衡量文化活动年对“文化之都”当选城市的文化产业的影响的角度，设置了一系列评估“维度”（dimension），包括：宗旨和目标、组织和传递、市场和传媒、文化影响力、经济影响力、旅游影响力、社会影响力、后续影响力等[②]。在此基础上，卡尔森（Carlsen）（2007）又从城市大型节庆、艺术活动的角度，提出了城市文化产业建设评估的ACCESS模式，具体包括：

- 艺术（arts）：对艺术领域的推动作用；
- 文化（culture）：节事活动在创造、提升、保存文化遗产方面的作用；
- 社区（community）：节事活动满足了当地商业和社区的需求；
- 经济（economy）：节事活动的经济效益；
- 社会（society）：节事活动的社会效益；

① 曹曼君.战后纽约文化产业发展研究（1945—1975）［D］.上海：华东师范大学，2010.

② Liu Y D. Event-led strategy for cultural tourism development: the case of Liverpool as the 2008 European Capital of Culture [J]. The Planning Review, 2015(51):28-40.

● 利益相关者（stakeholder）：节事活动所有利益相关方的角色。①

对帕尔默和卡尔森等提出的这些文化及相关经济效益的评价模式，希尼（Heaney）（2010）认为，城市文化建设所产生的经济影响力，主要表现在以下三方面：

> 一是直接收益，包括来自设施运行、活动组织、人才流动等方面的直接收益；二是间接收益，一般包括艺术节、艺术项目、艺术活动带来的收入；三是诱发性收益，主要是指由于艺术节、艺术项目、艺术活动的举办给城市带来的相关收益。②

此外，2016年，佩德罗·戈麦兹（Pedro Gomes）（2016）运用计量经济学中的双重差分法（difference-in-differences approach）对比了“欧洲文化之都”当选城市（Winner）和落选城市（Runner-up）五年内的经济发展情况，得出了“‘欧洲文化之都’当选城市的人均GDP比落选城市（在当选结束后的五年内）高出4.5%”的结论，并认为，类似于“欧洲文化之都”的城市大型文化发展项目已然成为欧洲城市复兴的“助推器”③。

其次，公共文化和文化产业的互动发展推动了“文化之都”城市经济社会的一系列显著变化。实践表明，“文化之都”公共文化发展带动了城市文化基础设施的完善，客观上为文化产业增长提供必要前提，而文化产业的增长又进一步带动了城市旅游等第三产业的发展，吸引了更多投资。在此循环中，“文化之都”所催生出的新的城市发展环境，加速了城市

---

① Carlsen J, Ali K J, Robertson M. Access: a research agenda for Edinburgh festivals [J]. Event Management, 2007(11):3-11.

② Heaney J G, Heaney M F. Using economic impact analysis for arts management: an empirical application music institute in USA [J]. International Journal of Nonprofit and Voluntary Sector Marketing, 2003(3):251.

③ Gomes P, Librero-Cano A. Evaluating three decades of the European Capitals of Culture programme: a difference in differences approach [J]. Journal of Cultural Economics, 2016(4):1-17.

各要素的流通，提升了当选城市的文化集聚和扩散能力，使“文化之都”城市的文化地位在同级别城市中更加突显[①]。劳伦特·德雷阿诺（Laurent Dreano）（2012）对里尔“文化之都”文化产业的集群发展进行了研究，并做出了如下描述：

> 里尔都市圈依靠这些产业集群来提升应用性研究。十多年来，里尔在城市建设、文化和经济发展上的种种投入，如今已收获了一定成果，欧洲科技中心、联合发展区、影像集群、纺织业复兴、未来艺术城的声誉等都是最好的例证。里尔致力于推动各个领域的进步，通过创新，牵引城市经济发展，并不断培养城市的创造能力……所有一切都参与到城市复兴的进程中，促使文化成为大区和城市发展的最主要动力。[②]

许多“文化之都”都在发展城市文化创意产业上取得了一系列成效。如土耳其国内几乎所有主要的文化和创意企业都把总部设在了伊斯坦布尔。格拉斯哥于2008年成功加入教科文组织创意城市网络，成为“音乐之都”之后，继续深化和推动音乐产业发展[③]。鲁尔注重通过文化产业、创意产业来带动地区文化复兴，产业群从2011年约有文化创意公司1.3万家、7万多名从业人员的规模[④]，发展成为2015年4.6万家企业、15.7万名从业人员。比尔森在“文化之都”建设期间成立了全国首个文化创意产业孵化基地——DEPO2015[⑤]。我国东亚“文化之都”泉州实施了“文化产业倍增

① 吕拉昌，黄茹.世界大都市的文化与发展[M].广州：华南理工大学出版社，2013：93-94.

② Dreano L. European Capital of Culture in 2004: creative Lille [J]. Urban Planning International, 2012(3):17-24.

③ 刘容.联合国教科文组织创意城市网络研究[D].华东师范大学，2013：92.

④ Ex-post evaluation of 2010 European Capitals of Culture [EB/OL]. (2011-08-01) [2016-09-20]. https://ec.europa.eu/programmes/creative-europe/sites/creative-europe/files/files/capitals-culture-2010-report_en.pdf.

⑤ Hledá se novy provozovatel kavárny DEPO2015 [EB/OL]. [2017-01-06]. http://www.depo2015.cz/en/aktuality-ag1/hleda-se-novy-provozovatel-kavarny-v-depo2015-a1037.

计划”，对泉州西街旧面粉厂进行保护性改造，使泉州西街源和1916创意产业园不仅成为“东亚文化之都·2014泉州”活动年系列活动提供主场地，还成为泉州市创意企业的培育地、文化产业发展的示范区，同时，泉州还在继续建设“东亚之窗文创园”等城市创意文化产业基地。据统计，在2014年第七届海峡两岸文博会上，泉州签约金额42.02亿元，投融资文创总金额166.25亿元，平均全年文化产业增加值达300亿元①。2017年东亚“文化之都”长沙，将“国家级文化消费试点城市”作为促进“文化之都”建设的重要渠道之一，采取文化品牌活动与惠民相结合的措施，在“文化之都”当选年举办了“阳光娱乐节”“公益电影放映月”“橘洲音乐节”等高质量品牌文化活动，激发文化市场各主体的活力。据统计，2017年底，参与“阳光娱乐节”的企业超过1000家，累计向群众赠票10万多张，带动超过100万人次参与文化消费，拉动相关产业消费达亿元②。

2.促进旅游业发展

从布尔迪厄（Bourdieu）的“文化资本理论”到欧康纳（Jusin O’Connor）的《大众文化、文化媒介人和城市更新》（*Popular Culture, Cultural Intermediaries and Urban Regeneration*）等，均对文化对城市的经济意义给予了很多关注。盖茨（Donald Getz）从事件研究（Event studies）的角度对城市节事活动进行了研究，他认为，作为城市大型事件，应实现四个目标：“延长旅游旺季、扩大旅游需求、吸引外国游客、提升目的地城市的形象”③。霍华德·休斯（Howard Hughes）（2003）等学者在对“欧洲文化之都”等“文化之都”进行长期研究后认为，此类城市文化活动的开展对当地的旅游业和城市形象的提升有直接关联④，具体表现为客房入住率的提升和游

---

① 文都雅韵世界回响，东亚文化之都·泉州2014活动年综述［EB/OL］.（2014-11-24）［2017-01-06］. http://cache.baiducontent.com/c?m.

② 长沙：发力供给侧，促文化消费快速增长［EB/OL］.（2017-08-18）［2017-08-18］. http://news.ifeng.com/a/20170818/51678782_0.shtml.

③ Getz D. Event studies: theory, research and policy for planned events [M]. Oxford: Elsevier, 2007.

④ Hughes H, Danielle A, Dorota W. The significance of European “Capital of Culture” for tourism and culture: the case of Krakow 2000 [J]. International Journal of Arts Management, 2003(5):12-23.

客消费的增加，且城市越小旅游增长往往越明显[①]。在第三方评估机构帕尔默/雷2004年的评估报告中提出：

> "欧洲文化之都"当选城市开展的系列文化艺术活动和项目多达500个，很好地提升了城市知名度、吸引了更多游客、扩大市民参与、提升了文化创新能力，与其他城市的关联性和合作能力也明显增强。"欧洲文化之都"项目以实际投入的1.53%，带动了其他各级政府77.5%（含欧盟）的投入以及13.2%的私人赞助，给城市带来的"好处"甚至超过了世博会和奥运会期间的文化项目，对城市旅游业发展、城市形象改善、城市复兴以及文化创意产业发展影响显著。[②]

本书认为，"文化之都"建设对城市旅游业的带动主要体现在以下方面：

一是扩大了旅游人数。许多"文化之都"本身就是本国和本地区乃至世界知名的文化、旅游胜地，而"文化之都"的当选又进一步使这些城市获得了更多发展亮点，旅游业甚至成为部分"文化之都"城市经济增长和收入来源的支柱性产业[③]。根据欧盟在2012年的阶段性评估报告，大部分"欧洲文化之都"对当选城市旅游业的整体性带动功能显著，部分城市旅游人数中有高达38%的游客直接因"文化之都"而来（表7-7）。对于注重在当选年之后进行持续性市场开发和活动策划的"文化之都"城市，如哥本哈根[④]、利物浦等[⑤]，更是从中获得了长期的经济和社会效益。

---

① MKW GmbH. Case study on European Capitals of Culture (2003-2007)—Geppert/Nozar [R/OL]. [2017-08-30]. http://ecoc-doc-athens.eu/attachments/.

② Palmer/RAE Associates. European cities and capitals of culture: study prepared for the European Commission (partI) [R/OL]. [2018-08-18]. https://ec.europa.eu/programmes/creative-europe/document-library/capitals-culture-palmer-report_en.

③ Goggin S. The European Capital of Culture: the politics of a becoming Europe [D]. University of California, Los Angeles. 2009:128-129.

④ Davies T. The decade after: Copenhagen 1996 [C]//Bruges 2012 conferences—the decade after: the legacy of European Capitals of Culture, Bruges, 2012.

⑤ ENWRS and Impacts 08. The economic impact of visits influenced by the Liverpool European Capitals of Culture in 2008 [R]. Liverpool: 2008.

表7-7　由于“欧洲文化之都”的当选所吸引游客数量占当年游客总数的比例[①]

当选城市（年份）	所占比例
卢森堡（2007）	38.0%
利物浦（2008）	35.0%
萨拉曼卡（2002）	34.0%
锡比乌（2007）	32.0%
塔林（2011）	30.0%
波尔图（2001）	16.4%
鹿特丹（2001）	7.2%

此外，2003年“文化之都”奥地利的格拉茨在当选年举办了6000多场活动和100多个项目，迎来了300多万游客，比往年游客数量增加了一倍，当地旅馆客房入住率比上年上升了25%[②]。2013年“文化之都”法国马赛-普罗旺斯地区全年吸引了1100万游客，创下该市旅游发展历史之最。2008年至2010年，爱沙尼亚塔林的外国游客入境数量增长17%，“文化之都”建设产生了约1.95亿欧元的经济效益。2009年奥地利林茨在“文化之都”当选年期间的过夜游客增加了9.5%，在当年奥地利国内旅游业不景气的情况下“一枝独秀”。2012年斯洛文尼亚马里博尔的旅游人数因“文化之都”的举办而大幅提升（表7-8）。

表7-8　马里博尔2012年、2011年、2008年游客数量比较[③]

	入境游客			过夜游客		
	国内	国外	总计	国内	国外	总计
2012年（人次）	20226	102124	122350	46797	219532	266329
较2011年	-5%	+49%	+36%	-18%	+50%	+30%
较2008年	+3%	+27%	+23%	-6%	+28%	+20%

① Liu Y D. Event-led strategy for cultural tourism development: the case of Liverpool as the 2008 European Capital of Culture [J]. The Planning Review, 2015(51):28-40.

② 数据来源于：http://www.europarl.europa.eu/RegData/etudes/etudes/join/2013/513985/IPOL-CULT_ET(2013)513985_ EN.pdf.

③ 来源：Ecorys. Ex-post evaluation of the 2012 European Capitals of Culture。

格拉斯哥在当选1990年“欧洲文化之都”之前，平均每年接待约70万游客，到了1990年“欧洲文化之都”当选年，旅游人数增至300多万/年（图7-4），且其中有60多万人是直接因为“文化之都”当选而来[①]。此外，格拉斯哥的旅游业相关经济数据增长显著：1991年至1998年，来自英国本土的游客和外国游客分别增加88%和25%，游客在交通、住宿、购物、餐饮等方面的消费大幅提升，门票收入较上一年的增幅更是一度达到364%。格拉斯哥政策研究委员会（Policy Studies Institute）1998年的统计数据表明，在“文化之都”的推动作用下，格拉斯哥文化类产业的生产总值达到2.04亿美元，其所吸纳的直接或间接的就业人口占比为2.25%，产生了3200多万美元的直接经济收益，也创造了大量的就业机会（表7-9、表7-10）[②]。

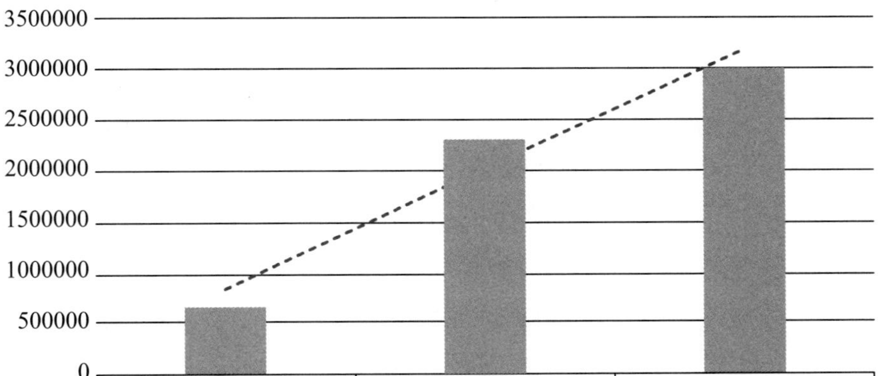

	1982年	1989年	1990年
■人数	700000	2300000	3000000

图7-4 1982—1990年格拉斯哥城市文化旅游发展情况[③]

① 周正兵.艺术节与城市——西方艺术节的理论与实践[J].经济地理,2010(1):59-63.

② Bianchini F. Remaking European cities: the role of cultural policies [M]//Cultural policy and urban regeneration: the West European experience. Manchester: Manchester University Press, 1993.

③ 来源:Bianchini F, Parkinson M. Cultural policy and urban regeneration—the West European experience。

表7-9 格拉斯哥1990年“欧洲文化之都”当选期间的旅游相关经济数据[①]

类别	数量	较上一年增长比例（%）
旅游人数	60.5万人	44
电话预定人数	7.8万人	71
床位预定人数	5.8万人	81
住宿收入总金额	7132万英镑	60
门票收入总金额	6342万英镑	364

表7-10 格拉斯哥当选1990年“欧洲文化之都”后的相关经济数据[②]

<table>
<tr><th>门类</th><th colspan="2">经济表现</th></tr>
<tr><td rowspan="3">间接经济效益</td><td>旅游业</td><td>1991—1998年，到格拉斯哥的英国国内游客数量增加88%；1991—1998年，到格拉斯哥的国外游客增加25%</td></tr>
<tr><td>就　业</td><td>1992—2000年，约102项投资项目，创造了2万多个就业岗位，主要分布在金融服务、公共事业、电讯等行业；格拉斯哥的旅游从业人数占苏格兰的28%</td></tr>
<tr><td>投　资</td><td>各大跨国公司开始在格拉斯哥设立总部基地，旅游和娱乐业的发展吸引了大量资金</td></tr>
<tr><td>直接经济产出</td><td colspan="2">1991—1998年，格拉斯哥经济产出值增加39.8%，远高于英国32.1%的平均水平；第三产业在1991—2001年期间增加38%，占城市GDP总量的78%；格拉斯哥GDP占苏格兰GDP的比重从1993年的14.8%增至2001年的16.5%</td></tr>
</table>

二是提高了酒店入住率。由于“文化之都”活动开展、交流带来了大量外来人员，大大提高了当地酒店的入住率。如2004年法国里尔举办“文化之都”活动期间，主要景点游客人数增加10倍，过夜游客至少翻一番。据后期统计显示，当年用于里尔“文化之都”的每1欧元公共资金投入，为当地产

① Bianchini F. Remaking European cities: the role of cultural policies [C]//Cultural policy and urban regeneration: the West European experience [M]. Manchester: Manchester University Press, 1993.

② 来源：Centre for Cultural Policy Research. Glasgow 1990 European City of Culture。

生了约8欧元的经济效益[①]。2010年“文化之都”匈牙利佩奇在当选年酒店入住人数同比增长27%，同时还带动了城市及周边地区甚至全州（巴兰尼州）旅游业的发展。2008年利物浦的旅游人数约270万人次，比上一年增加了34%，旅游业年收入约11亿英镑；利物浦2008年的酒店入住率比2007年提高了5%，比2001年提高了21%；利物浦所在的默西赛德郡当年的旅游人数为7500万人次，比上一年度增加了19.2%（图7-5）。

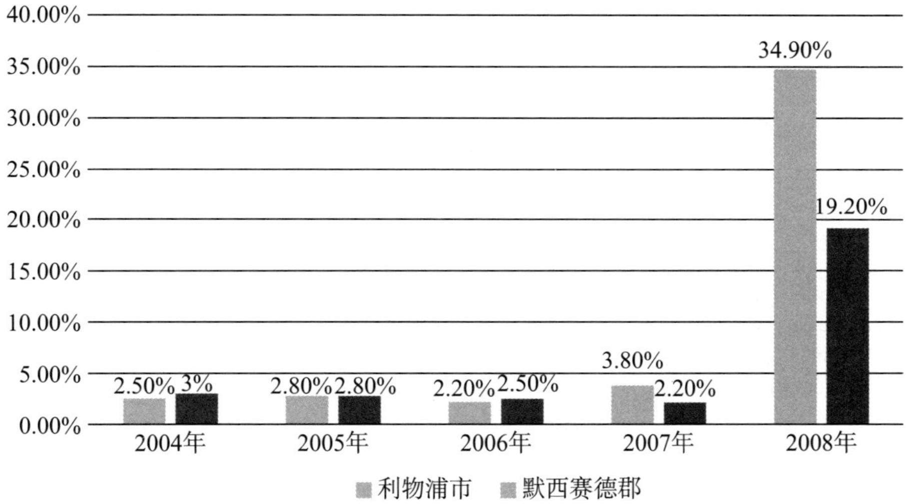

图7-5 2004—2008年利物浦和默西赛德郡的旅游增幅情况

三是成为新的旅游目的地城市。对于旅游业发展较慢的城市而言，“文化之都”的当选带来了新概念、新契机、新资源和高关注度。如罗马尼亚的锡比乌，在2007年“欧洲文化之都”的带动下，整体性地提升了其作为欧洲旅游城市的地位。根据欧洲旅游与休闲教育协会（Association for Tourism and Leisure Education，ATLAS）对2007年至2009年度欧洲城市的旅游受欢迎度进行的排名（图7-6），锡比乌在“文化之都”当选后，在欧洲的旅游城市的排名中曾一度超过维也纳、威尼斯，位列伦敦之后，为2009年欧洲第四[②]。这对于罗马尼亚小城锡比乌来说是前所未有的飞跃。

① 疏影.当选“欧洲文化之都”有哪些好处[N].中国文化报，2016-03-07(3).

② Richards G, Rotariu I. The impact of the 2007 European Cultural Capital in Sibiu: a long term perspective-a report to the city of Sibiu [J]. Hermannstadt. 2010(2):46-51.

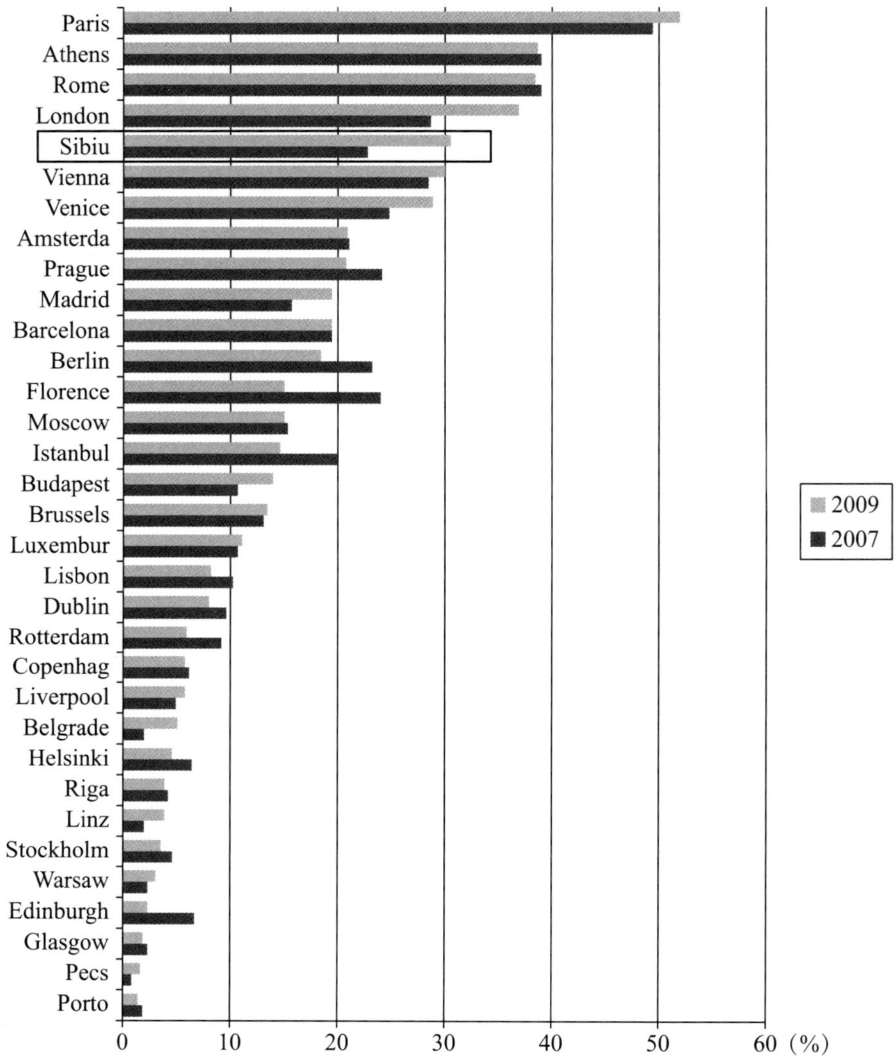

图7-6　ATLAS对欧洲城市的旅游受欢迎程度2007—2009年度排名[①]

又如我国“东亚文化之都”泉州，虽然旅游资源较为丰富，但空间分布较为分散，一些城市品位高、价值高、知名度高的景点未能有效转化为具有较强吸引力的旅游产品。随着“文化之都”的发展和“海上丝绸之路”先行区的建设，泉州独具特色的东亚文化、海丝文化与旅游业逐步融合发展。笔者调研所获得的泉州市旅游业指标显示，“东亚

① 来源：http://www.tram-research.com/sibiu%20report%202009.pdf。

文化之都”当选年前后七年间（2010—2016年），泉州的旅游总收入和接待游客数等数据一直保持增长趋势（图7-7）：旅游总收入在2014年为528.65亿元，是2010年（252.6亿元）的一倍，2016年达到了717.17亿元；接待游客数在2014年为4428.26万人次，与2010年相比，增幅达81.2%；到了2016年，这一数据为5858.93万人次，是2010年的2.4倍；在入境旅游方面，泉州获得“全国最具吸引力的城市”排名第二和“省外游客过夜城市人气排行榜”首位，并入围“2014年最具价值文化（遗产）旅游目的地”。“文化之都”对泉州旅游业的带动和促进效果显著。

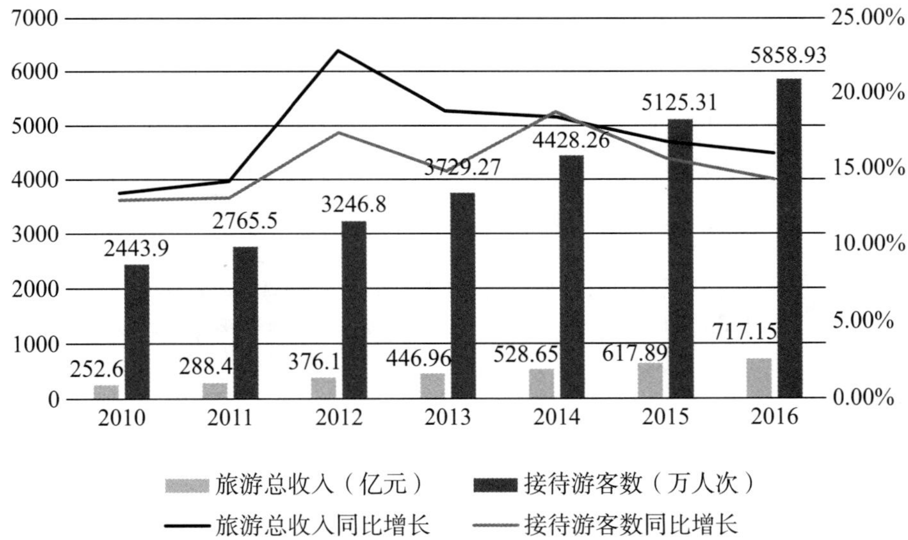

图7-7 2010—2016年泉州市旅游业发展相关数据[①]

3.提升市民对城市的满意度

第三方评估机构帕尔默/雷曾对“欧洲文化之都”“阿拉伯文化之都”“美洲文化之都”等“文化之都”城市的建设目标进行了分析，划分了17个项目（图7-8）。其中，推动城市文化活动开展、促进城市文化持续发展、扩大市民参与、创造城市的文化氛围以及促进文化基础

① 数据来源：泉州市文化广电新闻出版局。

设施建设等，均属于“文化之都”建设所要实现的目标和内容。而这些，也正是城市公共文化建设的主要内容。国际经验表明，对于“文化之都”城市而言，公共文化成为提升城市综合发展水平的重要因素之一。

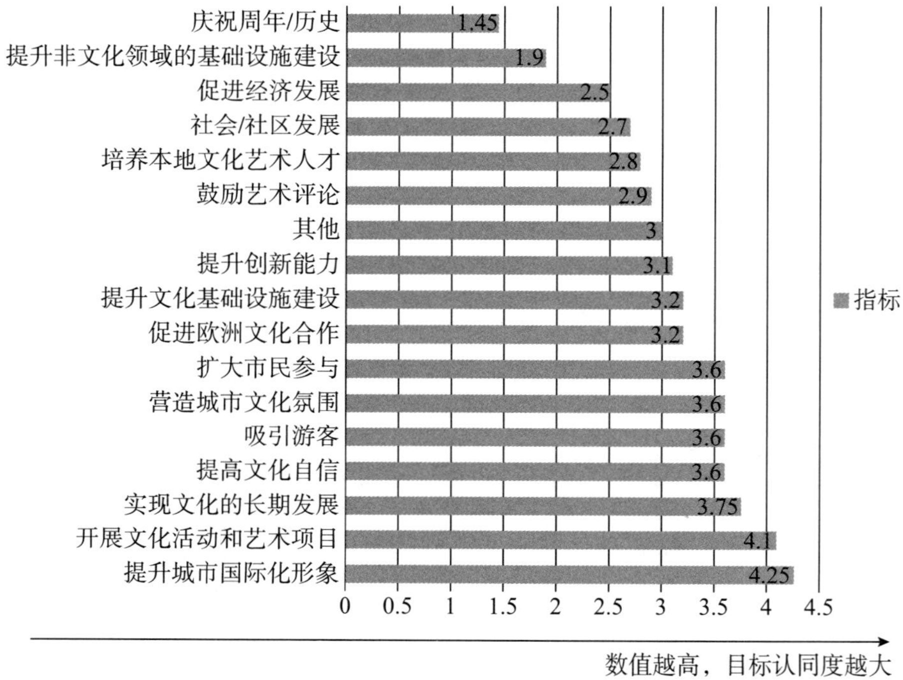

图7-8 Palmer/Rae“文化之都”所要实现的相关目标指数图[①]

Ecorys战略与评估服务中心也曾作为第三方，于2010年对部分“文化之都”城市进行大规模民意调查：在2007年“文化之都”罗马尼亚锡比乌，约九成本地市民认为通过当选“文化之都”锡比乌的城市形象有所提升，八成受访者认为城市文化设施因此得到较大改善，分别有约七成和五成受访者认为锡比乌获得了比以往更高的国内和国外媒体关注度（表7-11）；在爱沙尼亚塔林，94%的市民认为“欧洲文化之都”的当选提升了塔林在国内的地位，27%的市民认为塔林市国际知

① 来源：https://ec.europa.eu/programmeslibrary/palmer-report-capitals-culture-1995-2004-i_en.pdf。

名度有了提升[①]；在日本横滨，64%的市民认为“文化之都”对城市文化建设起到了很大促进。从调查结果可以看到，总的来说，各“文化之都”城市市民对本城市当选“文化之都”都表现出了较高的认同和满意度（图7-9）：

表7-11 对2007年锡比乌“欧洲文化之都”予以积极评价的受访者比例[②]

内容	认同比例（%）			
	来自锡比乌市	来自特兰西瓦尼亚省其他城市	来自罗马尼亚其他城市	来自国外
提升了锡比乌市城市形象	99.1%	95.4%	95.8%	88.7%
为锡比乌市带来更多经济效益	86.3%	72.3%	77.5%	75.5%
改善了城市文化设施	85.3%	79.0%	79.3%	79.2%
促进了城市和谐	69.2%	67.5%	57.3%	60.4%
提升了市民生活质量	60.0%	56.4%	55.9%	44.2%
提高了锡比乌市在欧洲的知名度	90.1%	83.4%	86.0%	77.4%
由于欧洲文化之都当选提升了锡比乌在国内的媒体关注度	86.5%	80.7%	79.1%	61.5%
由于欧洲文化之都当选提升了锡比乌在国际上的媒体关注度	63.3%	55.1%	57.7%	54.7%
锡比乌市很好地利用了欧洲文化之都当选的机遇	91.9%	78.7%	82.8%	81.1%

① About [EB/OL]. [2017-08-10]. https://ec.europa.eu/programmes/creative-europe/sites/creative-europe/files/files/ecoc-2011-evaluation_en.pdf.

② 来源：Ex-post evaluation of 2007&2008 European Capitals of Culture。

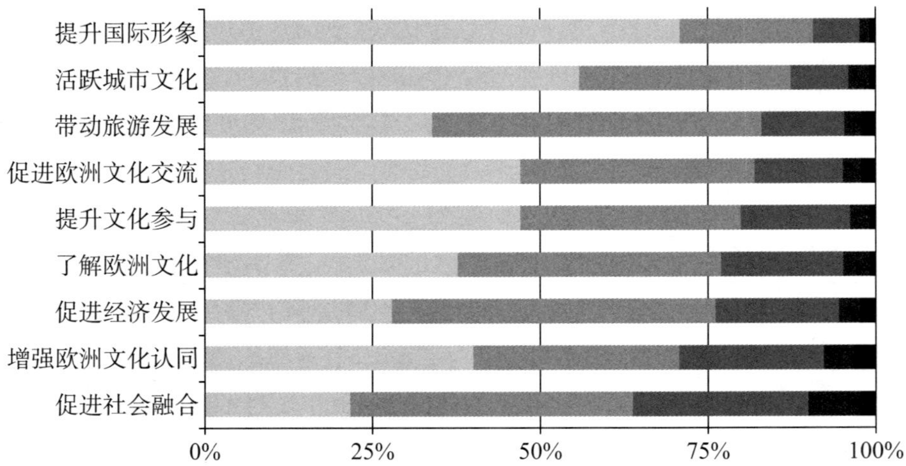

注：■很大程度 ■一定程度 ■较小程度 ■不认同 ■不知道

图7-9 ECORYS对部分"文化之都"城市市民满意度的调查情况[①]

"文化之都"对于提升当选城市的形象、改善在国际社会的知名度方面具有显著的功效；对促进当选城市文化发展、引导市民积极参与文化活动方面具有不可替代的重要作用。[②]

① Ex-post evaluation of 2007&2008 European Capitals of Culture [EB/OL]. [2017-11-11]. https://ec.europa.eu/programmes/creative-europe/sites/creative-europe/files/files/ecoc-2007&2008-evaluation_en.pdf.

② About [EB/OL]. [2017-12-02]. http://www.europarl.europa.eu/RegData/etudes/etudes/join/2013/513985/IPOL-CULT_ET(2013)513985_EN.pdf.

第八章　我国“文化之都”建设中公共文化发展的战略方位

我国目前加入的“文化之都”有“创意城市网络”和“东亚文化之都”。其中，“东亚文化之都”作为由我国发起和参与的“文化之都”，其意义、作用和影响力尤为显著。同时，我国也正在规划构建“金砖国家文化之都”和“一带一路文化之都”。在此背景下，我国推进“文化之都”建设是对近年来我国在外交领域提出的“统筹国内国际两个大局”“展现中国声音、中国方案”“构筑周边命运共同体”“体现人类命运共同体”等一系列思想、理念、战略的新体现，是中国特色大国外交的新亮点，是创新全球治理理念的新举措，是促进国际人文交流、体现彼此欣赏的新阐释，也是对新时代深化国际文化交流、提倡多元文化平等呈现、互惠互利等文化外交目标的进一步落实。

第一节　我国推进“文化之都”建设对于公共文化发展的意义

一、有利于借鉴国际公共文化领域相关经验，推动公共文化创新发展

“文化之都”不仅仅是一场为期一年的评选，而应立足于传承地方传统文化、发扬地方特色文化、提升市民文化素养，着眼于体现基本公共文化服务的全民均等享有。“文化之都”从早期的单纯关注文化活动本身的雅典（1985）、佛罗伦萨（1986），到第一个将文化再生、文化复兴等

理念纳入城市发展计划的格拉斯哥（1990），再到用“文化之都”带动城市文化建设、完善城市公共文化的里尔（2004）、利物浦（2008）、埃森鲁尔（2010）等。以“欧洲文化之都”为典范，许多原本“文化履历”较为单薄的中小型城市如锡比乌、卑尔根、林茨、阿维尼翁、图尔库等，通过“欧洲文化之都”的申请和创建，不仅完善、丰富了城市文化建设，获得了长期、深入的城市发展效应，还受益于地区和国际媒体的正面报道，获得了更为积极的城市形象，实现了文化再生，提升了城市品位。

我国以政府为主导的公共文化服务，强调立足于不断满足人民群众美好生活需求，为全体公民免费提供基本文化产品与服务，这是政府不可推卸的文化责任，也是公共服务型政府的本质内涵。构建公共文化服务体系是实现公民基本文化权利的重要途径，是保障公民享受文化发展成果的重要方式。无论是从当前还是长远看，我国“东亚文化之都”及其他“文化之都”城市公共文化服务体系的构建，既要结合城市本身的历史文化传统，以当地经济社会发展水平为基础，制定符合实际的发展策略；又要拓宽国际视野，充分借鉴国际“文化之都”的实践经验，立足市情、扎根文脉、创新引领、带动全面，在交流与借鉴中，推动我国“文化之都”以及其他类型城市现代公共文化服务体系的创新发展。

二、有利于面向世界讲好公共文化发展的“中国故事”

当前，随着我国文化走出去的步伐日渐加快，“讲好中国故事”越来越成为我国向世界展现文化自信、沟通与各国情谊的重要手段。“讲好中国故事”，要有传播“中国声音”的平台，“文化之都”正是这个能够传递“中国声音”的大平台。如“东亚文化之都”，以城市文化交流为切入点，以点带面，串联起中国与日韩、欧洲、阿拉伯等国家和地区的文化及各领域交流，这既顺应了“一带一路”为核心的文化对外交流发展大势，也是加快推动中华文化“走出去”的正确选择。作为我国发起参与的多边文化交流项目，“东亚文化之都”推动我国“文化之都”城市挖掘自身文化潜能和魅力，创作生产出反映时代精神、传播中国文化、展示中国形象的公共文化资源和产品，在“文化之都”平台上讲好现代公共文化的“中国故事"，有利于形成新时代文化外交新格局。

近年来，我国公共文化服务领域的国际合作与交流开创了新的局面。"一带一路"文化合作与交流、海外中国文化中心建设、双边或多边文化交流年、欢乐春节、四海同春等文化活动以及"东亚文化之都"创建等国际文化交流品牌以各地广泛的参与度、浓厚的民族性和群众性，成为中华文化"走出去"的"样板"和"先遣部队"。在这个过程中，公共文化作为我国"东亚文化之都"建设的主力军，更是率先成功践行了向世界"讲好"公共文化发展"中国故事"的职责和任务。在"东亚文化之都"框架下，进一步丰富公共文化服务国际文化交流，提升了公共文化的国际传播、国际服务、国际合作能力，对内不断完善城市公共文化服务体系，服务更多的市民群众，对外源源不断地推动丰富多样的中华文化元素、高品质的公共文化产品"走出去"，不仅让世界了解中国公共文化快速发展现状，也致力于扩大公共文化"中国模式"在世界的传播力、感召力和影响力。

第二节　我国"文化之都"建设中公共文化创新发展的路径分析

一、明确公共文化在"文化之都"建设中的定位

公共文化是我国推进"文化之都"建设的重要组成部分，发挥了基础性、支撑性和带动性作用。世界上许多文化发达的国家和城市，都将公共文化建设作为提升城市文化品质、彰显城市文化魅力、提升城市文化竞争力的重要手段和目标[①]。公共文化不仅为市民提供丰富的精神文化产品、营造良好的社会风气，还具有引领城市文化、弘扬城市精神、搭建城市多元文化交流平台等方面的特殊作用。完善的公共文化服务有助于"文化之都"城市营造浓郁厚重的文化气息，从而提升城市的文化吸引力和竞争力，具有良好文化氛围和成熟文化环境的城市蕴含着更为显著的"文化之都"特

① 刘瑾.首都文化竞争力研究[M].北京：中国社会科学出版社，2015：105.

征。公共文化服务体系的总体水平、服务质量已经成为衡量一座城市文化发展程度的主要参照，也是衡量“文化之都”发展建设的重要标尺。

无论是英文的“capital”还是中文的“都”，其功能和文化影响力不同于一般城市。能被称为“文化之都”的城市必然在文化建设方面领先于其他一般性城市的，没有文化的全面发展，就不能称之为文化之“都”。作为文化之“都”的城市可以是一国之首都，也可以是本地区具有一定文化知名度和魅力的城市。“文化之都”由一个城市的经济、科技、社会的发展水平作为基础，以城市的国际化程度作为支撑①。当选“文化之都”的城市，一定是以人为本、关注人的发展的城市，一定是文化资源丰富和兼容文化多样性的城市，一定是注重运用特色文化资源有效促进城市发展和国际交流的城市。作为“文化之都”，其所具有的悠久丰富的文化遗产、文化传统、文化特色、文化底蕴以及发达的公共文化、文化创意产业、文化传播体系，可以被视为全国乃至国际上城市文化建设的典范。据《中国城市文化报告2017》，从“十三五”开始，尤其是十八大以后，我国的文化发展存在五个重大机遇和发展空间：

> 满足人民群众日益增长的精神文化消费需求（最终消费需求）、满足经济发展方式转变和传统产业升级的需求（生产性服务需求）、满足文化科技融合发展的需求（数字内容新兴产业）、满足新型城镇化发展需求（城市发展与城市化人口新增需求），以及满足快速增长的国际文化需求。②

综合起来分析，公共文化是五大发展机遇的聚焦点和共同载体。公共文化理应在“文化之都”的进程中，发挥出先行效应：城市各级各类文化基础设施建设水准大幅度提高，体系完善、网络健全、技术先进、服务高效，特别是区域之间、城乡之间、人群之间享受文化成果的差距明显缩小。

① 叶辛，蒯大申.城市文化研究新视点——文化大都市的内涵及其发展战略［M］.上海：上海社会科学院出版社，2008：14.

② 黄昌勇，张晓明等.中国城市文化报告2017［M］.上海：同济大学出版社，2017：19.

不仅如此，公共文化还应继续发挥着公共文化具有健全政府公共服务、营造文化环境、提升市民素质、带动相关产业、促进文化消费等功能。

二、构建“文化之都”公共文化建设核心指标

对我国“文化之都”公共文化的标准和要求进行具体设计和阐释的目的，并不在于用具体量化指标值的大小或多少来进行城市间横向比较，而更重要的是为申请和创建“文化之都”的城市提供有指导性的建设方向和可供遵循的依据，指标必须有助于“文化之都”以文兴城及促进城市文化长效和可持续发展。

综合前述几章分析，本书认为，有必要在当前各类“文化之都”和国内各类相关城市评选逐年开展的背景下，参考“欧洲文化之都”“创意城市网络”等“文化之都”的相关评估、评价标准，结合我国“东亚文化之都”申报标准和发展实践，探讨适合我国“文化之都”公共文化建设评估评价的相关问题。本书从以下两方面考虑：一是作为“文化之都”城市，其公共文化应具备的基础条件；二是在“文化之都”的带动下，公共文化建设应达到的基本水准。在构建公共文化的评价标准中，必然会与非遗、文物保护、文化产业、城市知名度、市民满意度等内容有所交集和重合。因此，本书结合已有的《“东亚文化之都”申报条件和评审标准》和国内目前正在开展的“国家公共文化服务体系示范区”和“全国文明城市”等评选，以及未来可能开展的“一带一路文化之都”“金砖国家文化之都”建设，初步提出适合我国“文化之都”公共文化发展的核心指标。

（一）公共文化基础条件

指标1：已获评国家公共文化服务体系示范区，或获评国家公共文化服务体系示范项目，并能有效带动“文化之都”建设，为本省、全国起到一定的示范带动效应。

指标2：公共财政对文化建设投入的增长幅度高于同级财政经常性收入的增长幅度，人均文化事业费高于全省平均水平。

指标3：市级公共图书馆、文化馆达到国家一级标准，博物馆、美术馆、剧院、非遗展示馆等公共文化设施齐全。

（二）公共文化国际交流

指标4：参与国内公共文化服务体系建设重点工作。如参与国内公共文化服务体系示范区区域文化联动，公共文化服务领域国家级重点会议、活动和试点项目的数量。

指标5：承办大型国际性文体赛事、文化节庆活动。主动承办大型国际性文体赛事和文化节庆活动，主动与国外“文化之都”城市以及其他国家和地区开展“欢乐春节”“一带一路”等跨国文化活动的数量，以及参与共建海外中国文化中心的数量。

指标6：国际相应文化艺术演出机构、团体来“文化之都”城市展演，引进国外“文化之都”城市及其他国家和地区的文化艺术机构交流展演数。

指标7：本地公共文化机构或文化类社会组织赴国外“文化之都”交流。本地公共文化和文化艺术产品或服务品牌，赴国外“文化之都”城市及其他国家和地区交流展演的数量。

（三）公共文化市民参与率

指标8：常住人口公共文化服务综合参与率。参与公共文化服务的常住人口占辖区内常住人口的比例，推动形成人人参与文化服务、人人享受文化服务的良好社会氛围，在“文化之都”当选年当地民众和各国人士的参与率有明显提升。

指标9：文化志愿者占常住人口比例。“文化之都”城市市民作为正式登记的文化志愿者并参与过文化志愿服务占常住人口的比例。

指标10：公共文化品牌数量。“文化之都”城市结合本市特点，引导和扶持高品质、受欢迎的公共文化品牌建设，其中能够在国内外“文化之都”城市间及国际上形成一定影响力、拥有一定知名度。

指标11：公共文化宣传报道。“文化之都”城市在国内外媒体上进行相应宣传报道，或国内外媒体主动报道“文化之都”建设及公共文化发展的次数，以及与同类城市的比较。

（四）公共文化社会力量参与

指标12：社会力量参与公共文化。“文化之都”城市的社会机构、企业、各界人士以各种方式捐赠、赞助本地公共文化的次数，投入资金总量。

指标13：文化类社会组织。在“文化之都”建设带动下，当选城市能够围绕推进公共文化服务社会化发展，培育出政府和公共文化机构的伙伴组织或企业的数量，吸引社会组织、社会资本参与，以品牌介入、项目承办、设施托管、智力支持、技术支持等方式参与公共文化的项目数，以及与“文化之都”同类城市在公共文化社会化、专业化发展方面的比较。

指标14：文化类社会组织开展公益文化服务活动。“文化之都”城市能常态化采取政府购买、以奖代补、品牌培育、平台支撑等措施，引导和支持本地文化类社会组织开展的公共文化服务的数量。

（五）公共数字文化服务

指标15：建有“文化之都”城市一站式、综合性、国际化公共文化服务“云”平台。平台拥有多语种资源供给能力的语种数，公共数字文化国际化服务资源总量，有效运用“大数据”技术进行精准推送和高效互动占服务总量的比重。

（六）公共文化政策环境

指标16：“文化之都”城市市委市政府重视程度。建有现代公共文化服务体系的协调机制，城市最高决策层研究公共文化服务专题会议和批件数，拥有完善的政策制度，数据公开性强，多元文化政策宽容度高，对负面因素和事件处置能力强。

三、将公共文化国际交流合作作为中国“文化之都”建设工作重点

公共文化的国际交流合作，可以促进不同国家和民族之间彼此对社会状况、风土人情、政治经济等的了解，能帮助彼此感受不同国家的服务理念和管理方式，互学互鉴。对于我国而言，更可以在这种交流中进一步完善和创新我国的公共文化服务体系，将已有的成果对外展示，增加国际社会对我国公共文化建设的了解。

目前，由于各“文化之都”之间发展水平不一，“文化之都”之间的交流合作还较有限。随着世界范围内“文化之都”评选的陆续开展和“东亚文化之都”的不断扩大，“东亚文化之都”与“欧洲文化之都”间已尝试性地开展了一系列交流项目，并取得良好效果。“东亚文化之都”在已

有基础上，正在积极开拓与其他“文化之都”之间的国际交流，主动参与到与“欧洲文化之都”“东盟文化城市”等“文化之都”城市的交流往来中。例如，在中欧双方的积极推动下，“东亚文化之都”和“欧洲文化之都”当选城市对交流合作已经做出了诸多努力：如2014年首届“东亚文化之都”泉州代表团以观察员身份参加了2015年“欧洲文化之都”蒙斯举办的“欧洲文化之都工作联席会”，蒙斯则应邀参加了在泉州举办的第14届亚洲艺术节，并开设了以展示“欧洲文化之都”文化为主题的“文都魅力”板块。2016年，中国文化部与马耳他司法、文化和地方政府部（The Ministry of Justice，Culture and Local Government in Malta）签署了《关于共同支持东亚文化之都与2018年欧洲文化之都（瓦莱塔）开展文化交流与合作的谅解备忘录》，为双方参与对方的文化之都活动提供依据，创造有利条件。2017年，中国文化部在中欧高级别人文交流对话机制第四次会议期间，举办了“东亚文化之都与欧洲文化之都合作论坛”，邀请了当选城市代表及有关领域专家参加，就“文化之都”建设对城市发展与转型的作用进行经验分享等。作为未来“文化之都”发展建设的重要内容之一，“文化之都”间开展交流，不仅有利于双方相互了解，交流成功经验，提高我国“文化之都”的组织水平和影响力，也有力促进中国与世界各国城市间以文化为平台开展对话与交流。

在“文化之都”框架下，进一步建立城市间公共文化机构友好协作关系，促进公共文化国际交流合作。例如，开展文献互赠与交换合作、举办展览、互派交换人员等方式建立稳定联系与合作项目，拓展在公共文化领域的研究和业务合作；成立“文化之都”的相关行动机构，建立常态化的磋商、对话、协调和评估机制；发起建立“文化之都”城市公共图书馆联盟，促进“文化之都”城市之间公共文化交流合作等。

研究表明，现阶段“文化之都”公共文化的国际交流潜力较大，在渠道、产品、人才、项目等方面仍有较大拓展空间，还需要继续深化“文化之都”与城市公共文化发展的密切结合，还需要深入研究如何在建设具有世界影响力的中国“文化之都”过程中加快推进公共文化的国际交流合作。

四、扩大社会力量参与公共文化

当前，国内城市的公共文化服务体系的构建是从政府公共保障领域来满足市民多元化的文化需求。我国的“东亚文化之都”建设理念和过程是以政府政策为导向，由政府主管部门决策和具体实施基本是自上而下的，以政府为主体的公共产品供给模式，在推动“文化之都”建设过程中难免存在结构单一、供需不平衡等问题。从西方国家“文化之都”的建设和发展趋势来看，其所采用的基本上为“政府主导+社会参与+市场配置”的混合、开放、多元的城市公共文化产品供给模式。从实际运行效果看，后者在拓展公共文化供给渠道、适应市民多元文化需求、平衡各方利益方面更有优势。正是由于这一原因，“文化之都”大多普遍地立足本国、本地实际情况，想方设法鼓励和吸引社会力量关注“文化之都”、参与公共文化服务。以往那种“政府出钱办，群众围着看”的陈旧方式，既耗费大量公共财政及其他资源，又难以满足群众多样化的文化需求。根据谢莉·安斯汀（Sherry Arnstein）所描绘的城市建设中“市民参与的阶梯”（ladder of citizen participation），引导社会力量参与公共文化建设主要有两层内涵：

> 一是“参与”，强调主体的主动性，而非仅仅简单被告知自己将要进行什么；二是“赋权”，强调主体参与决策过程，意味着政府部门、非政府组织、企业和市民等实质性参与，享有部分决策的权利。[①]

在西方国家的城市中，非营利性质的民间组织在“文化之都”筹备和当选过程中的作用显著，公共文化产品和服务大部分不是依赖政府包揽，而更多的是由非营利性机构和组织来提供，政府通过优惠的税收或免税政策鼓励其发展，或通过委托经营等方式运行。

反观我国政府的文化管理的现有运行机制，对大批社会化、个体化的

① Arnstein S R. A ladder of citizen participation [J]. Classic Reading in Urban Planning, 1995:360.

文化组织及社会艺术工作者的支持、引导和管理存在一定“缺位”的问题，导致这部分文化资源的活力和积极性，在公共文化服务中没有得到更加充分的发挥。“文化之都”当选城市在“文化之都”建设的带动下，应以当选为契机，引导文化基金会、行业组织等社会组织参与文化管理，引导企业、非营利机构、公民参与文化服务，引入目标管理、绩效评估、成本核算等理念与方法，提高公共文化产品的利用率和效能①。运用“文化之都”建设机制，实现公共文化场地设施的托管、公共文化信息平台委托市场主体开发建设运行、公共文化机构引入社会服务品牌、市场主体参与公共文化场馆延伸服务等。大力推动社会力量参与公共文化，也会增进政府与社会力量的良性互动，促进政策导向变化，推进公共文化治理社会化，逐步转变过去那种政府大包大揽、直接介入微观事务的运作模式。

在此基础上，“文化之都”城市还需要大力鼓励市民参与公共文化，引导市民的公共意识、城市主人翁意识以及参与管理和服务的主体意识。同时，市民是城市文化的创造者、文化活动的参与者、文化成果的享有者。我国“东亚文化之都”城市普遍开展的文化志愿服务，可作为市民参与城市文化建设与城市公共文化服务有效、便捷的路径之一。泉州、青岛、宁波、长沙和哈尔滨通过建立文化志愿者积分制度的形式，增强了市民参与的积极性，提升了市民荣誉感和奉献精神。

五、发挥海外中国文化中心、孔子学院等载体在“文化之都”公共文化国际化建设中的功能

我国在推动“文化之都”建设过程中，应借助我国海外中国文化中心、孔子学院等载体的支持，推进国际、城市间、政府间、民间在公共文化领域的文化交流与合作，开展内容丰富、形式多样的文化年、文化论坛、展览等活动，联合译介、出版相关书籍，拍摄、播放有关影视片。

海外中国文化中心和孔子学院是为适应中华文化走出去的需要而设立的文化机构，是我国对外文化交流的重要渠道。目前，中国已在欧洲11

---

① 巫志南.加强公共文化资源供给是关键[N].中国文化报,2011-09-09(8).

国[①]、亚洲10国[②]、非洲5国[③]、大洋洲3国[④]和拉丁美洲1国[⑤]共建立了30个中国文化中心，其中在"一带一路"沿线国家设立的文化中心数量达到了11个。预计到2020年，海外中国文化中心总数将达到50个以上[⑥]。截至2016年12月31日，全球140个国家（地区）建立512所孔子学院和1073个孔子课堂，其中512所孔子学院覆盖了130国（地区），1073个孔子课堂覆盖了74国（地区）[⑦]。其中，设有海外中国文化中心的"欧洲文化之都"城市有7座[⑧]，设有孔子学院的"欧洲文化之都"城市达23座[⑨]。此外，韩国的"东亚文化之都"光州、清州、济州、釜山，日本的京都、金泽，以及"东盟文化城市"新加坡也设有孔子学院。

海外中国文化中心和孔子学院不仅还可通过举行各类汉语比赛，提高驻在国人民对中国文化的学习积极性和社会公众参与度，还可以结合驻在国国情有重点地举办一些广受驻在国人民欢迎、已经拥有较大社会影响力的文化活动，如与日韩两国"东亚文化之都"城市和"欧洲文化之都"城市就"文化之都"开展的系列文化交流活动就是一个很好的切入点。这些经常开展的系列性文化交流活动，既可以让驻在国人民更加了解中国的社会生活和历史文化，增强对中华文化

① 欧洲11个国家为：法国、德国、西班牙、马耳他、俄罗斯、丹麦、比利时、瑞典、希腊、荷兰、白俄罗斯。

② 亚洲10个国家为：日本、韩国、蒙古国、泰国、斯里兰卡、老挝、尼泊尔、巴基斯坦、新加坡、柬埔寨。

③ 非洲5个国家为：毛里求斯、贝宁、埃及、尼日利亚、坦桑尼亚。

④ 大洋洲3个国家为：澳大利亚、新西兰、斐济。

⑤ 拉丁美洲1个国家为：墨西哥。

⑥ 2020年海外中国文化中心将达50个以上[EB/OL].（2016-12-16）[2017-08-04]. http://news.xinhuanet.com/book/2016-12/16/c_129407323.htm.

⑦ About [EB/OL]. [2017-12-20]. http://www.hanban.edu.cn/confuciousinstitutes/node_10961.htm.

⑧ 设有海外中国文化中心的"欧洲文化之都"城市为：巴黎、瓦莱塔、柏林、马德里、哥本哈根、布鲁塞尔、斯德哥尔摩。

⑨ 设有孔子学院的"欧洲文化之都"城市为：布鲁塞尔、克拉科夫、弗罗茨瓦夫、哥本哈根、柏林、巴黎、赫尔辛基、布拉格、锡比乌、卑尔根、里斯本、雅典、佩奇、博洛尼亚、佛罗伦萨、利物浦、瓦莱塔、里加、维尔纽斯、塔林、都柏林、科克、格拉茨。

的认同感，又能扩大文化品牌的海外影响力，使之成为中国的文化名片。

“文化之都”进一步发挥海外中国文化中心和孔子学院的职能、深化和拓展国际交流合作的做法主要有以下三点：

一是充分发挥海外中国文化中心和孔子学院的组织职能。作为两国文化交流的桥梁，在对外文化交流与合作中，开展具有“文化之都”城市特色的演出、展览、比赛、艺术节等文化交流活动。通过积极开展各种文化交流活动，使驻在国人民有机会近距离接触中国的历史文化传统，丰富驻在国人民对中国文化传统的认知，提高他们对中华文化的认同感①，进一步推动中国的“文化之都”城市走出国门、走向世界。

二是强化和巩固海外中国文化中心和孔子学院的培训职能。利用海外中国文化中心和孔子学院的教学资源及远程教育平台，与国内外文化机构合作，面向驻在国人民开展我国“文化之都”城市的传统文化、非遗技艺等多种培训项目，使驻在国人民在学习、体验过程中感受来自中国“文化之都”的文化魅力，加深对中国文化的理解，增进两国人民的情谊。

三是加强和提升海外中国文化中心和孔子学院的信息服务职能。通过图书馆、文献中心等信息资源的建设和对外开放，使驻在国人民更好地了解中国“文化之都”的城市历史、传统文化、人文艺术以及经济社会发展情况等。

第三节　关于我国“东亚文化之都”公共文化建设的思考

“文化之都”的探索实践，对我国正在积极推进中的“东亚文化之都”建设有很多启发性成果，无论是增强文化活力、带动城市发展，还是延续城市文脉、彰显城市特色，对“东亚文化之都”建设都具有一定的借鉴价值。他山之石、可以攻玉，本书基于我国“东亚文化之都”当选城市实地调研，立足于新时代现代公共文化服务体系建设的高起点，对我国“东亚

① 卫志民，陈璐.提升海外中国文化中心的传播能力[J].红旗文稿，2015(4):29-30.

文化之都”公共文化建设的关键问题做出如下分析。

一、我国“东亚文化之都”建设的整体发展定位

“东亚文化之都”是着力显现我国城市文化国际发展特征、着力发挥我国城市文化国际影响力的重要城市文化品牌之一。其当选城市的公共文化建设应更加符合新时代特征、达到国内外先进水平，并在国际公共文化领域异军突起、独树一帜，逐步起到标杆和引领作用。

我国“东亚文化之都”城市公共文化建设的定位不应只是立足于本城市的发展，不应只满足于拥有国内一般水准，也不应只是作为国内的公共文化先进城市而存在，而应当成为中国国际发展、中国文化外交、中华文化走向世界的重要组成部分和独特载体，应当拥有中国公共文化现代发展、长远发展、国际发展的宏观视野，应当制定放眼国际同类城市或“文化之都”未来趋势的顶层设计。在现代世界错综复杂、纷纭变幻的大背景中，我国的“文化之都”城市应当积极探索实践，肩负向世界展示现代公共文化发展的“中国理念”“中国方式”“中国经验”的重要历史责任。

“文化之都”不仅仅是使本城市公共文化服务的各项国际通行指标接近、达到或超过国际先进水准，更重要的是逐步确立中国特色社会主义公共文化“以人民为中心”，始终把维护人民群众的基本权益和长远利益摆在首位，坚持引导人民群众自我教育自我服务、自我管理，注重以“润物无声”“寓教于乐”的方式，不断适应人民群众对追求美好生活的向往，引导人民群众提高文化素养、提升发展能力、增强文化认同，高度重视公共文化与经济、社会、人文、生态的协同，为整个经济社会发展提供不竭动力和有力支撑。这些“中国价值”“中国方案”，正是中国特色社会主义公共文化期望向世界呈现和传播的核心内容，也是我国“文化之都”城市以文化交流为渠道，以丰富多彩、生动活泼，富有中国风格、中国气派的文化艺术活动为载体，向国际、向其他“文化之都”进行宣传、展示、传播的核心要务。

二、我国“东亚文化之都”需要着眼长远、趋利避害

“东亚文化之都”间的国际文化交流，避不开东亚国家之间复杂的国际关系。在实践推进中，“东亚文化之都”建设已然受到来自双边、多边国家历史原因和现实关系的深刻影响，特别是在“文化之都”之间开展的公共文化交流合作，已然在一定程度上受到政治因素限制。尤其是与日本、韩国的一些历史隔阂难以在短期内消除，现实地缘政治因素与历史问题相互缠绕纠结，三国之间这种敏感、微妙的政治关系和民族情绪对“东亚文化之都”带来了诸多难以克服的困难与负面影响。比如，青岛在2015年借助“东亚文化之都”平台与日韩两国确定的“文化之都”三国青少年后续交流项目（2015年的主题是“青岛国家非遗体验周”、2016年是“体验民族器乐”），以及原定2017年开展的“大学生动漫创意作品大赛”，均因政治原因无法开展。

应当看到，中国的国际发展总是在攻坚克难中不断取得新的进展，文化领域同样如此。面对我国“东亚文化之都”国际发展中遭遇的种种艰难险阻，正确的选择应当是：以“人类命运共同体”的理念、思想、理论、道路为指针，保持定力、以我为主，坚持不懈、久久为功。东亚各国自古以来根相通、文同脉，随着经济全球化不断深入，在整个“地球村”里，东亚各国之间的邻里关系更加突显，东亚经济在全球经济发展中的权重和地位与日俱升，“人类命运共同体”的效应在东亚地区更加凸显。因此，无论从东亚整体发展抑或是各国发展的角度，在追求本国利益时兼顾他国合理关切，在谋求本国发展中促进东亚各国共同发展，符合东亚各国人民的长远利益。

在东亚各国数千年历史记载中，东亚各国和多战少、聚久离暂，相互之间一衣带水、相濡以沫的浓情厚谊和感人史迹不绝史书。现实发展中，东亚各国之间资本、技术、信息、人员流动日趋频繁，并越来越处于一种相互依存的状态，一国经济目标能否实现与别国的经济波动越来越呈现出重大关联的迹象。在历史与现实相互依存中，东亚各国已然形成了愈加重要的利益纽带，在此前提下，要实现自身利益就必须尊重和

维护这一纽带。

在“人类命运共同体”的理念和框架之下，积极发展长期健康稳定的东亚各国关系，符合东亚各国人民的根本利益。本着“以史为鉴、面向未来”的精神，在中日韩共同发起和推进“东亚文化之都”建设上，形成新的契机、机制和突破口，深化东亚各国之间城市文化交流，深化国家、城市间相互依存的纽带关系，进而深化东亚各国人民之间有历史渊源、现实利益和共同诉求支撑的深厚感情。这有助于东亚各国之间加深了解、增进共识、缓和对立情绪，从而更为清醒的面对和解决问题，达到趋利避害、化害为利，尊重历史、面向未来、携手发展的最终目的。

三、我国“东亚文化之都”建设需要完善机制、弥补短板

在“东亚文化之都”建设机制上，由于中日韩三国城市体量和数量差异较大，“东亚文化之都”建设以及公共文化国际交流的高品质和长期性受到挑战。日韩与我国的城市数量不对等，我国城市在数量上远远多于日韩，如果按照目前的评选方式，即以每年一座城市的频率在中日韩三国之间产生“东亚文化之都”，日韩两国拥有“东亚文化之都”称号的城市数量占一国城市总量的比例将会越来越高，久而久之“文化之都”品牌的含金量必然受到一定影响。如何确保后续当选城市依旧能保持高品质、高规格的公共文化国际合作与交流，避免“滥竽充数”现象发生，成为部分专家学者时下担忧的问题。

面对这一现实存在并且已呈现出必然趋势的问题，本书认为，要“风物长宜放眼量”，应围绕大局、立足长远，不必计较一时一地的得失。一是即便是延续现有规则，导致日韩两国城市终有一日全部列为“东亚文化之都”，也并非坏事，对于促进和形成日韩两国全域面向中国扩大开放、深化文化交流合作，亦是利大于弊；二是三国“东亚文化之都”之间文化交流合作的品质问题，可以在进一步的磋商中得到解决，或以确立共同标准的方式得以保障；三是坚持以我为主，做好我国“东亚文化之都”自己的事，不松劲、不懈怠、不降低标准，树立负责任大国“东亚文化之都”国际形象；四是积极推进“东亚文化之都”与“欧洲文化之都”“伊斯兰

文化之都”“创意城市网络”等其他“文化之都”的交流，在更广阔的世界空间里、在“人类命运共同体”的框架下，深入研究、适时提出世界“文化之都”的建设倡议。

反观我国“文化之都”建设，仍然需要弥补一些短板。在“文化之都”的品牌影响力上，我国缺少国内外重量级媒体报道，特别是在公共文化建设显著成效方面，缺乏卓有成效的宣传，中华文化及中国现代公共文化的一系列新理念、新思想、新形态、新成效、新趋势的国际传播力、感召力、辐射力、影响力有待进一步提升。不仅国外相关城市媒体对我国“文化之都”城市的媒体报道缺乏长效性、持续性，国内重量级媒体对“文化之都”工作的整体宣传也是十分欠缺。我国“东亚文化之都”当选城市大多在本地媒体推广介绍，宣传推广的本土化、内部化，折射出我国“文化之都”建设的理念滞后、认识不足、层次较低、力度欠缺。宣传的不足，导致我国“东亚文化之都”在国内外其他城市或地区的知晓率、参与度较低，品牌的国际影响力不高，“文化之都”公共文化建设所能带来的关注度和影响力也极为有限，故而更多国内优质公共文化品牌、资源、经验、平台及项目未能向日韩“东亚文化之都”当选城市有效推介。换言之，“东亚文化之都”当选城市公共文化服务体系的开放性、包容度、多元化、多维度亟待扩展和提升。

第四节　我国“文化之都”建设的未来展望

基于我国目前“东亚文化之都”公共文化建设面临的挑战，本书建议国家文化行政主管部门在现有中日韩三国“东亚文化之都”的基础上进一步完善，推动“东亚文化之都”向“一带一路文化之都”和“金砖国家文化之都”延伸。这样，不仅可以放大“文化之都”的品牌价值，在亚洲、世界更广大地区扩大中国城市的文化影响力，还可以在一定程度上悬置或规避风险，并有效配合我国“一带一路”倡议和“金砖国家”建设，丰富“大国外交”的文化内涵。

一、倡导、发起和推进“一带一路文化之都”建设

在“东亚文化之都”建设积累了一定经验的基础上，围绕中华民族伟大复兴的宏伟大业、构建“人类命运共同体”的大格局，以及世界长远发展、和平发展的愿景，研究设计“一带一路文化之都”建设。“一带一路”在深厚的历史人文基础之上，以古代丝绸之路为引领标识，依托中国与沿线国家双边、多边机制，搭建区域开放共享的合作平台，共同打造政治互信、经济融合、文化包容的利益共同体、命运共同体和责任共同体。“一带一路”在区域互联角度已逐步贯通信息大动脉、交通大通道，在经济和产业发展领域已建成重大项目和金融支撑体系。相应的，在文化交流合作方面也应顺应大势、迎头赶上。

本书认为，根据《文化部“一带一路”文化发展行动计划（2016—2020年）》（文外发〔2016〕40号）[①]，“文化之都”应在“一带一路文化之都”建设中，起到搭建“一带一路”国家公共文化国际交流平台、发挥公共文化交流品牌效应、创新公共文化国际合作与交流机制等作用。在这一认识的基础上，可以再向前推进一步，在“一带一路”中，研究、设计并提出“一带一路文化之都”建设倡议，并将面向“一带一路”沿线国家、惠及各国人民的公共文化发展，作为核心内容。后者“以我为主”的主要建设内容包括：

一是搭建公共文化国际交流平台。依托“一带一路文化之都”建设，我国加快在“一带一路”沿线国家和地区设立“中国文化中心”，形成布局合理、功能完备的设施及交流网络。推进以“一带一路”公共文化平台的建设运行逐步实现常态化、长效化。

二是发挥公共文化交流合作的品牌效应。进一步打造公共文化交流合作的国际知名品牌，扩大我国“欢乐春节”等国家品牌在“一带一路”沿

① 文化部对外文化联络局.文化部“一带一路”文化发展行动计划（2016—2020年）[EB/OL].（2016-12-28）[2017-12-25]. http://zwgk.mcprc.gov.cn/auto255/201701/t20170113_477591.html.

线国家的影响力，发挥“丝绸之路文化之旅”“丝绸之路文化使者”等重大文化交流品牌活动的载体作用。鼓励和支持各类综合性国际论坛、交易会等设立“一带一路文化之都”公共文化交流板块，建立“一带一路文化之都”数据库，打造服务于“一带一路文化之都”建设的公共数字文化支撑平台。

三是创新公共国际合作与交流机制。适时发起“一带一路文化之都图书馆联盟”“一带一路文化之都博物馆联盟”“一带一路文化之都国际剧院联盟”“一带一路文化之都美术馆联盟”“一带一路文化之都艺术节联盟”“一带一路文化之都艺术院校联盟”等倡议，与“一带一路文化之都”城市的相关公共文化机构共同建立以公共文化为主渠道的国际、城际文化交流机制。

二、倡导、发起“金砖国家文化之都”建设

“金砖国家”分布在四大洲，集中代表了世界文化多样性和人类文明多元性。2017年7月6日，在天津举行的第二届金砖国家文化部长会议上，金砖五国[①]共同签署了《落实〈金砖国家政府间文化协定〉行动计划（2017—2021年）》，该行动计划具体涉及文化艺术、文化遗产、文化产业、图书、媒体、出版、档案、人才培训、文化之都等多领域。其中，依据《行动计划》规划，金砖国家将设立金砖国家图书馆联盟、博物馆联盟、美术馆联盟和青少年儿童戏剧联盟。在这一大背景中，“金砖国家文化之都”呼之欲出。倡导和发起“金砖国家文化之都”建设，可以以点带面推动中国与全球的文化交流，对于加快构建“人类命运共同体”意义重大。

“金砖国家文化之都”的设立，将使未来金砖国家间的城市、文化机构在交流合作上有更多的机会，加速文化交流合作由偶然、局部、随机向趋势性、常态化和紧密型转变。根据上述金砖国家政府间文化行动计划，在文化艺术领域，可以大力促进青少年儿童戏剧和视觉艺术领域的务实合

① 金砖五国分别为:中国、巴西、俄罗斯、印度和南非。

作，推动金砖国家艺术团体、机构及行业组织之间建立战略合作伙伴关系，促进金砖国家公共文化、文化产业创新发展等。

从当前实践上看，“金砖国家文化之都”城市的公共文化交流已有丰富基础。在2017年9月举办的首届金砖国家文化节，以“文明相融·民心相通”为主题，邀请了金砖五国200多位艺术家，在厦门举办了剧场演出、户外演出、艺术大师课、主题展览和金砖国家电影展映等30余场以公共文化为主的交流活动，来自海内外的精品、高雅文艺演出，如中国中央芭蕾舞团、巴西黑天鹅民族舞蹈团、俄罗斯马林斯基剧院、印度阿底提舞蹈学院、南非约翰内斯堡芭蕾舞团等金砖五国具有代表性艺术院团的所有演出、展览均向市民免费开放。

从未来发展上看，立足于我国文化外交的视角，“金砖国家文化之都”建设的意义深远。这种交流互动不仅仅局限于人文艺术领域，更重要的是搭建了一个向金砖国家乃至全世界展示公共文化发展“中国经验”“中国方案”的桥梁。为此，结合“金砖国家文化之都”建设，创新金砖国家公共文化合作交流方式和机制，探索金砖国家公共文化发展共同点，既符合中国文化外交大局，也符合金砖国家的共同利益。

参考文献

专著

[1] [美] 奥图，洛干著；王劭方译.美国都市建筑——城市设计的触媒 [M] .台北：创兴出版社有限公司，1994.

[2]鲍宗豪.国际大都市文化导论[M].上海：学林出版社，2010.

[3]陈圣来.艺术节与城市文化[M].上海：上海社会科学院出版社，2013.

[4]陈忆戎.节庆产业与城市发展[M].北京：中央编译出版社，2011.

[5]戴珩.公共文化服务体系120问[M].南京：南京师范大学出版社，2011.

[6]单霁翔.从“功能城市”走向“文化城市”[M].天津：天津大学出版社，2007.

[7] [英] 费瑟斯通著；刘精明译.消费文化与后现代主义 [M] .南京：译林出版社，2000.

[8] [美]弗里曼，王彦华著；梁豪译.战略管理：利益相关者方法[M].上海：上海译文出版社，2016.

[9]付宝华.城市主题文化与世界名城崛起[M].北京：中国经济出版社，2007.

[10]贺善侃.国际大都市公益文化比较研究[M].上海：学林出版社，2010.

[11]黄昌勇，张晓明等.中国城市文化报告2017 [M].上海：同济大学出版社，2017.

[12]黄鹤.文化规划——基于文化资源的城市整体发展策略[M].北京：中国建筑工业出版社，2010.

[13] [英] 科恩，肯尼迪著；文军等译.全球社会学[M]，北京：社会科学文献出版社，2001.

[14] [美] 科勒.国家营销——创造城市财富的战略方法 [M] .北京：华夏出版社，2001.

［15］李红.国际文化合作的经济分析——以中国—东盟区域为例［M］.北京：中国社会科学出版社，2012.

［16］李亚娟.现代城市治理与城市文化建设研究［M］.上海：上海人民出版社，2015.

［17］［美］林奇，方益萍著；何晓军译.城市意象［M］.北京：华夏出版社，2017.

［18］刘瑾.首都文化竞争力研究［M］.北京：中国社会科学出版社，2015.

［19］刘容.联合国教科文组织创意城市网络研究：文化多样性与文化产业的双赢［M］.北京：中国社会科学出版社，2016.

［20］柳斌杰，雒树刚，袁曙宏.中华人民共和国公共文化服务保障法解读［M］.北京：中国法制出版社，2017.

［21］吕拉昌，黄茹.世界大都市的文化与发展［M］.广州：华南理工大学出版社，2013.

［22］［美］马尔卡希著；何道宽译.公共文化、文化认同与文化政策：比较的视角［M］.北京：商务印书馆，2017.

［23］［英］芒福德著；宋俊岭，倪文彦译.城市发展史——起源、演变和前景［M］.北京：中国建筑工业出版社，2005.

［24］［法］穆里尼奥著；陈羚芝译.法国文化政策机制［M］.台北：台北五观艺术出版社，2009.

［25］［挪］诺伯舒兹.场所精神［M］.华中科技大学出版社，2010.

［26］［英］欧文斯等著；黄昌勇，侯卉娟译.世界城市文化报告［M］.上海：同济大学出版社，2013.

［27］欧阳坚，丁伟.国际文化发展报告［M］.商务印书馆，2005.

［28］［美］帕克斯.公共服务的制度建设［M］.上海：上海三联书店，2000.

［29］［美］史内卡夫，刘丽卿著；蔡国栋译.都市文化空间之整体营造——符合使用中的文化设施［M］.台北：创兴出版社，1996.

［30］童强.空间的哲学［M］.北京：北京大学出版社，2011.

［31］王春雷，赵中华.2009中国节庆产业发展年度报告［M］.天津：天津大学出版社，2010.

［32］王辉."一带一路"文化交流蓝皮书：中阿文化交流发展报告（2017）［M］.北京：社会科学文献出版社，2017.

［33］王璐.重大节事影响下的城市形态研究［M］.北京：中国建筑工业出版社，2011.

［34］吴良镛.广义建筑学［M］.北京：清华大学出版社.1994.

[35]吴廷玉.城市文化策划与城市生态研判[M].北京:清华大学出版社,2015.

[36]吴忠,王为理.城市文化论[M].深圳:海天出版社,2014.

[37]武常岐.世界经典文化产业园区[M].北京:中国建筑工业出版社,2015.

[38]宿琴.多元维持与共识建构:欧盟文化政策研究[M].北京:中国政法大学出版社,2012.

[39][加]雅各布斯.美国大城市的死与生[M].南京:译林出版社,2005.

[40]姚子刚.城市复兴的文化创意策略[M].南京:东南大学出版社,2016.

[41]叶辛,蒯大申.城市文化研究新视点——文化大都市的内涵及其发展战略[M].上海:上海社会科学院出版社,2008.

[42]张廼英.创意产业理论与实践[M].上海:同济大学出版社,2015.

[43]张生祥.欧盟的文化政策:多样性与同一性的地区统一[M].北京:中国社会科学院出版社,2008.

[44]张玉国.文化多样性与人类全面发展——世界文化与发展委员会报告[M].广州:广东人民出版社,2006.

[45]周振华,陈向明,黄建富.世界城市——国际经验与上海发展[M].上海:上海社会科学院出版社,2004.

期刊

[1][德]埃伯特,纳德,昆斯曼著;刘佳燕译.鲁尔区的文化与创意产业[J].国际城市规划,2007(3):41-46.

[2][法]安布罗西诺,吉隆著;贾丽齐,刘海龙译.法国视角下的创意城市[J].国际城市规划,2012(7):49-53.

[3][英]比安基尼著;王列生译.重建欧洲城市:文化政策的角色[J].福建论坛(人文社会科学版),2016(8):117-126.

[4]曹嘉涵.“一带一路”倡议与2030年可持续发展议程的对接[J].国际展望,2016(3):37-39.

[5]曹磊.日本横滨市公共文化服务体系概述[J].上海文化,2014(10):113-119.

[6]陈万里,赵军.阿拉伯国家联盟决策机制研究[J].阿拉伯世界研究,2007(6):18-25.

[7]陈慰.从功能城市到文化城市:"欧洲文化之都"公共文化建设研究[J].山东大学学报(哲学社会科学版),2017(5):72-83.

[8]陈慰.德国柏林市公共文化服务概述[J].山东图书馆学刊,2016(2):19-23.

[9]陈怡.西班牙圣地亚哥德孔波斯拉朝圣之路——基督教精神遗产的展示[J].中国文化遗产,2011(6):102-109.

[10]成啸.共同治理模式下的澳大利亚公共文化艺术管理体系初探[J].艺术管理,2017(1):44-50.

[11]代利凤.发达国家公共文化服务绩效评估概览[J].重庆科技学院学报(社会科学版),2014(4):111-113.

[12]单霁翔.从"功能城市"走向"文化城市"发展路径辨析[J].文艺研究,2007(3):41-53.

[13][法]德雷阿诺,埃尔耐克著;赵淑美译.2004欧洲文化之都:创意城市里尔[J].国际城市规划,2012(3):17-24.

[14]董奇,戴晓玲.英国"文化引导"型城市更新政策的时间与反思[J].城市规划,2007(4):61-62.

[15]方丹青,陈可石,陈楠.以文化大事件为触媒的城市再生模式初探——"欧洲文化之都"的实践和启示[J].国际城市规划,2017(2):101-107.

[16]顾丽姝.东亚文化对东亚一体化的影响[J].云南民族大学学报,2009(6):69-73.

[17]黄鹤.文化政策主导下的城市更新——西方城市运用文化资源促进城市发展的相关经验和启示[J].国外城市规划,2006(21):34-39.

[18]姜广华.公共文化服务政策选择[J].特区实践与理论,2010(1):47-49.

[19]柯南,王贵发.伊斯兰文化之都:阿勒颇[J].中外文化交流,2017(10):78-81.

[20]孔令涛.2000年阿拉伯文化之都利雅得[J].阿拉伯世界,2000(3):45-47.

[21]李国新.现代公共文化服务体系建设的思考(上)[J].中外文化交流.2016(7):58.

[22]李双幼."欧洲文化之都"对泉州"东亚文化之都"建设的启示[J].中共郑州市委党校学报,2014(6):73-77.

[23]李翔宁,姚微微.展·城:大型公共艺术事件与城市文化更新[J].上海城市规划,2014:82-85.

[24]李志斐，于海峰.试论“中国文化年”现象[J].理论界，2007(2):109-111.

[25]梁良，杨诗源，王中山.泉州“东亚文化之都”旅游形象感知调查与形象提升研究[J].科技经济市场，2015(2):157-159.

[26]刘光宇.正确认识联合国教科文组织“创意城市网络”[J].科技智囊，2013(11):57-68.

[27]刘容.城市场域下非物质文化遗产生产性保护比较研究——以教科文组织创意城市网络民间手工艺之都杭州和圣达菲为例[J].广西师范学院学报(哲学社会科学版)，2016:43-48.

[28]刘文俭.城市文化国际交流的路径与合作方式研究[J].理论学习，2010(7):17-20.

[29]马先玉.“东亚文化之都”间文化经贸交流合作与发展研究[J].厦门特区党校学报，2015(2):55-59.

[30]毛少莹.发达国家的公共文化管理与服务[J].特区实践与理论，2007(2):50-68.

[31]齐镭.由“欧洲文化之都”展开的思考[J].中国旅游报，2012(7) 1-2.

[32]瞿世镜.国际大都市文化竞争力比较[J].上海行政学院报，2004(6):88-97.

[33][美]萨拉蒙.新政府治理与公共行为的工具:对中国的启示[J].中国行政管理，2009(11):100-106.

[34]沈晓敏，贾玉祥.基于城市形象塑造视角提升泉州市竞争力对策探析[J].对外经贸，2016(10):72-73.

[35]石崧，黄普.上海国际文化大都市发展规划战略探索[J].上海城市规划，2012(3):27-32.

[36]万林艳.公共文化及其在当代中国的发展[J].中国人民大学学报，2006(1):98-103.

[37]王承旭.城市文化的空间解读[J].规划师，2006(4):69-72.

[38]王鹏，魏金召.“欧洲文化之都”活动对我国历史文化名城发展的启示[J].旅游世界·旅游发展研究，2012(4):28.

[39]王青璇.文化外交视阈下中外文化年活动的价值探析[J].今传媒，2017(7):65-66.

[40]卫志民，陈璐.提升海外中国文化中心的传播能力[J].红旗文稿，2015(4):29-

30.

［41］吴理财，贾晓芬，刘磊.以文化治理理念引导社会力量参与公共文化服务［J］.江西师范大学学报（哲学社会科学版），2015（6）：85-91.

［42］徐清泉.公共文化服务评估研究：现状、需求及要素［J］.毛泽东邓小平理论研究，2012（8）：57-62.

［43］许平."创意城市网络"与设计城市格局——关于中国"申都"城市的文化断想［J］.装饰.2011（12）：16-20.

［44］杨保筠.进一步夯实中国与东盟战略合作伙伴关系的基础［J］.中国国际战略评论，2014（7）：150-159.

［45］杨灿荣."东亚文化之都"建设与泉州文化资源整合［J］.福建论坛·人文社会科学版，2015（3）：162-165.

［46］杨乐平，张京祥.重大事件项目对城市发展的影响［J］.城市问题，2008（2）：11-15.

［47］姚林青，卢国华.文化创意产品的经济性质与外部约束条件［J］.现代传播（中国传媒大学学报），2012（5）：106-110.

［48］叶惠珍.文化竞争视域中的亚洲城市英文官网建设研究——对中日韩"东亚文化之都"英文网的WQI比较分析［J］.宁夏大学学报（人文社会科学版），2015（4）：166-171.

［49］意娜."联合国2030可持续发展议程"下的国际文化创意产业发展趋势［J］.广东社会科学，2016（4）：70-72.

［50］张卫良."区域城市"：刘易斯·芒福德的城市愿景与中国的新型城镇化［J］.都市文化研究，2014（2）：63-75.

［51］张兴国，周挺.2010年欧洲文化之都活动——德国艾森鲁尔旧工业区转型新路径［J］.新建筑论坛，2011（4）：108-111.

［52］赵德兴，陈友华等.城市文化竞争力指标体系研究［J］，南京社会科学，2006（6）：20-25.

［53］周建标.泉州建设东亚文化之都发展文化旅游业的路径选择［J］.湖南工程学院报，2015（3）：11-22.

［54］周松峰.在"东亚文化之都"建设中的文化资源价值及其全域联动提升路径［J］.中外企业家，2014（29）：10-15.

[55]庄恩平，张珊珊，虞怡达.欧洲跨文化城市战略实践与启示[M].北京：时事出版社，2014：36-37.

报纸

[1]邓雅琴.长沙的“东亚文化之都”风范[N].中国文化报，2016-09-08（ 12 ）.

[2]黄昌勇.公共文化建设社会化的根本[N].文汇报，2015-03-30（ 5 ）.

[3]焦波.波兰：将遗产保护作为国家文化政策重心[N].中国文化报，2016-06-23（ 3 ）.

[4]刘传.2010年世界图书之都——卢布尔雅那[N].中国文化报，2010-04-24（ 5 ）.

[5]马桂花.利物浦以“欧洲文化之都”促城市复兴[N].经济参考报，2008-01-16（ 11 ）.

[6]疏影.当选“欧洲文化之都”有哪些好处[N].中国文化报，2016-03-07（ 3 ）.

[7]宋冰.中国文化年，让世界感受中国魅力[N].人民日报海外版，2007-11-23（ 1 ）.

[8]宋佳烜.泉州启动古城文化复兴计划[N].中国文化报，2014-02-17（ 1 ）.

[9]王可.“欧洲文化之都”成欧洲城市点金石[N].北京商报，2010-03-29（ 13 ）.

[10]巫志南.加强公共文化资源供给是关键[N].中国文化报，2011-09-09（ 8 ）.

[11]叶飞.“东亚文化之都”：共同提炼“亚洲价值”[N].中国文化报，2013-08-29（ 9 ）.

[12]周依奇.文化之都含金几何[N].中国文化报，2010-01-21（ 4 ）.

学位论文

[1]曹曼君.战后纽约文化产业发展研究（ 1945—1975 ）[D].上海：华东师范大学，2010.

[2]陈留俊.海外中国文化年与中国国家形象的传播[D].上海：上海社会科学院，2015.

[3]戴艺璇.泉州市建设“东亚文化之都”的文化政策研究[D].泉州：华侨大学，2015.

[4]董禹.凯文·林奇人文主义城市设计思想研究[D].哈尔滨：哈尔滨工业大学，2008.

[5]段晓月.北碚区农村老年人公共文化服务创新研究[D].重庆：西南大学，2017.

[6]范志杰.发展文化事业促进文化产业政策研究[D].北京：中国财政科学研究院，2013.

[7]高梦楚.欧洲文化之都发展与图书馆建设[D].北京：北京大学，2014.

[8]贡瀛翰.论帕特里克·格迪斯有机的城市观[D].上海：上海师范大学，2014.

[9]侯铮.公共艺术的大众娱乐性分析[D].大连：大连工业大学，2015.

［10］姜亦凤.我国公共文化服务体系构建中的公民参与研究［D］.青岛：中国海洋大学，2008.

［11］李冰冰.富有文化特质的城市公共空间环境活力营造研究［D］.合肥：合肥工业大学，2011.

［12］李沁.英国城市文化复兴实例研究——以谢菲尔德为例［D］.上海：同济大学，2008.

［13］李文丽.论彼得・霍尔的世界城市理论［D］.上海：上海师范大学，2014.

［14］李旭旭.基于城市触媒理论的城市旧工业地段更新研究［D］.重庆：重庆大学，2015.

［15］刘晓东.基于价值增长机制的文化创意产品价值共创研究［D］.上海：东华大学，2017.

［16］倪君.北京市创意城市发展评估及建设路径研究［D］.北京：首都经济贸易大学，2016.

［17］王欢.欧洲一体化进程中的欧洲认同探析［D］.兰州：兰州大学，2006.

［18］薛芃.事件驱动的城市公共空间复兴策略初探——以德国埃森为例［D］.北京：清华大学，2014.

［19］张燕.从“上海周”看对外文化交流的作用［D］.上海：复旦大学，2009.

［20］周烨.文化空间集群与媒介传播——城市文化建设的“齿轮效应”研究［D］.杭州：浙江大学，2016.

英文参考文献

专著

［1］Australia Council. Better places richer communities cultural planning and local devepment—a practial guide [M]. Sydney: Australia Council, 1997.

［2］Bailey N, Turok I, Docherty I. Edinburgh and Glasgow: contrasts in competitiveness and cohesion [M], Glasgow: University of Glasgow, 1999.

［3］Bianchini F. Urban renaissance: the arts and the urban regeneration process—

tackling the inner cities [M]. Oxford: Oxford University Press, 1990.

[4] Booth P, Boyle R. Cultural policy and urban regeneration: the West European experience [M]. New York: Martin' s Press, 1993.

[5] Centre for Cultural Policy Research. Glasgow 1990 European City of Culture [M]. Glasgow: University of Glasgow, 2003.

[6] Clark G. Local development benefits from staging global events [M]. Paris: Publications de I' OCDE, 2008.

[7] Evans G, Phyllida S. The construction of culture to regeneration in the UK: a review of evidence [M]. London: London Metropolitan University, 2004.

[8] Featherstone M. Consumer culture and postmodernism [M]. Sage publication Ltd. Second edition, 2007.

[9] Florida R. The rise of the creative class [M]. New York: Basic Books, 2004.

[10] Geddes P. Cities in evolution: an introduction to the town planning movement and to the study of civics [M]. Routledge: Thoemmes Press, 1997.

[11] Getz D. Event management & event tourism [M]. New York: Cognizant Communication Corporation, 1997.

[12] Getz D. Event studies: theory, research and policy for planned events [M]. Oxford: Elsevier, 2007.

[13] Getz D. Festival, special events and tourism [M]. New York: Van Nostrand Reinhold, 1991.

[14] Kleinsteuber H. Torsten R. Europa als Kommunikationsraum [M]. Opladen: Leske Budrich, 1994.

[15] Landry G. The creative city: a toolkit for urban innovators [M]. Earthscan Copyright, 2000.

[16] Lefebvre H. The production of space [M]. Wiley: Blackwell, 1991.

[17] Massey D. Space, place and gender [M]. Cambridge: Polity Press, 1994.

[18] Matarasso F. Use or ornament? The social impact of participation in the arts [M]. Stroud: Comedia, 1997.

[19] Mommaas H. Cultural clusters and the post-industrial city: towards the remapping of urban cultural policy [M]. Urban studies, 2004.

［20］Roche M. Mega-events and modernity: Olympics and Expos in the growth of global culture [M]. London: Routledge, 2000.

［21］Sennet R. The conscience of the eye: the design and social life of cities [M]. New York: Norton, 1990.

［22］Steiner L, Frey B S, Hotz S. European Capitals of Culture and life satisfaction [M]. Zurich: University of Zurich, 2013.

［23］Stukas A, Snyder M, Clary E. Handbook of consumer psychology. Marketing and consumer psychology series [M]. New York: Taylor & Francis, 2008.

［24］Watson D. Time-saver standards for urban design [M]. Shibley: McGraw Hill, 2003.

［25］Wood P. Intercultural cities: towards a model for intercultural integration [M]. Strasbourg: Council of Europe. 2010.

［26］Zukin S. Loft living culture and capital in urban change [M]. London: Radius, 1988.

［27］Zukin S. The cultures of cities [M]. Cambridge: Blackwell Publisher, 1996.

期刊

［1］Aquino J A, Russell D W, Cutrona C E, et al. Employment status, social support, and life satisfaction among the elderly [J]. Journal of Counseling Psychology, 1996(4):480-489.

［2］Balsas C. City centre regeneration in the context of the 2001 European Capital of Culture in Porto, Portugal [J]. Local Economy, 2004(4):396-410.

［3］Carlsen J, Ali K J, Robertson M. Access: a research agenda for Edinburgh festivals [J]. Event Management, 2007(11):3-11.

［4］Dave O. No cultural policy to speak of-Liverpool 2008 [J]. Journal of Policy Research in Tourism, Leisure and Events, 2010(2):113-128.

［5］Didier P, Thierry B. Lille 2004 and the role of culture in the regeneration of Lille metropole [J]. Town Planning Review, 2011(1):29-43.

［6］Dreano L, Ernecg J, Zhao S M. European Capital of Culture in 2004: creative Lille

[J]. Urban Planning International, 2012(3):17–24.

[7]Evans G. Measure for measure: evaluating the evidence of culture's contribution to regeneration [J]. Urban Studies, 2005:(42):959–983.

[8] Garcia B, Melville R, Cox T. Creating an impact: Liverpool's experience as European Capital of Culture [R]. Liverpool, 2009.

[9] Getz D. Festival stakeholder roles: concepts and case studies [J]. Even Management, 2007, 10(2):103–122.

[10] Gomes P, Librero–Cano A. Evaluating three decades of the European Capitals of Culture programme: a difference in differences approach [J]. Journal of Cultural Economics, 2016(4):1–17.

[11] Gursoy D, Chi C, Ai J, et al. Temporal change in resident perceptions of a mega–event: the Beijing 2008 Olympic Games [J]. 2011(2): 299–324.

[12] Hansen L E. From applicant to designated European Capital of Culture [J]. International Journal of Managing Projects in Business, 2008(8): 715–731.

[13] Heaney J G, Heaney M F. Using economic impact analysis for arts management: an empirical application music institute in USA [J]. International Journal of Nonprofit and Voluntary Sector Marketing, 2003(3):251.

[14] Hiu D R. Some observations on Lewis Mumford's *The City in History* [J]. Salmagundi, 1980(49):88–109.

[15] Hughes H. The significance of European “Capital of Culture” for tourism and culture: the case of Krakow 2000 [J]. International Journal of Arts Management, 2003(5):12–23.

[16] Hudec O, Dzupka P. Culture–led regeneration through the young generation: Košice as the European Capital of Culture [J]. European Urban and Regional Studies. 2016(23): 531–538.

[17] Lee S B, Lee C K, Kang J S, et al. Residents' perceptions of the 2008 Beijing Olympics: comparison of pre– and post impacts [J]. International Journal of Tourism Research, 2013(3): 209–225.

[18] Liu Y D. Cultural events and cultural tourism development: lessons from the European Capitals of Culture [J]. European Planning Studies, 2014(22), 498–514.

[19]Liu Y D. Event and quality of life: a case study of Liverpool as the 2008 European Capital of Culture [J]. Applied Research Quality Life, 2016(11):707–721.

[20] Liu Y D. Event–led strategy for cultural tourism development: the case of Liverpool as the 2008 European Capital of Culture [J]. The Planning Review, 2015(51):28–40.

[21] Liu Y D. Quality of life as event legacy: an evaluation of Liverpool as the 2008 European Capital of Culture [J]. Applied Research Quality Life, 2016(3):24–36.

[22] Meller H. Patrick Geddes: an analysis of his theory of civics, 1880–1904 [J]. Victorian Studies, 1973(13):291–315.

[23] Nye J. Soft power [J]. Foreign Policy, 1990(4):166.

[24] Panagiota P. The European Capital of Culture: the challenge for urban regeneration and its impact on the cities [J]. International Journal of Humanities and Social Science, 2012(9):268–273.

[25] Pratt A C. Creative clusters: toward the governance of the creative industries production system [J]. Media International Australia, 2004(1):1–30.

[26] Purcell M. Excavating Lefebvre: the right to the city and its urban policies of the inhabitant [J]. Geo Journal 2002(2):99–108.

[27] Remoaldo P, Vareir L M C, Ribeiro J C, et al. Resident's perceptions on impacts of hosting the Guimarães 2012 European Capital of Culture: comparisons of the pre–and post periods [J]. Impact Assessment in Tourism Economics, 2016(5):229–246.

[28] Rice M F. A post–modern cultural competency framework for public administration and public service deliver [J]. International Journal of Public Sector Management, 2007(20):622–637.

[29] Richards G, Rotarin I. The impact of the 2007 European Cultural Capital in Sibiu: a long term perspective—a report to the city of Sibiu [J]. Hermannstadt, 2010(2):46–51.

[30] Romer P M. Increasing returns and long run growth [J]. The Journal of Political Economy, 1986(5): 1002–1037.

[31] Scannell P. Public service broadcasting and modern public life [J]. Media, Culture and Society, 1989(2):138.

[32] Arnstein S R. A ladder of citizen participation [J]. Classic Reading in Urban

Planning, 1995:360.

[33] Sudjic D. The race to be a capital of culture is a non-starter [J]. The Observer. 2001(4):56-77.

[34] Thomas J L. Lewis Mumford: rationalistic historian [J]. Reviews in American History, 1988(16):159.

[35] Turok I. Regeneration old industrial cities: experience from Britain and implications for NE China [J]. Urban Planning Overseas, 2005(20):60-64.

[36] Turok I. Scottish urban policy: continuity, change and uncertainty post-devolution [J]. New Horizons in British Urban Policy, 2004:111-128.

[37] Wattanasuwan K. The self and symbolic consumption [J].The Journal of American Academy of Business, 2005(7):179-184.

[38] Willigen V M. Differential benefits of volunteering across the life course [J]. Journal of Gerontology: Social Sciences, 2000(55):308-318.

报告

[1] Cogliandro G. European cities of culture for the year 2000—a wealth of urban cultures celebrating the turn of the century [R]. Brussels: European Commission, 2001.

[2] Creative Europe: on governance and management of artistic creativity in Europe. An ERIC arts report to the NEF [R], 2002:21.

[3] Ecorys and the Centre for Strategy and Evaluation Services(CSES). Ex-post evaluation of the 2015 European Capitals of Culture [R]. Luxembourg: Publications Office of the European Union, 2016:31.

[4] Ecorys. Ex-post evaluation of the 2011 European Capitals of Culture [R]. Birmingham: Vincent House, 2012:55.

[5] ENWRS and Impacts 08. The economic impact of visits influenced by the Liverpool European Capitals of Culture in 2008 [R]. Liverpool:2008.

[6] Fox T, Rampton J. Ex-post evaluation of the European Capitals of Culture final report [R]. Luxembourg: Publications Office of the European Union, 2015:11.

[7] Tubaldi M. The ECoC title for a central European city: the cast of Pécs 2010 [R]. 5th

Central European Conference in Regional Science–CERS, 2014:1087–1099.

[8] Urban Task Force. Toward an urban renaissance: final report of the Urban Task Force [R]. London: E&FN Spon, 1999:27.

学位论文

[1] Edizel Ö. Governance of sustainable event–led regeneration: the case of London 2012 Olympics [D]. London: Brunel University, 2014.

[2] Goggin S. The European Capital of Culture: the politics of a becoming Europe [D]. LA: University of California, Los Angeles, 2009.

附录一　1985年至2019年“欧洲文化之都”当选城市列表

当选年	宣布年	当选城市	国家（当选次数）	城市类型	同期竞选城市	城市文化建设概况	当选年活动开展概况	标识
1985	1984	雅典	希腊（1）	首都	—	希腊最大城市、欧洲第八大城市，世界最古老的城市之一，西方文明和民主的起源地，众多历史遗迹、艺术作品的诞生地。	促进文化和艺术发展，建立教育与文化之间的联系，改善文化基础设施，鼓励文化创新，增强文化交流合作，增强欧洲文化认同。	
1986	1985	佛罗伦萨	意大利（1）	托斯卡纳区首府、欧洲最著名的艺术中心、历史名城、旅游城市	—	是文艺复兴的传统和艺术的宝库，整个城市保留着文艺复兴时的风貌，仍弥漫着文艺复兴的气氛，欧洲文化艺术中心，文艺复兴发源地，有40多个博物馆、美术馆；60多座宫殿和许多大小教堂、广场，收藏了大量的优秀艺术精品和精美文物。	改善城市文化基础设施，促进文化活动和文化项目交流，增加城市文化展示与交流。	Florence 1986
1987	1985	阿姆斯特丹	荷兰（1）	首都	—	2008年“世界图书之都”，拥有公共图书馆80个，每10万人拥有公共图书馆3.3个。拥有美术馆196个，国家级博物馆6个，其他类型博物馆138个，主音乐厅5个，音乐活动场馆147个，剧院58个，历史文化遗迹14处、联合国世界文化遗产5处、节庆活动350个。	增强与欧洲国家的文化交流与合作，文化活动和文化机构得以延续开展。	—

续表

当选年	宣布年	当选城市	国家（当选次数）	城市类型	同期竞选城市	城市文化建设概况	当选年活动开展概况	标识
1988	1985	西柏林	德国（1）	在1949—1990年间对柏林西部地区的称呼	波恩、慕尼黑	拥有公共图书馆88个，国家级博物馆18个，其他类型博物馆140个，联合国世界遗产3处，其他历史文化遗址8689处，剧院56个，电影院94个，年均戏剧表演6900场次，音乐会场地250个，年均舞蹈表演111场次，节庆63个。	文化机构和文化活动能够继续延续，与欧洲国家之间的文化交流与合作加强。	—
1989	1986	巴黎	法国（1）	首都	—	拥有公共图书馆1100个，每10万人拥有公共图书馆9.2个。拥有美术馆1151个，国家级博物馆27个，其他类型博物馆286个，剧场490个，音乐活动场地445个，每年戏剧表演近5万场，舞蹈表演3172场，电影节190个，节庆360个。	开展庆祝法国大革命200周年文化活动，城市文化交流与展示活跃，新的文化项目不断发展。	—
1990	1986	格拉斯哥	英国（1）	苏格兰第一大城市、港口城市、后工业城市	巴斯、布里斯托、加迪夫、剑桥、利兹、利物浦、斯旺西、爱丁堡	投入了相当多的资金、人力、物力用于历史文化设施的修复和建设，通过文化引导旧城改造更新，提升城市形象。	提升格拉斯哥的城市形象，并将其推介到国际舞台上，通过大型的文化项目吸引更多的游客直接增加城市的经济收入；修缮历史文化建筑街区，改造城市环境，吸引更多投资；建立新的文化场所、翻新画廊、建造皇家音乐厅、美化市中心的公共空间等。	GLASGOW 1990

续表

当选年	宣布年	当选城市	国家（当选次数）	城市类型	同期竞选城市	城市文化建设概况	当选年活动开展概况	标识
1991	1989	都柏林	爱尔兰（1）	首都	科克	爱尔兰文化艺术中心，拥有世界闻名的文学历史；拥有爱尔兰最大的图书馆、文学博物馆、爱尔兰国家印刷博物馆、爱尔兰国家图书馆等重要文化设施。	实施旧城改造，打造现代化的城市，将艺术与街道、户外空间建立联系，打造城市艺术空间；开展了众多国际文化交流项目。	—
1992	1988	马德里	西班牙（1）	首都	—	“世界图书日”发源地，拥有悠久的历史和丰富的文化，许多最著名的博物馆、艺术建筑等，足球文化、斗牛文化是主要特色和亮点；拥有公共图书馆46个，每10万人拥有公共图书馆1.5个，公共图书馆每年借阅量380万册次。拥有美术馆299个，国家级博物馆7个，其他类型博物馆52个，音乐活动场所98个，剧场112个，历史文化遗产253处，每年音乐表演4000多场，电影节24个，各类节庆活动69个。	在已有基础上新建了一些文化基础设施，增添了城市的文化气氛；在获选“欧洲文化之都”后，还发行了限量的纪念货币；在世界范围内，越来越多的旅行客和学者慕名而来，为马德里旅游业的发展带来了一股新动力，提高了城市的影响力，促进了当地文化产业发展，提升了就业率、带动了经济发展。	—

续表

当选年	宣布年	当选城市	国家（当选次数）	城市类型	同期竞选城市	城市文化建设概况	当选年活动开展概况	标识
1993	1988	安特卫普	比利时（1）	比利时最大港口和重要工业城市、历史名城、旅游城市	列日	2004年“世界图书之都”，拥有大量历史文化遗产，拥有20多座美术馆以及众多有享誉国际的博物馆，如皇家艺术博物馆、国家海运博物馆、钻石博物馆等；城市街头拥有各类艺术雕塑，文化氛围浓厚。	安特卫普率先开启了“欧洲文化之都”与中国的文化对话，“上海周”活动是安特卫普“欧洲文化之都”活动的一项亮点内容；在当年的文化活动中，上海市民为安特卫普送去了民乐、国画、书法、工艺品和电影展等。	antwerpen93
1994	1989	里斯本	葡萄牙（1）	首都	—	葡萄牙最大的文化中心，里斯本国家图书馆建于1796年，是全国藏书最丰富的图书馆；拥有许多博物馆，如马车博物馆内收藏有16—19世纪中期皇家的各种马车，拥有14世纪修建的卡尔马教堂，现已为考古博物馆，民俗和艺术博物馆展出了各类现代和古代的民间艺术等。	完善城市的基础设施建设是主要任务之一，修建或翻新了许多文化设施，如古代艺术博物馆、希亚多博物馆、考古博物馆、音乐博物馆、视觉艺术馆以及帝沃力影院等，新修建的帝沃力影院采取公私合营模式；国内外知名度得到很大提升，城市旅游业快速发展。	—

续表

当选年	宣布年	当选城市	国家（当选次数）	城市类型	同期竞选城市	城市文化建设概况	当选年活动开展概况	标识
1995	1989	卢森堡	卢森堡（1）	首都	—	是欧洲的文化中心，是日耳曼文化和拉丁文化的交汇地，拥有着多元的文化，语言、饮食、生活习惯等都体现着不同文化的交融。	主题为“每个人的文化”，口号为“卢森堡，欧洲所有文化的城市”，开展文化项目500多个，吸引117万人参与；举办各类表演1120场，吸引观众41.3万人次；与欧洲12个国家开展文化交流与合作。	
1996	1989	哥本哈根	丹麦（1）	首都	—	拥有许多宫殿、城堡和古建筑，城市充满浓郁的艺术气息，拥有阿肯艺术中心、路易斯安娜博物馆、丹麦国家博物馆等众多世界知名文化设施。	三个主题分别为：“春：世纪之城与21世纪”“夏：绿色城市与环球之梦”“秋：未来与新欧洲”；通过文化建设振兴了首都以及周边地区的发展，提升了城市的国际形象；开展文化项目670个，吸引690多万人次参与；在建筑、视觉艺术、戏剧、音乐方面取得较好成果，与欧洲22个国家广泛开展文化合作与交流。	—

续表

当选年	宣布年	当选城市	国家（当选次数）	城市类型	同期竞选城市	城市文化建设概况	当选年活动开展概况	标识
1997	1992	萨洛尼卡	希腊（2）	希腊第二大城市、马其顿地区首府、历史名城、港口城市	伊斯坦布尔、布达佩斯	东西方文化交融、交汇处，拥有许多著名博物馆，如萨洛尼卡国立博物馆、萨洛尼卡犹太博物馆、拜占庭文化博物馆、萨洛尼卡考古学博物馆、萨洛尼卡体育博物馆、萨洛尼卡水博物馆等。	以“创新和国际化”为主题，当选年20%的活动在萨洛尼卡的度假胜地举行，不仅服务了当地居民，提升了萨洛尼卡的城市形象，还带动了旅游发展。	—
1998	1993	斯德哥尔摩	瑞典（1）	首都、历史名城、教育中心	布拉格	拥有公共图书馆90个，每10万人拥有公共图书馆4.2个，美术馆120个，国家博物馆29个，其他类型博物馆70个，音乐厅70个，剧院80个，历史文化遗产189处，联合国历史文化遗产3处，电影节20个，节庆50个。	文化交流聚焦“跨文化交流、公众参与和打破界限”，举办了荷马摄影展、涂鸦艺术展、十字绣展等市民喜爱的文化活动，活跃了城市文化氛围，吸引了众多国外人士参与。	
1999	1993	魏玛	德国（2）	历史名城、曾为德国文化中心	纽伦堡	拥有众多举世闻名的文化设施，如德国皇家剧院、女公爵安娜·阿玛丽亚图书馆、包豪斯博物馆、新魏玛博物馆、德国国家剧院以及众多历史建筑和文学纪念馆等，常年举办各类文化节。	当选年开展了约370个文化项目，其中开幕式游行、德国现代艺术展等吸引了众多观众；新建和改建了许多文化设施，在城市日后的文化发展中发挥了重要作用。	

续表

当选年	宣布年	当选城市	国家（当选次数）	城市类型	同期竞选城市	城市文化建设概况	当选年活动开展概况	标识
2000	1995	阿维尼翁	法国（2）	沃克吕兹省首府、历史名城	—	拥有法国历史最长、影响最大的阿维尼翁艺术节（创办于1947年），是欧洲主要的戏剧庆典之一，于每年七八月举办；1995年联合国教科文组织将阿维尼翁古城作为文化遗产列入世界遗产名录。	主题为"艺术与创造力"，口号是"阿维尼翁，一场永不落幕的表演"，开展了文学、艺术、戏曲、舞蹈、视觉艺术等众多活动；提升了城市在欧洲和世界上的知名度，带动了旅游业发展。	—
	1995	卑尔根	挪威（1）	挪威第二大城市、霍达兰郡首府、挪威西部最大的城市、历史名城、港口城市	—	是挪威重要的文化中心；成立于1765年的"卑尔根爱乐管弦乐团"是全球历史最悠久的乐团之一，定期在葛利格礼堂表演；拥有众多市民业余的乐队；布里根旧城区也因其独特的建筑风格和悠久的历史文化被列入世界遗产名录。	设"春：梦想""夏：漫游""秋：空间"三个主题；推动了城市旅游业发展，提升了城市形象；活动主要分为当代艺术的创意表达、流行文化、地方传统文化三大类。	—
	1995	博洛尼亚	意大利（2）	艾米利亚—罗马涅大区首府、历史名城、意大利最古老的城市之一	—	意大利北部历史文化名城，也是意大利最古老的城市之一，于2006年被选为联合国教科文组织"音乐之都"；拥有出丰富的音乐传统，音乐范围从古典到电子、爵士乐、民歌和歌剧，拥有相应的高等教育专业和学术研究。	以"交流"为主题，重视城市文化建设；当选年期间开展了900多个项目、2000多场文化活动，与其他8个当选城市一起开展文化活动。	BOLOGNA Città Europea della Cultura

续表

当选年	宣布年	当选城市	国家（当选次数）	城市类型	同期竞选城市	城市文化建设概况	当选年活动开展概况	标识
	1995	布鲁塞尔	比利时（2）	首都	—	拥有公共图书馆118个，每10万人拥有公共图书馆10个。拥有美术馆313个，国家级博物馆8个，各类型博物馆85个，主要音乐厅4个，音乐活动场馆37个，剧院61个，历史文化遗址4231个，联合国历史文化遗址3处，各类节庆活动近300个。	以“城市”为主题，分“庆祝城市”“想象城市”等六大分主题，开展了300多个文化项目，吸引了500多个文化艺术机构参与；举办了开幕大游行、制作了150多个艺术创意作品、实施了文化科技融合项目“9号咖啡馆”。	—
	1995	赫尔辛基	芬兰（1）	首都、港口城市、教育中心	—	拥有全国最大的图书馆和各类主题的博物馆，如铁路博物馆、风俗博物馆、战争博物馆、邮电博物馆、教会博物馆、动物学博物馆等。	包含“孩子们的城市”“艺术之城”“国际之城”等多个主题，聚焦“创新、国际化、居民”三个维度。	2000.hel.fi
	1995	克拉科夫	波兰（1）	克拉科夫省首府、波兰第三大城市、工业城市、历史名城	—	中欧最古老的城市之一，是波兰学术、文化和艺术的经济中心之一；拥有天文台、博物馆、瓦韦尔宫以及60多处古城堡和教堂。	主题为“思想、精神、创造”；当选年活动伴随着市民文化节展开，以历史文化遗产保护、文学和视觉艺术为重点。	KRAKÓW 2000 EUROPEJSKIE MIASTO KULTURY
	1995	雷克雅未克	冰岛（1）	首都	—	是冰岛的文化中心，拥有5家出版社、众多书店、国家剧院，还有众多规模不大但别具风格的历史人文博物馆，如国家画廊、茵那尔雕塑博物馆等。	主题为“文化与自然”；活动主要集中在春夏两季；市艺术博物馆、市图书馆、摄影博物馆、市政档案馆等城市重要公共文化机构都在当选年投入使用。	—

续表

当选年	宣布年	当选城市	国家（当选次数）	城市类型	同期竞选城市	城市文化建设概况	当选年活动开展概况	标识
	1995	布拉格	捷克（1）	首都、历史名城、旅游名城	—	是欧洲的文化中心之一，历史上诞生了许多文化艺术领域的杰出人物；拥有众多歌剧院、音乐厅、博物馆、美术馆、图书馆、电影院等文化机构；各类文化活动丰富，其中，每年一度的布拉格之春音乐会是世界上重要的音乐盛会之一。	包含“城市的故事”“打开城市之门”“生活的城市”等多个主题；开展了保护遗产、现代艺术展等文化项目；流行音乐博物馆和档案馆投入使用，新建了许多街头城市文化雕塑，对老城区进行了文化设施的改善。	2000 PRAHA
	1995	圣地亚哥德孔波斯特拉	西班牙（2）	加利西亚自治区的首府、历史名城、旅游城市	—	圣地亚哥—德孔波斯特拉古城于1985年被列入世界遗产目录，拥有欧洲第一条文化之路“朝圣之路”。	主题为“欧洲和世界”，以“朝圣之路”为核心，展现了西班牙悠久的历史和丰富的文化；在众多活动中，千禧年文化节最为盛大和成功，是当选年的亮点活动。	—
2001	1998	鹿特丹	荷兰（2）	荷兰第二大城市、港口城市、旅游城市	—	拥有众多博物馆，如博曼斯博物馆、鹿特丹历史博物馆、民俗博物馆、海事博物馆、消防队博物馆等；拥有一个当代艺术中心；每年1月举办鹿特丹国际电影节，4—6月举办举办鹿特丹马拉松，6—9月鹿特丹夏节和世界港口日。	通过丰富文化生活和提高城市形象，在与欧洲其他城市的竞争中更有优势，吸引了更多游客、投资，带动了城市就业；设立具有国际发展性的文化项目打造以文化节和文化活动著称的城市形象；开展建筑、设计、摄影等领域的各类文化活动。	—

续表

当选年	宣布年	当选城市	国家（当选次数）	城市类型	同期竞选城市	城市文化建设概况	当选年活动开展概况	标识
2002	1998	波尔图	葡萄牙（2）	历史城市、港口城市、工业城市	—	拥有波尔图音乐厅，其旧城区与周围产酒区是世界文化遗产；葡萄酒文化历史悠久，被誉为“酒都”，拥有坐落在杜罗河畔绵延数里的巨大酒窖。	主题为“通往未来的桥梁”；建成并投入使用的波尔图音乐厅是波尔图市的重要文化设施，是2001年波尔图“欧洲文化之都”建设的重要项目之一。	
	1998	布鲁日	比利时（3）	西佛兰德省省会，比利时著名的文化名城、旅游胜地	蒙斯	拥有众多古建筑、博物馆和教堂，其中，1999年成立的布鲁日钻石博物馆是全世界五大钻石博物馆中最新的一个。	以新音乐厅落成典礼作为开场，全年举办了140场文化演出，包括画家范・埃克创作展、汉莎城历史展等。	
	1998	萨拉曼卡	西班牙（3）	历史名城、西班牙教育和文化中心	格拉纳达、巴塞罗那、巴伦西亚	是闻名世界的大学古城，拥有众多博物馆，如阿特・诺维安和德哥・卡萨里斯博物馆、动力历史博物馆等；城市文化节丰富；1988年被联合国教科文组织列为世界遗产；拥有众多大型、现代化的基础设施，为举办各种形式的文化活动提供了保障。	分“思想之城”“智慧之城”等多个主题；全年上演50多场戏剧和芭蕾舞表演、100多场各种风格的音乐会，举办歌剧、电影和博览会50多场。	

续表

当选年	宣布年	当选城市	国家（当选次数）	城市类型	同期竞选城市	城市文化建设概况	当选年活动开展概况	标识
2003	1998	格拉茨	奥地利（1）	奥地利第二大城市，东南部工业、交通、文化中心，施泰尔马克州的首府	—	拥有著名的现代美术馆、新艺术中心、格拉茨现代美术馆等；拥有奥地利第二大的格拉茨歌剧院；节庆活动丰富，每年举办古典音乐节、格拉茨夏季爵士乐节、国际木偶及街道剧院节、奥地利电影节等。	当选年开展了6000多个活动和100多个项目，迎来了300万游客，旅游业发展迅速；花费2000多万欧元进行设施新建和改造；接待了几十支国际性的艺术创作团体；推出了60多个主题展览会。	
2004	1998	热那亚	意大利（3）	利古里亚大区和省热那亚省首府、意大利最大商港和重要工业中心、历史文化名城	—	拥有欧洲知名的热那亚国际航海博览会、欧洲之花国际花卉植物展览、帕格尼尼国际小提琴大赛。	主题为"文化之旅"；热那亚2004官方纪念品被分发至城市社区；欧洲文化之都的气氛浓厚。	—
	1998	里尔	法国（3）	北部—加来海峡大区首府和北方省的省会、历史名城	—	是法国北部的经济、教育、交通和文化中心，拥有丰富的历史文化建筑和遗址；来自不同国家的文化在里尔交织汇集，文化多样性突出；被称作"欧洲建筑的活化石"。	主题为"以一种新的方式共同创造"；设计了许多独特的文化活动，如"平行的世界"，在欧洲不同城市中，让人们了解到世界各地的文化；"游乐之家"，将旧工厂或建筑遗址改造成为文化空间，青年艺术家与当地居民共同进行文化创作。	

续表

当选年	宣布年	当选城市	国家（当选次数）	城市类型	同期竞选城市	城市文化建设概况	当选年活动开展概况	标识
2005	2001	科克	爱尔兰（2）	历史名城、工业城市	高威、利默里克、沃特福德	是仅次于都柏林的全国第二大城，每年举办各类国际电影节、爵士乐节、合唱节和民间文化节。	文化活动吸引了来自世界各地的众多艺术家参与，举办了视觉艺术节、科克国际电影节、爵士乐节、仲夏夜艺术节等大型城市文化活动；约70%的文化活动和项目在制定时征求了本地市民的意见。	
2006	2002	帕特雷	希腊（3）	历史名城、港口城市、工业城市、希腊第三大城市	—	保存有古希腊城邦时期、罗马和拜占庭时期的许多文物，是狂欢节起源地，举办了帕特雷狂欢节大游行。	1—3月为狂欢节，4—5月为诗歌和音乐活动，11月为宗教艺术节和儿童艺术节；将许多城市历史遗迹进行维护和翻新；举办了达·芬奇大型展览和露天剧场的古希腊经典戏剧展演。	
2007	2004	卢森堡	卢森堡（2）	首都、历史名城	—	广播电视传媒业发达，所投资的广播电台、数字化卫星电视台覆盖欧洲；是欧洲电子媒介业中心之一；拥有多家报社；卢森堡市旧城区于1994年被列为联合国教科文组织世界遗产名录。	主题“飞行的雕塑”。将卢森堡推向了世界更广阔的舞台。修建了大量新的文化基础设施，完善了城市文化设施网络；举办了音乐、艺术、舞蹈、欢剧、电影、歌剧、科学、历史、美食等400多场活动。	

续表

当选年	宣布年	当选城市	国家（当选次数）	城市类型	同期竞选城市	城市文化建设概况	当选年活动开展概况	标识
	2004	锡比乌	罗马尼亚（1）	历史名城、工业城市	—	拥有大量文化古迹、博物馆，各种艺术及文化活动丰富；拥有市文化中心、弗里德里希文化中心和东西方文化交流中心等文化艺术机构；拥有作家协会、艺术家协会和其他文体协会；市民文化生活丰富。	主题为“文化之城、城市的文化”；开展了800多个文化项目、1000多场文化活动，吸引了100多万人参与，许多活动在当选结束后继续常态化开展，对带动城市旅游业发展成效显著；很好地利用了城市的建筑与文化融合，提升了城市的文化参与。	
2008	2004	利物浦	英国（2）	英格兰西北部港口城市、英格兰八大核心城市之一、英国著名商业中心、英国第二大商港、曾为英国著名的制造业中心	伯明翰、布里斯托、加迪夫、纽卡斯尔、牛津、贝尔法斯特、布拉德福德、布莱顿、坎特伯雷、因弗内斯高地、诺维奇	是流行乐组合披头士的故乡，拥有泰特美术馆、航海博物馆等；市内建筑独具风格，大教堂、市政厅、圣乔治大厅、大剧院和音乐厅等文化设施；威廉·布朗街是著名的文化街区，拥有威廉布朗图书馆、沃克艺术画廊、皮克顿阅览室和利物浦世界博物馆等许多重要的公共文化设施。	开展了350多项文化活动，斥资1.46亿英镑建造利物浦“国王码头”体育场；《影响2008》评估报告从经济、旅游、市民参与度、城市形象、城市文化活力等方面对利物浦当选“欧洲文化之都”的成效进行了评估。	

续表

当选年	宣布年	当选城市	国家（当选次数）	城市类型	同期竞选城市	城市文化建设概况	当选年活动开展概况	标识
2008	2004	斯塔万格	挪威（2）	港口城市、历史名城、工业城市	—	拥有许多文化机构，如斯塔万格文化之家等；拥有许多博物馆，如挪威坎宁博物馆、考古博物馆、挪威儿童博物馆、油料博物馆和鱼罐头博物馆等；开展一年一度的国际爵士乐节日和国际室内乐音乐节等在欧洲有影响力的市民文化活动。	主题为“开放的港口”，包含三大理念：艺术自由、文化多样、文化融合；开展了160多个项目、1000多场活动，吸引了近60个国家的文化机构和艺术家的参与；扩大了城市的国际知名度。	STAVANGER 2008 EUROPEAN CAPITAL OF CULTURE
2009	2005	维尔纽斯	立陶宛（1）	首都、历史名都	—	拥有众多历史文化遗迹；维尔纽斯老城被列为世界遗产名录；拥有24座博物馆、24座美术馆，拥有欧洲最好的当代话剧院，几乎每周都举行爵士、蓝调、经典、摇滚等多种风格的音乐会。	开展了300多个文化项目，热门文化活动如“街头艺术日”“不寻常的艺术”“灯光展”等，吸引了至少300万人参与；旅游人数大幅提升，城市国际化程度提升。	live VILNIUS'09 EUROPEAN CAPITAL OF CULTURE
	2005	林茨	奥地利（2）	上奥地利州首府、历史名城、河港城市	—	电子艺术发达，每年办国际电子艺术节，吸引来自全球的艺术家参与；开展电子艺术的科学研究，举办相关论坛；电子艺术创作逐渐成为林茨的品牌。	当选年的热门文化活动包括“身边的文化”“先锋文化”“文化没有边界”等；将城市地下废弃通道、战时防空洞和地窖等进行改造，成为市民的文化艺术新空间。	LINZ 2009 KULTURHAUPTSTADT EUROPAS

续表

当选年	宣布年	当选城市	国家（当选次数）	城市类型	同期竞选城市	城市文化建设概况	当选年活动开展概况	标识
2010	2006	埃森鲁尔	德国（3）	传统工业地区，鲁尔都市圈含53个城镇	兹戈热莱茨、不莱梅	文化资源丰富，拥有100个音乐厅、200个博物馆、120个剧院、100个文化中心、250个各类型城市节庆活动，1000多个工业纪念馆；地标建筑就是鲁尔矿区博物馆，是世界文化遗产；大量旧工业厂房经过改造，成为举办各类展览的主题博物馆。	主题为“转型通过文化，文化带来转型”；文化活动紧扣埃森鲁尔的旧工业区特点，活动在鲁尔区的多个城市分别同时开展；每个城市又细分了多个子项目；进行了多个文化设施和空间的改造，建成了多个地标性文化设施，文化内容与老工业基地实现充分结合。	RUHR.2010
	2006	佩奇	匈牙利（1）	历史名城、传统工业城市	布达佩斯、德布勒森、米什科尔茨、杰尔、考波什堡、凯奇凯梅特、肖普朗、塞克什白堡、维斯普雷姆	艺术名城、文艺复兴时期的文化中心，有历史名城、文化艺术之城、五教堂之城、博物馆之城的美称；以音乐、歌剧、芭蕾而闻名，拥有著名的博物馆街；市民节庆活动丰富，如春季艺术节、音乐会、文学之夜、舞蹈演出季、艺术展和电影展等。	拥有不同主题的文化活动，内容涉及文化遗产、教育、环保、健康、宗教和传统文化等；开展了650个项目、组织了4000多场文化活动；热门活动主要有“从艺术到生活”历史建筑展、“繁盛的杏仁树”科技展等。	—

续表

当选年	宣布年	当选城市	国家（当选次数）	城市类型	同期竞选城市	城市文化建设概况	当选年活动开展概况	标识
2010	2006	伊斯坦布尔	土耳其（1）	土耳其政治、经济、文化、金融、新闻、贸易、交通中心，世界著名的旅游胜地，繁华的国际大都市之一	基辅	2012年欧洲体育之都；老城区在1985年被联合国教科文组织列为世界遗产名录；拥有公共图书馆62个，每10万人拥有公共图书馆0.4个。拥有美术馆199个，博物馆71个，剧院189个，电影节14个，节庆150个。	先后开展500多个文化项目，投入约2.7亿美元；当选年活动分为四个主题：“地球”强调传统文化和历史文化遗产保护；“空气”注重城市的高品质精神文化；“水”强调文化的国际性和不同文化的融合；“火”重在推动文化的可持续发展。	
2011	2007	图尔库	芬兰（2）	波里省省会、芬兰第二大海港、重要工业基地、历史名城	于韦斯屈莱、拉赫蒂、曼泰、奥卢、罗瓦涅米、坦佩雷	是仅次于赫尔辛基的文化中心，素有“芬兰文化摇篮”之称，有数量众多的图书馆、博物馆、剧院、城堡、教堂，如建于1290年的大教堂、中世纪古城堡历史博物馆、19世纪瑞典语剧院以及希腊正教教堂等。	文化活动注重以下三个方面：文化的国际性、创意文化、市民文化权益的保障；举行了近5000多场文化活动，吸引来自世界50多个国家、近1.5万名艺术家和文艺工作者参与其中，吸引观众200多万人次。	
	2007	塔林	爱沙尼亚（1）	首都、历史名城、港口城市	塔尔图、哈普沙卢、派尔努、拉克韦雷	是爱沙尼亚经济、文化中心、科技中心；拥有44家博物馆、40家美术馆和展厅、14家剧院、13个音乐厅，以及遍布在城市各处的文化中心；拥有包括塔林节、塔林灯节、仲夏夜戏剧节等众多城市节庆活动。	开展了260多个项目，7000多场活动；受欢迎的活动主要为“今日戏剧”“电子音乐展”“草莓戏剧节”“帕西法尔戏剧展”等外大型文化活动。	

续表

当选年	宣布年	当选城市	国家（当选次数）	城市类型	同期竞选城市	城市文化建设概况	当选年活动开展概况	标识
2012	2008	吉马良斯	葡萄牙（3）	历史名城、旅游城市	—	古城于2006年被联合国教科文组织列为世界文化遗产；拥有著名的阿尔伯托桑帕约博物馆、马丁斯萨尔门托考古博物馆、吉马良斯文化中心等；拥有吉马良斯爵士乐节、当代戏剧节等城市大型文化节庆活动。	主题为“改变的地方”；文化活动围绕城市、市民和欧洲三个维度展开，当选年期间开展了1300多项活动，吸引了2.5万名艺术家、专业人士以及300多文化组织参加。	GUIMARÃES 2012 EUROPEAN CAPITAL OF CULTURE
	2008	马里博尔	斯洛文尼亚（1）	历史名城、后工业城市	采列、科佩尔、卢布尔雅那	斯洛文尼第二大城市，旅游和工业中心，是中欧和巴尔干半岛地区重要的文化中心之一；拥有许多国内重要的文化设施，如斯洛文尼亚国家剧院、马里博尔艺术中心、地区博物馆等，常年举办波斯特尼克戏剧艺术节；拥有众多公立和私立的文化机构。	主题为“转折点”；文化活动分四大主线：以艺术展演展示为主的“第12航站楼”；以创意文化为主的“城镇之心”；以乡村和郊区文化为主的“边缘文化”；以传统文化和科技文化传播为主的“触摸生活”。	MARIBOR2012 European Capital of Culture
2013	2008	马赛－普罗旺斯	法国（4）	马赛是法国第二大城市和最大海港、历史名城、旅游城市	亚眠、里昂、圣艾蒂安、斯特拉斯堡、波尔多、尼斯、图卢兹	马赛是法国最古老的、历史悠久的城市之一，文化元素丰富，整座城市被称为“法国的博物馆”；拥有众多国际性大型文化艺术活动，如马赛音乐节、爵士乐节、钢琴节等。	当选年文化活动分为三个篇章：以地方文化和传统为主的“马赛：欢迎全世界”；突出地中海文化元素的“马赛：开放的天空”；以当代艺术、青年文化为主的“马赛：多样的世界”。	MP2013 MARSEILLE – PROVENCE CAPITALE EUROPÉENNE DE LA CULTURE – 2013

续表

当选年	宣布年	当选城市	国家（当选次数）	城市类型	同期竞选城市	城市文化建设概况	当选年活动开展概况	标识
2013	2008	科希策	斯洛伐克（1）	科希策州首府、历史城市、传统工业城市	布拉迪斯拉发、尼特拉、特伦钦、班斯卡-比斯特里察、马丁、特尔纳瓦、下库宾、普雷绍夫	仅次于首都布拉迪斯拉发的第二座大城，拥有哥特式、文艺复兴式、巴洛克式的众多文物的国家保护建筑；拥有科希策州剧院、木偶剧院、老城区剧院、东斯洛伐克博物馆、东斯洛伐克画廊以及数量众多的博物馆、美术馆；老城区是古迹保护区。	当选年文化活动形成了"五大文化主线"和"四条文化走廊"；"五大文化主线"包括：市民身边的日常文化、公共艺术、灯光水电艺术、传统文化、文化国际交流；"四条文化走廊"包括：欧洲文化交流、20世纪文化交流、东西方文化交流、友好城市文化交流。	KOŠICE2013
2014	2009	于默奥	瑞典（2）	自治市及港口小城	隆德、耶夫勒、乌普萨拉	城市文化事业于70年代开始发展；拥有著名的于默奥歌剧院、西博腾博物馆、印象博物馆、萨米文化中心等；蕴含了丰富的萨米文化，是瑞典文化中心城市。	主题为"好奇与激情"，根据四季设立不同的分主题；举办了萨米风俗文化节、萨米文化展等各种文化和艺术活动，很好地通过"欧洲文化之都"活动呈现了萨米传统文化。	2014
	2009	里加	拉脱维亚（1）	首都、经济、文化中心、人口大城、历史悠久	采西斯、利耶帕亚、尤尔马拉	里加古城为联合国教科文组织世界文化遗产；拥有数量众多的博物馆、美术馆、剧院；拥有上百家文化类非政府组织；拥有拉脱	活动分为六大主题："自由街区"，纪念一战；"生活"，以多种文化形式展示古代技艺和当代知识；"城市地图"，城	RĪGA 2014

续表

当选年	宣布年	当选城市	国家（当选次数）	城市类型	同期竞选城市	城市文化建设概况	当选年活动开展概况	标识
2014						维亚国家剧院、拉脱维亚国家艺术博物馆、里加艺术博物馆等文化设施；拥有众多音乐节庆活动，文化创意产业集聚。	市文化旅游；“琥珀之路”，增进古老“琥珀之路”经济带城市的文化交流；“海洋文化”，展示海洋文化的特色和精神；“嘉年华”，开展各类大型节庆活动。	
2015	2010	蒙斯	比利时（4）	埃诺省首府、传统工业和商贸城市	—	著名的旅游城市，历史悠久，有4处联合国教科文组织认定的世界文化遗产；拥有众多博物馆、美术馆、纪念碑；拥有许多古老悠久的城市文化节庆活动；随着谷歌等大型科技和技术企业的投资，被誉为欧洲的“新硅谷”。	主题为“技术与文化的融合”；蒙斯全年举办300多项文化活动，涉及戏剧、音乐、文学、时尚、美术；文化活动分为4季：“闪亮”季，举行开幕式和展览等活动；“转型”季，在新建的公共文化设施、文化中心中运用新科技体验文化；“提升”季，加大户外表演，增强观赏性；“复兴”季，回顾蒙斯的历史文化和工业文化。	

续表

当选年	宣布年	当选城市	国家（当选次数）	城市类型	同期竞选城市	城市文化建设概况	当选年活动开展概况	标识
2015	2010	比尔森	捷克（2）	捷克第四大城市、西捷克州首府	俄斯特拉发、赫拉德茨－克拉洛韦	捷克西部经济、文化和运输中心，工业文化丰富；拥有著名的捷克比尔森演艺剧场，常年开展歌剧、芭蕾、戏剧、喜剧、音乐剧等表演；拥有著名的西波西米亚美术馆、西波西米亚博物馆、啤酒博物馆等，保存了欧洲著名的历史文化建筑历史资料。	主题为“打开比尔森”。举办了600场文化活动，其中艺术和科技主题，注重加强工业文化、手工艺、技艺传承；情感主题，注重增强市民之间的文化交融；少数民族主题，注重增强文化多样性和活力；保护和资源主题，注重提升城市文化旅游。	Plzeň
2016	2011	圣塞瓦斯蒂安	西班牙（4）	吉普斯夸省首府	科尔多瓦、埃纳雷斯堡、布尔戈斯、卡塞雷斯、马拉加、穆尔西亚、拉斯帕尔马斯、潘普洛纳、桑坦德、塞哥维亚	拥有国际知名的圣塞瓦斯蒂安国际电影节，是一个国际A类电影节，由国际电影制作联盟于1953年设立，是世界知名的十大电影节之一。	主题为“文化：为了共同的生活”；通过文化和艺术，让在圣塞瓦斯蒂安、在西班牙生活的不同国家和民族的人们更加和谐紧密；对于捐赠欧洲文化之都活动的企业，政府予约18%的税收减免；各种渠道鼓励市民、非营利文化组织参与文化创新；资助了60多个文化创新创意项目。	DONOSTIA 2016 SAN SEBASTIAN

续表

当选年	宣布年	当选城市	国家（当选次数）	城市类型	同期竞选城市	城市文化建设概况	当选年活动开展概况	标识
2016	2011	弗洛茨瓦夫	波兰（2）	下西里西亚省省会、波兰第四大城市	比亚韦斯托克、比得哥什、格但斯克、卡托维兹、卢布林、罗兹、波兹南、什切青、托伦、华沙	是一个以多民族、多元文化为特色的城市；拥有14座博物馆、10座剧院、15座美术馆以及数量众多的音乐厅、歌剧院；是“国际爵士乐日”“欧洲歌唱节”“国际戏剧奥林匹克节”等欧洲重要文化节庆活动的举办城市。	主题为“美的空间”；开展100多场“欧洲文化之都”展览、表演等活动，吸引至少2000位国内外艺术家的参与；同时，2016年也是弗罗茨瓦夫的“世界图书之都”当选年，开展了数量众多的全民阅读推广活动。	EUROPEAN CAPITAL OF CULTURE WROCLAW 2016
2017	2012	奥胡斯	丹麦（2）	旅游城市、文化城市	森讷堡	丹麦第二大城市，拥有奥胡斯大学、音乐学院和露天博物馆等，是全国文化中心之一。	主题为“让我们重新思考”。与2016年欧洲文化之都当选城市圣塞瓦斯蒂安市和英国文化城市赫尔市签订友好合作伙伴协议。	AARHUS 2017 LET'S RETHINK
	2012	帕福斯	塞浦路斯（1）	首都	尼科西亚、利马索尔	整个城市于1980年被联合国教科文组织列入世界遗产，是塞浦路斯西南部著名旅游城市，拥有帕福斯考古博物馆、民族博物馆、拜占庭博物馆等文化设施。	帕福斯市率领文化交流团队参加了东亚文化之都长沙活动年闭幕式，开展了文化演出交流，并与多个文都城市结为友好城市，城市国际交流得到拓展。	PAFOS2017 EUROPEAN CAPITAL OF CULTURE

续表

当选年	宣布年	当选城市	国家（当选次数）	城市类型	同期竞选城市	城市文化建设概况	当选年活动开展概况	标识
2018	2012	瓦莱塔	马耳他（1）	首都	—	是全国政治、文化和金融中心；拥有著名的国立考古博物馆、美术馆、曼努尔剧院；拥有300多座具有建筑艺术和历史价值的古建筑；整座城市被列为世界文化遗产。	文化活动分“海岛故事”“未来的巴洛克”“航行”三大主题；举行了“小城市大梦想”系列展和众多文化促进活动；地中海文化特色得到充分展示；注重市民的文化参与，约三分之一的活动在社区开展。	
	2012	莱瓦顿	荷兰（3）	弗里斯兰省首府	埃因霍温、马斯特里赫特	拥有悠久的城市历史，市民文化生活丰富；拥有600多处历史文化遗迹；拥有古老的运河文化、中世纪建筑建筑文化；拥有数量众多的音乐厅、酒吧、露天咖啡馆、电影院、博物馆等。	主题为“提升文化参与”；通过文化领域的交流拓展与荷兰国内其他城市和欧洲其他国家的各领域交流；通过文化带动本地区的旅游资源开发和旅游业的发展，进一步提升城市的国际知名度。	
2019	2013	马泰拉	意大利（4）	马泰拉省首府	—	欧洲最古老的城市之一，它的岩穴和岩石教堂公园早在1933年就已经入选了联合国教科文组织的世界文化遗产名录，很多著名导演把马泰拉作为电影取景地点。	主题为“开放的未来”，活动关注社会的包容性和文化的创新性，举办了关注经典艺术的“重读文艺复兴”近30个创意项目。	

续表

当选年	宣布年	当选城市	国家（当选次数）	城市类型	同期竞选城市	城市文化建设概况	当选年活动开展概况	标识
2019	2013	普罗夫迪夫	保加利亚（1）	保加利亚第二大城市，普罗夫迪夫州首府	—	保加利亚重要的经济、文化、教育中心，是保民族复兴的发源地之一，也是欧洲最古老的城市之一，古迹众多，在老城可以看到大量罗马时代的公共建筑、教堂、公共浴室和剧院等遗址，素有东欧"音乐之都"的美誉。	主题为"在一起"，在普罗夫迪夫和保加利亚中南部地区以及瓦尔纳、索菲亚和大特尔诺沃等城市组织了300多场具有普罗夫迪夫城市特色的活动，较为全面地展示城市的历史和文化遗产。	PLOVDIV 2019 European Capital of Culture

（来源：作者根据上述"欧洲文化之都"当选城市的官方网站、评估报告等资料整理而成）

附录二　2014年至2019年“东亚文化之都”当选城市列表

年份	国家	城市	城市类型	城市文化建设概况	当选年活动开展概况	标识
2014年	中国	泉州	国家历史文化名城、海上丝绸之路起点城市、国际花园城市、国家森林城市	获得第四批国家公共文化服务体系示范区创建资格，是闽南文化生态保护实验区。泉州作为是闽南文化的发祥地，融汇了中原文化、古闽越文化、海丝文化、华侨文化、宗教文化、海洋文化等。拥有泉州市艺术馆、泉州市图书馆、泉州市博物馆、中国闽台缘博物馆、泉州海外交通史博物馆、万维生邮票艺术馆、梨园古典剧院、南音艺苑、泉州影剧院等一批市级重要文化设施。	以“影响东亚、面向世界的多元文化都市”为目标、以“古城—古港—新区—全域联动”为核心，举办了300多场大型文化活动和2万多场群众文化活动，兑现了申办承诺。42个国家和地区2000多名嘉宾和艺术家莅泉参加各种活动，直接参与的市民群众达200多万人次。	
	日本	横滨	日本第二大城市、国际港口都市、神奈川县的县厅所在地、是日本人口最多的市级行政区	拥有众多博物馆，如港口博物馆、面包超人博物馆、新横滨拉面博物馆等。于2004年率先在日本提出“创意城市”构想，围绕“文化艺术创意城市——面向创意城市横滨”的理念，活用城市历史建筑物、空置仓库，积极吸引艺术家和从业人员，大力发展文化产业。	以“文化艺术创造都市政策”为核心，将文化和艺术的创造力发挥于城市建设中，激发市民活力，提升城市魅力，培养新兴产业。广泛开展中日韩系列文化交流活动，为三国艺术家、年轻人提供文化交流平台，开展了如沙雕艺术展、芭蕾舞表演等大批精彩活动。	
	韩国	光州	全罗南道首府，韩国第五大城市，韩国西南部行政、军事、经济、文化枢纽城市，被誉为韩国“文化艺术之乡”	拥有图书馆5个、剧场41个、教堂629个、寺庙105座；拥有许多蕴含韩国儒家文化的历史遗迹；拥有光州艺术街、乐安邑城民俗村、云住寺、国州立光州博物馆等众多知名文化设施。	成立东亚文化之都促进委员会事务局，积极与中日两国的文都城市互动，推出丰富多彩的文化活动，以光州国际艺术双年展、光州泡菜文化节等文化节庆为亮点，开展了文化、艺术、旅游观光、体育等多个领域的交流活动。	

续表

年份	国家	城市	城市类型	城市文化建设概况	当选年活动开展概况	标识
2015年	中国	青岛	国家计划单列市、副省级市，山东省经济中心、国家沿海重要中心城市	第一批国家公共文化服务体系示范区，共有各类文化机构475个，其中，影剧院40个、文化馆（站）185个、博物馆10个、公共图书馆13个；拥有国家重点文物保护单位34处；在山东全省近300处优秀历史建筑中，青岛占131处。	共举办各类演出、培训、展览和展示等活动200余场，重点活动有：青岛活动年开幕式、第七次中日韩文化部长会议、“青岛文化周”、“东亚文化之都五王大赛”、“不朽的城雕欧洲文化之都城市雕塑摄影展”等。	
	日本	新潟	国际港口城市、日本东亚门户城市、日本海沿岸交通枢纽城市	有着日本国家战略特区、环境优美示范城市等称号，是日本书化厅表彰的“文化艺术创造都市”；以“文化创意之都新潟”为核心促进文化和艺术创意发展；拥有历史悠久的传统表演艺术史。	以市民主导为特色，新潟的传统文化得到很好宣传；举办了“水与土的艺术节”“新潟舞蹈节”“第六届新潟动漫节”“国际光雕投影比赛”等大型文化艺术交流活动，推动了与中国和韩国的文化艺术交流。	
	韩国	清州	国际空港城市、忠清北道的首府	拥有20多所社会福利机构和众多文化娱乐休闲场所；拥有清州市市立艺术团等重要的文化艺术机构，并常年在清州艺术殿堂、综合竞技场等地举办各种丰富多彩的文化艺术活动，不断用文化增强市民凝聚力。	开展了“清州文化周”“清州民族艺术节交流演出”“筷子节”“清州国际工艺双年展”等大型文化交流活动，吸引了众多国内外艺术界人士参与，清州的民族风俗和特色文化得到很好的宣传展示。	
2016年	中国	宁波	副省级市、计划单列市、世界第四大港口城市、国家历史文化名城	宁波的文化建设一直走在全省乃至全国的前列，其鄞州区为第一批国家公共文化服务体系示范区；拥有中国港口博物馆、宁波博物馆、宁波大剧院、宁波美术馆、天一阁、庆安会馆、宁波博物馆、河姆渡遗址等一大批重点场馆。	以“东方大港、东南佛国、东方儒学”为核心元素，依托和融合宁波地域文化特色，组织开展海上丝绸之路、佛教交流、浙东学术、农业颁奖、建筑寻根、霓裳飞扬、非遗巡展、演艺争秀、旅游美食、会展赛事等十大板块、100多场东亚及国际多层次文化交流活动。	

续表

年份	国家	城市	城市类型	城市文化建设概况	当选年活动开展概况	标识
2016年	日本	奈良	国际文化观光城市	是日本古老的文化城市、是日本古代文化的发祥地之一，拥有众多文化遗产、古寺神社、历史文物、佛教建筑、佛香雕塑，如以东大寺、法隆寺为首的世界文化遗产等，被誉为“社寺之都”，被日本国民视为“精神故乡”。	以“从古都奈良到多样性的亚洲”为主旨，分“舞台艺术”“美术”和“美食”三大主题；中日韩三国电影导演共同创作的作品在奈良上映；在春日大社、元兴寺等奈良市内的寺院和神社举办了户外戏剧演出、现代艺术制作及展示活动。	
	韩国	济州	韩国东北亚中心国际城市、旅游城市、拥有高度自治权	获联合国教科文组织“世界自然遗产”“世界生物圈保护区”“世界地质公园”三顶桂冠，旅游业发达，拥有100多座博物馆、富有地方特色的民俗村和电影外景地等独具特色的文化景观。	以“打开、解开、传开的文化艺术之岛——济州”为主题，举办了东亚文化之都摄影展、城市文化展示会、济州文化跳蚤市场、东亚文化之都特别企划电视座谈会、东亚文化之都国际大会、中日韩青少年交流等系列活动。	
2017年	中国	长沙	湖南省省会、长江中游地区重要的中心城市、国家历史文化名城	第一批国家公共文化服务体系示范区，拥有滨江文化园、田汉大剧院、贺龙体育场等30多个大型文化场馆和120多座博物馆、非遗馆、艺术馆、展览馆，共有非遗项目1366个；打造了“电视湘军”“出版湘军”“动漫湘军”“演艺湘军”等文化品牌。	以“春·读山、夏·听水、秋·亲洲、冬·恋城”为四大主题，采取“主体活动+外围活动”的模式，涵盖文化、体育、教育、旅游、经贸等领域，承办了“东亚艺术节”“东亚文化论坛”“东亚文化之都市长峰会”等高端城市活动以及音乐、体育赛事、美术、非遗等百场惠民活动。	

续表

年份	国家	城市	城市类型	城市文化建设概况	当选年活动开展概况	标识
2017年	日本	京都	京都府府厅所在地、日本人口第八多的都市、工业城市、“京阪神都会区”的一部分	是日本的千年古都，拥有建筑、绘画、雕刻、园艺、历史遗迹、民俗艺术、文物等丰富的文化遗产，“古都京都文化遗产”（17处古迹）在1994年已获评为世界文化遗产；拥有深厚的节庆祭奠文化，是日本举办国际会议和学会次数较多的城市。	主题为“从京都到东亚，从东亚到世界”，举办了京都现代美术展、京都国际舞台艺术节、京都国际漫画节等大型中日韩三国文化艺术交流活动，京都艺术中心开展了上百场传统艺术、音乐、戏剧、舞蹈、工艺等活动。	
	韩国	大邱	韩国第三大城市、历史文化名城、旅游城市、工业城市	继承了古代新罗的悠久历史和伽耶的灿烂文化，是庆北地区的行政、经济、文化、教育及交通、通讯中心；拥有国立大邱博物馆和3所公共图书馆；有丰富的国际体育大赛举办经验，举办了2002年韩日世界杯、2003年世界大学生运动会、2011年世界田径锦标赛等。	举办了多种文化节庆活动，如在大邱市民会馆和文化艺术馆举办了大邱市民节、在药市街药令市场展览馆举行了药令市场节、在东城路街举行了东城路节、在大邱唯一的文化艺术街——凤山文化街举行了凤山美术节、在琵琶山举办了杜鹃花节等。	
2018年	中国	哈尔滨	黑龙江省省会、副省级市、国家历史文化名城、中国东北地区中心城市之一	联合国“音乐之城”；南岗区为第二批国家公共文化服务体系示范区、道里区正在创建第三批国家公共文化服务体系示范区；对俄、日、韩等东亚国家文化交流频繁；拥有哈尔滨国际冰雪节、哈尔滨之夏音乐会等国际文化品牌。	哈尔滨的主题活动、外围活动围绕“冰雪之约”“欧陆之风”“音乐之城”“东亚交融”四大主题进行规划，将举办举办哈尔滨国际冰雕比赛、举办国际冰雪体育比赛、哈尔滨松花江湿地节、2018东亚文都稻米节、2018勋菲尔德国际弦乐比赛等特色文化交流活动。	

续表

年份	国家	城市	城市类型	城市文化建设概况	当选年活动开展概况	标识
2018年	日本	金泽	日本本州中北部日本海沿岸港市、石川县首府、旅游城市	拥有丰富的历史文化遗迹，是重要传统建筑群保存的地区，拥有日本国家文物遗址——金泽城楼遗址，著名的金泽21世纪美术馆坐落于金泽市中心；还拥有设计理念现代、时尚的Umimirai公共图书馆等重要文化设施。	日本金泽市文艺团参加了哈尔滨冰雪节·东亚文化之都开幕式表演，将积极与哈尔滨、釜山广域市在传统文化、青少年交流、艺术家共同创作等领域深化交流与合作。	2018金沢
	韩国	釜山	韩国第一港口城市和第二大城市	是东亚大陆和海洋文化交流的纽带和桥梁城市，有“节庆之都”“海洋之城”“影像名城”“文化活动的天堂”之称，拥有釜山博物馆、釜山大学博物馆、釜山文化会馆、水产科学馆、国立海洋博物馆、影岛海洋文化空间、釜山市立美术馆等重要文化场馆。	组织传统街头表演、传统乐团合奏、和平演唱会、青少年露营等文化活动，以“东亚文化之都”活动年为桥梁纽带，深化釜山与哈尔滨、金泽在文化、教育、科技、体育等方面交流，加强在工业、农业、食品、旅游产业方面的合作。	Dynamic BUSAN
2019年	中国	西安	陕西省省会，曾是古丝绸之路的起点，首批国家历史文化名城，是“一带一路”核心区、中国西部地区重要的中心城市	是世界四大古都之一，是中国历史上建都朝代最多、时间最长、影响力最大的都城之一，历史上先后有十多个王朝在此建都；正大力推进“文化+”“旅游+”发展战略，全力打造“丝路文化新高地”和“世界一流旅游目的地城市”，先后策划实施了“西安年·最中国”“唐都长安1400年”等系列文化品牌活动，举办了第五届丝绸之路国际电影节等重大活动。	以“古韵风华”为主线，设八大主题，涵盖丝路文脉、年俗非遗、文学艺术、旅游观光、音乐之城、书香之城、手工艺与文创、影视动漫等特色文化元素，通过数十项重点活动，系统化、全方位地向世界展示西安数千年文明史的恢宏古韵和建设国际化大都市的现代风采，将西安文化旅游的“最中国”IP魅力传向世界。	—

续表

年份	国家	城市	城市类型	城市文化建设概况	当选年活动开展概况	标识
2019年	日本	东京都丰岛区	东京都内23个特别区之一	丰岛区是一个人口密度高，且集时尚与传统、年轻与老年于一体、富有个性的区域，漫画动画相关文化产业发达。	以动漫为主题，推动日中韩三国在动漫文化方面的合作，制作并上映了《肆式青春》《凸变英雄》《一人之下》《星岛猫》等动画作品，在中日韩三国的动漫IP出品、制作、发行、衍生品开发等多个领域开辟了一条全产业链合作的新模式。	—
	韩国	仁川	韩国第二大港口、第三大城市	仁川是首尔的关门城市，是东北亚的中心城市，是国际性的港口城市，在历史上是重要的港口城市，有着抗倭文化和近代开埠历史文化；拥有包括创意工作室、工坊、资料馆、教育馆、展示馆、公演场等空间在内的仁川艺术平台。	以丰富多彩的文化大宴全方位地向世界展示城市风采，举办了“舞动的东亚文化之都——仁川”、“东亚接力摄影展”、东亚生活文化庆典、东亚合唱节和韩中日文学会议、迪亚士浦东亚电影节、东亚仁川富平大众音乐庆典、韩中日民间艺术团体交流项目等大型文化活动。	—

（来源：作者根据上述“东亚文化之都”当选城市的官方网站及相关资料整理而成）

附录三　欧洲议会及欧盟理事会2014年第445号决议

I

（法令）

决议

欧洲议会及欧盟理事会第2014/445号关于颁布在2020—2033年设立欧洲文化之都的欧盟行动计划以及废除欧共体第1622/2006号决议的决议（2014年4月16日通过）

欧洲议会和欧盟理事会，

在参照欧盟运作条约，特别该条约第167条第（5）款第一段的有关内容，

参照欧盟委员会的提议，

在将该立法草案送交国家议会，考虑区域委员会的有关意见①，

遵照普通立法程序之后②，

并鉴于：

（1）欧洲联盟运作条约（TFEU）设立之目的在于在欧洲人们之间建立起更为紧密的联盟，并在尊重各国和地区的多样性的前提下致力于推动成员国文化繁荣发展，为后世留下共同的文化遗产。从这个方面来说，欧盟应在必要时支持并推动成员国文化发展、传承历史欧洲历史文化的有关行动。

（2）欧洲议会表决通过了一项在全球化视角下提升文化多样性的欧洲

---

① 参阅OJC113，2012年4月18日，第17页以及OJC17，2013年1月19日，第97页。

② 参阅于2013年12月12日通过的欧洲议会职能（暂未发表在官方公报上）以及欧盟理事会2014年3月14日通过的初审稿。

行动。该行动为未来欧盟在文化领域的活动定下了目标。文化活动应促进文化多样性，推动跨文化交流；在经济增长和促进就业的框架下，用文化推动创新，并成为欧盟国际关系中不可或缺的目标。

（3）联合国教科文组织关于保护和促进文化表达多样性的公约于2007年3月18日生效，欧盟是其成员之一。该公约旨在保护并促进文化多样性、扩大文化交流，并在公民、国家和国际等多层面上提升人们对文化多样性价值的意识。

（4）欧洲议会及欧盟理事会第1622/2006/EC号决议①通过行动方案，定于2007—2019年继续开展欧洲文化之都行动。

（5）不论是欧洲文化之都行动的飞速发展，还是一项有关于这个行动2019年后的发展趋势的民意调查都显示：欧洲文化之都行动已经逐渐成为欧洲最具前景、也是欧洲公民最为欣赏的文化倡议之一。因此，一项指导该行动的2020—2033年发展方案理应出台。

（6）欧洲文化之都应着力呈现欧洲丰富且多样的文化、展现文化共有的特质，加深欧洲公民间相互了解，已获得欧洲文化之都称号的城市应当通过该称号的杠杆效应，从中得到促进符合其自身发展策略的动力。

（7）本决议设立的目标应符合由欧洲议会和欧盟理事会颁布的第1295/2013号规则②，即维护、发展并促进欧洲文化和语言的多样性；保护欧洲文化遗产；通过可持续的增长，增强欧洲文化创意产业，尤其是视听行业的竞争力。随着这些目标不断实现，人们对这片共同文化区域的归属感也将不断加强。

（8）已获得欧洲文化之都称号的城市应在文化、创意、教育、研究、环保、城市发展、旅游等行业间开展合作。例如，过往经验表明欧洲文化之都是促进地区发展和文化旅游的催化剂，并在2010年6月30日召开的

---

① 欧洲议会及欧盟理事会于2006年10月24日通过的1622/2006/EC号决议。该决议提出为欧洲文化之都行动（2007—2009）建立一个共同体行动方案（OJL304，2006年11月3日，第1页）。

② 欧洲议会及欧盟理事会于2013年12月11日通过的关于建立创新欧洲项目（2014—2020）的1295/2013号（欧盟）准则和废除第1718/2006/EC，第1855/2006/EC和第1041/2009/EC号决议的决定。

"欧洲——世界上首选的旅游目的地——欧洲旅游发展的新框架"交流会上得到认可。

（9）除此之外，已获得欧洲文化之都称号的城市也应继续促进社会包容性、增进社会公平；尽其所能保证在文化项目筹备和开展期间，覆盖全体公民，尤其应格外关注年轻人、边缘化群体以及弱势群体。

（10）相关评估和民意测评也充分表明，欧洲文化之都项目首先带来的就是文化的发展、实现了可观的社会、经济效益，尤其当这个项目为那些长期以文化发展为导向的城市所用。

（11）当然，欧洲文化之都行动也受到了一些质疑，毕竟，举办为期一年的文化活动需要耗费许多人、财、物。有些城市在吸引潜在项目资金方面比其他城市做得更好。因此，已当选欧洲文化之都的城市应对那些落选城市和正在申报的城市尽可能地提供支持和指导。

（12）该称号应继续作为城市的一项荣誉，进一步扩大公众覆盖面和影响力，实现对周边城市的带动。

（13）欧洲文化之都应继续强化其固有的欧洲特色和欧洲风格，应被视为一项长期战略，对当地经济社会发展实现长远影响。

（14）这种由独立的专家委员会推选产生的过程被证明是公平且透明的。因为这种推选过程使得参选城市能够在参选期间从专家给出的建议中不断完善方案。同时，该过程还保证了欧洲文化之都这个称号在所有成员国之间实现公平分配。此外，为了保证欧洲文化之都的连续性、避免由于专家更换而引起的经验缺乏以及专业知识的缺失，当多名专家需更换时，应尽量错开时间。

（15）每个成员国可推选最多2位专家进入欧盟评审组。

（16）为完成相应目标、达到相关要求以及为候选城市提供更好的指导，评选标准应更为清晰明了，并具有较高的可测量性。在提高标准的可操作性方面，应鼓励参选城市建立长期的文化政策。这种文化政策能够产生持久的文化、经济和社会影响。

（17）候选城市应以合适的方式从欧盟项目和基金中获得资金支持。

（18）利益相关者管理方式很有借鉴意义。措施应进一步细化，特别需要通过评审专家的现场会议和实地考察，在已获得、正获得和未获得城市以及候选城市之间扩大经验交流，获选城市应与其他获此殊荣的城市加强联系。

（19）由第1622/2006/EC号决议设立的“梅莲娜·梅尔库丽奖”已经过多年的发展。为了保证已被选定的城市能兑现它们的承诺，经费的拨付将更严格、更公开透明。

（20）由本决议所推出的行动是一项欧盟层面的行动。

（21）欧盟过去基于本地收集的数据做出的评价将无法被用作对此称号进行评估的有效原始数据。因此，这些城市在建设过程中产生的数据将是评估过程中的主要决定因素。

（22）通过参与评选，展示欧洲国家共有的特质，候选国能够更好地融入欧盟。因此，本协议创立的行动方案应对候选国以及2019年后的潜在候选国持开放态度。

（23）在本决议生效时间内，即从2020年至2033年，考虑到各个成员国及其城市间的公平性，每个候选国家或潜在的候选城市在上述时间段内只能获得该称号一次。

（24）第1622/2006/EC号决议应被废除，并对现在至2019年期间已当选的城市生效。

（25）本决议的目标——维护和促进欧洲文化的多样性，展现文化中存在的共同特点，促进文化对城市长期发展的贡献。成员国急需一个共同的、明确且透明的用于评选和监督的标准和程序，成员国之间需要更加紧密的合作。为了与合理性原则保持一致，本决议不会涉及超出完成既定目标以外的事项。

已采用本决议：

第1条

行动的创立

一项名为“欧洲文化之都”的行动特此展开，时间为2020年至2033年。

第2条

目的

1.本行动的总体目标如下：

（a）维护和促进欧洲文化的多样性，展现文化中的共同特点，提高公民对共同文化的归属感；

（b）遵照各城市发展战略的前提下，提升文化对城市长远发展的贡献。

2.本行动的详细目标如下：

（a）通过包括跨国合作在内的各种形式，提升城市中文化的范围、多样性及欧洲维度；

（b）扩大文化的参与途径，提升人们的参与度；

（c）提升文化部门的能力及其与其他部门间的联系；

（d）通过文化这个媒介提升城市的国际形象。

第3条

参与此项行动的方式

1.“欧洲文化之都”称号的竞争应向城市及城市的周边地区开放。

2.同年获得此项称号的城市数量不应超过三个。

3.称号当选年为期一年。

4.每个候选国或候选城市只准在2020年至2033年期间获得该称号一次。

5.在2020—2033年期间，一旦这座城市已被指定为称号获得者，那么该城市所在的国家将不被允许以成员国的身份参与该称号的竞争。

第4条

申请

1.用于本称号的申请表将基于本决议第5条的有关内容，由欧盟委员会制作并由各候选国申请。

当候选城市还包括其周边地区的，应当按照该候选城市的名义申请。

2.每一个城市的申请都必须拥有体现欧洲维度的项目。

第5条

标准

申请的评估标准（“标准”）应分为：“对文化战略的长期贡献”“欧洲

范畴”“文化和艺术内容”“项目传递能力”“项目参与覆盖面”和“项目管理”，具体如下：

1.关于“对文化战略的长期贡献”这类标准，评估时应考虑下列因素：

（a）在活动实施前，候选城市需要确立一个可持续的文化战略，该战略需包括“欧洲文化之都”当选年行动以及当选年后文化活动的后续发展规划等；

（b）拥有文化创意产业的发展计划，包括与候选城市其他行业建立长效、协同的发展机制；

（c）能够对该项目对候选城市文化、社会和经济领域产生的影响进行预判；

（d）拥有清晰明确的监督评估计划。

2.关于“欧洲范畴”这类标准，评估时应考虑下列因素：

（a）能促进欧洲文化多样性、跨文化对话，扩大欧洲民众跨文化活动的范围、提升文化活动质量；

（b）能突出欧洲文化的共同方面，展现传统和历史风貌，拥有体现欧洲一体化和当前欧洲发展主题的文化活动、项目和计划；

（c）能为欧洲文化从业人员提供优质的发展环境、机遇和平台；

（d）拥有能吸引广大欧洲民众和国际大众兴趣的活动、项目和计划。

3.关于“文化和艺术内容”这类标准，评估时应考虑下列因素：

（a）对于文化活动和项目应有明确、连贯的规划；

（b）在文化互动和项目的规划、组织和实施过程中，应充分考虑当地艺术家和文化组织的需求；

（c）文化活动和项目应具有充分的广度和多样性，整体品质高；

（d）文化活动和项目应能将本地文化遗产和传统艺术形式与创新性的艺术表达形式相结合。

4.关于“项目传递能力”这类标准，候选者应在其申请中表明以下内容：

（a）候选城市得到了广泛而强有力的政治支持，得到来自本国各级政府的可持续发展承诺；

（b）候选城市已有或将有足够且合适的基础设施，以满足活动开展的需要。

5.关于“项目参与覆盖面”这类标准，评估时应考虑下列因素：

（a）在项目策划和实施的过程中，应保障全民参与；

（b）在易参与性方面，给予残疾人、老年人、青少年、少数民族、城市弱势人群等特别关注的同时，能够为他们提供各种参与文化活动的机会；

（c）确保项目、活动的开展能够与当地学校、教育机构建立密切联系。

6.关于“项目管理”这类标准，评估时应考虑下列因素：

（a）项目需考虑经费预算的可行性，拥有向欧盟的项目和资金寻求经费支持的计划；

（b）规划和预算需覆盖项目筹备、当选年活动开展、项目后续规划以及应急预案等内容；

（c）地方政府与艺术团队之间能够建立良好的合作；

（d）管理运行团队负责人全责清晰、各部门分工明确；

（e）拥有全面的营销、沟通方案；

（f）在执行过程中，先关人员应具备基本技能和一定的管理经验。

第6条

专家组

1.应建立一个独立的专家组，以保证评选和监督程序的顺利进行。

2.根据第3段的有关要求，专家组应由10位欧盟专家组成。

3.在公开选拔后，欧盟委员会应提出一份符合要求的专家候选名单。

欧洲议会、欧盟理事会以及欧盟委员会应分别从上述候选名单中分别选出三名专家并按照相应程序对其任命。

地区委员会应从名单中选择一个专家，并根据有关程序对其任命。

当选择欧洲专家时，应确保专家之间能力的互补性、平衡专家来源的地区分布以及性别。

4.除了欧洲专家之外，从成员国可根据各自的程序并在与委员会协商后，有权向欧盟委员会推荐两名本地专家。

5.所有专家应符合以下要求：

（a）必须是成员国的公民；

（b）必须有独立的行为能力；

（c）在以下行业有丰富的经历和专业知识储备：

（i）文化行业；

（ii）城市发展；

（iii）曾组织过欧洲文化活动、基金会或其他同等级的国际文化活动；

（d）能够保证每年完成专家组规定的工作量。

6.专家组应指定其主席人选。

7.专家任期应为3年。

除第一款就有关于专家组的成立做了相关规定外，欧洲议会应任命的专家任期为三年，欧盟委员会任命的专家任期为两年、理事会和该地区委员会任命的专家任期为一年。

8.所有专家应就对存在事实上或潜在的有关于具体候选城市利益冲突做出声明。根据有关程序，当遇到上述声明，或当发生利益冲突时，有关当事专家应被辞退。欧盟相关机构、团体或成员国应指定替代人选完成余下任务。

第7条

成员国呈递申请

1.各成员国应遵照申请安排，负责组织本国各城市之间的申请。

2.有关成员国应在申请的称号年前至少6年递交申请材料。

3.有关成员国应将申请递交欧盟委员会。

第8条

成员国的预选

1.各有关成员国应在称号当选年提前至少5年召集专家组与候选城市召开预选会议。

2.在依据标准评估申请材料后，专家组应就获得称号的候选城市名单达成一致，并就所有申请发布预选报告，并附上入围候选城市的正式建议。

3.专家组应向有关成员国和欧盟委员会提交预选报告。

4.各相关成员国应正式批准基于专家组报告的候选城市名单。

第9条

成员国的正选

1.进入候选城市名单的城市在对照评选标准、结合专家组在预选报告中提出的意见后，完善、修订其申请材料，将材料呈送给相关成员国。成员国随后把材料递送给欧盟委员会。

2.各有关成员国应在预选会议召开后的9个月内召集专家组与进入候选名单的城市召开正选会议。

3.专家组应评估已完成修订的申请材料。

4.专家组应就所有进入候选城市名单的申请材料发布评选报告，并为有关成员国推荐最多一个城市作为称号的当选城市。

评选报告还应就当选年应完成的事项，向有关城市提交建议。

专家组应向有关成员国和欧盟委员会提交评选报告。

5.除第4款规定的情形，如果候选城市中没有一个符合所有标准，专家组可建议该称号当年不授予参与评选的任何城市。

第10条

候选国和潜在候选者的预选和正选

1.欧盟委员会应负责组织候选城市与潜在候选者之间的竞争。

2.欧盟委员会应在申请的称号年度前至少6年，在欧盟官方公报上发布通知。

每个递交申请的需求需包含第4条（第1款）提到的申请表格。

申请截止时间应在其发布需求后的10个月内。

3.城市的预选应基于城市自愿申请的基础上，由专家组提前称号申请年度至少5年组织开展。

在依据标准评估申请材料后，专家组应就获得称号的候选城市名单达成一致，并附上入围候选城市的正式建议。

专家组应将预选报告提交欧盟委员会。

4.进入候选城市名单的城市在对照评选标准，并结合专家组在预选报告中提出的意见后，完善、修订其申请材料，并将材料呈送给欧盟委员会。

5.专家组应评估已完成修订的申请材料。

6.专家组应就所有进入候选城市名单的申请材料发布评选报告，并为有关候选国或潜在候选者推荐最多一个城市作为称号的指定城市。

评选报告还应就称号年度时还应完成的事项，向有关城市提交建议。

专家组应将评选报告提交欧盟委员会。

7.除第6款规定的情形，如果候选城市中没有一个符合所有标准，专家组可建议该称号当年不授予参与评选的任何城市。

第11条

当选

1.基于专家组出具的评选报告的相关推荐，确定获得此称号的城市。另外，该成员国需在该城市获得该称号的年份至少提前4年通知欧洲议会、欧盟理事会、欧盟委员会和该指定地区的委员会。

2.需要提供评选理由。该理由需基于专家组出具的评选报告的相关内容。

3.当候选城市还包括城市其周边地区。

4.在当选2个月内，欧盟委员会应在欧盟官方正式公布该城市进入欧洲文化之都的城市列表。

第12条

当选城市间的合作

同年当选城市间应寻求文化项目之间的合作。并在第13条规定的监管程序的框架下考虑此类合作。

第13条

监督

1.专家组须监督当选城市的筹备工作，并在其确认当选至当选年开始期间提供相应的支持和指导。

2.为此，欧盟委员会应召集监督会议，由专家组和当选城市参加，具体如下：

（a）当选年前3年；

（b）当选年前18个月；

（c）当选年前2个月；

成员国或候选国或潜在候选者可提名观察员列席上述会议。

当选城市应在会议前6周向委员会提交进度报告。

在监督会议期间，专家组应做出评估、提供意见，以协助当选城市制定高品质的文化项目和高效的策略。专家组应特别注意在推选报告中，以及在第3段所述的任何监测报告中所提出的建议。

3. 每次监督会议后，专家组应就准备工作的现状和应采取的措施给出评估报告。

专家组应将评估报告发送给欧盟委员会、指定城市、相关成员国、候选国或潜在候选者。

4. 除监督会议外，欧盟委员会亦可随时在必要的时候到指定城市进行调查访问。

第14条

奖金

1. 欧盟委员会可依据经费拨付原则，向当选城市颁发奖金。该奖金是为纪念梅莲娜·梅尔库丽而设立。

2. 称号当选城市应按申请材料中的约定履行承诺，符合标准，并充分结合评估报告中包含的建议的前提下，该项奖金应在获得称号当年3月份发放。

称号当选城市在申请阶段做出的承诺应视为城市的慎重决定，特别是在以下方面：

（a）保持预算，能够提供符合申请和评选标准的高质量的文化项目；

（b）艺术团队的独立性得到应有尊重；

（c）文化项目的欧洲维度明显；

（d）当选城市使用的传播策略和宣传材料能清楚地反映出该行动是欧盟整体性行动这个事实；

（e）当选城市应备有监督和评估城市当选影响的计划。

第15条

具体安排

欧盟委员会应特别注意以下事项：

（a）确保该行动的整体连贯性；

（b）确保各成员国与专家组之间协调一致；

（c）鉴于本决议第2条提到的目标以及评选标准的有关内容，与专家组合作建立监督评估的行动指南；

（d）向专家组提供技术支持；

（e）在其网站上发布专家组的报告；

（f）公开所有相关信息，并在欧洲和国际层面提高该行动的知名度。

（g）在已经当选、未当选的城市以及候选城市之间扩大经验交流分享、分享城市评估报告、学习经验教训。

第16条

评估

1.各有关城市应负责评估其作为欧洲文化之都的年度成效。

欧盟委员会应根据第2条所指的目标和标准，建立共同的准则和指标，以确保评估的一致性。

有关城市应当当选次年的12月31日前，将评估报告编制好并呈递给欧盟委员会。

欧盟委员会应在其网站上公布评估报告。

2.除了对城市的评估外，欧盟委员会应确保定期发布来自外部和独立的评估机构对于当选行动成效的评估报告。

外部和独立的评估应侧重于把文化置于欧洲视野下，供未来欧洲文化之都的候选城市和欧洲其他城市比较并汲取相关经验。评估应包括对行动的整体评估、开展该行动过程中的工作效率、影响力和相应改进办法。

欧盟委员会应基于相应的评估结果，向欧洲议会、欧盟理事会和各地区委员会提交下列报告，并酌情提出一些相关建议：

（a）于2024年12月31日前提交第一份中期报告；

（b）于2029年12月31日前提交第二份中期报告；

（c）于2034年12月31日前提交项目总结报告。

第17条

决议的废除及过渡性条文

第1622/2006/EC特此废除。然而，这项条款应对于已被获得欧洲文化之都头衔或是已处在评选过程之中的城市（2013—2019年度）依旧有效。

第18条

生效

本决议自其在欧盟官方公报上公布之日起生效。

2014年4月16日　于斯特拉斯堡

欧洲议会　主席　　欧盟理事会　主席

M.舒尔茨　　D.古尔古拉斯

〔来源：作者翻译自《欧洲议会及欧盟理事会2014年第445号决议》（*Decision No. 445*）〕

附录四　2016年“东亚文化之都”宁波活动汇总表

序号	活动名称	举办单位	活动时间
1	2016东亚文化之都·中国宁波活动年暨东亚非物质文化遗产博览会开幕式	市文广局	4月15—18日
2	浙江省非物质文化遗产传统工艺品及相关衍生品设计大赛	市文广局	4月15—18日
3	中韩婚庆文化交流周	宁波婚庆行业协会	3月11—16日
4	2016中国徐福文化国际大会	象山县人民政府	6月
5	中日韩青年欢乐月	杭州湾新区管委会	6月
6	发掘40周年纪念新安海底文化特别展	浙江省博物馆	7—10月
7	漂海闻见——崔溥眼中的江南	浙江省博物馆	11—2月
8	第24届中日韩青少年运动会	宁波市体育局	8月23—29日
9	缤纷丝路：丝路沿途传统纺织品联展	中国丝绸博物馆	9月
10	第二届中日韩三国围棋交流赛	市外办	9月中旬
11	阿拉音乐节·中日韩歌会	市文广局	9月中旬
12	中韩日佛教友好交流大会	市民宗局	9月
13	第二届阿拉伯国家文博专家研修班	中国丝绸博物馆	9月下旬
14	2016宁波日韩旅游推广季	市旅游局	第三季度
15	宁波电影周	市电影公司	10月
16	中日韩青年设计艺术展	市美术馆	10月
17	东亚艺术节	市文广局	10月下旬
18	宁波市第三届市民文化艺术节	市委宣传部	9—11月
19	天一阁论坛	市天一阁博物馆	11月下旬
20	中韩文化产业论坛	宁波国际文化交流中心	12月上旬
21	绍剧《三打白骨精》	浙江绍剧艺术研究院	下半年
22	海丝之旅·宁波文化周	市文广局	下半年
23	2016东亚文化之都·中国宁波活动年闭幕式	市文广局	12月下旬

续表

序号	活动名称	举办单位	活动时间
24	民间环保组织中日韩交流走访项目	市环境保护局	4月
25	中日韩学校环保教育交流走访项目		6—7月
26	第八届中国宁波国际茶文化节	市林业局	5月6—9日
27	印象宁波—印象长野	市外办	4月初
28	第二届东亚（中日韩）国际业余网球邀请赛	市外办	5月20—23日
29	中日青少年美术作品展	市外办	7月上旬
30	第五届宁波国际大学生节	市外办	7月上旬
31	日本当代著名画家作品展（东山魁夷作品展）	市外办	10月
32	重走海丝之路——宁波参与奈良国际马拉松比赛	市外办	12月上旬
33	东亚智库合作论坛	市政府发展研究中心	9月
34	第二十届宁波国际服装节	宁波市经信委	10月20—23日
35	广播文化专栏《听见·三城记》	市艺术研究院	3月
36	东亚文化之都·宁波活动年系列活动之海丝特展	镇海口海防历史纪念馆	4月上旬
37	三江古韵——风筑艺术馆藏品展	庆安会馆	4月
38	“甬台两地文化交流妈祖祭祀活动”及“2016年妈祖文化交流研讨会”	庆安会馆	4月3日
39	第三届"一花一世界"当代书画名家艺术展	宁波日报报业集团	4—6月
40	彩蝶是怎样飞起来的——“梁祝故事”的前世今生	天一阁	4月9日
41	“天佑人间，海神妈祖”——传统木刻水印版画展	宁波博物馆	4月—5月
42	丝路琵琶甬江行——敦煌莫高窟琵琶仿制概要与演示	宁波博物馆	4月12日
43	“海外寻珍”赴日本	宁波博物馆	6月
44	中国漆画文献展	宁波美术馆	4月20—5月2日

续表

序号	活动名称	举办单位	活动时间
45	庆安会馆文化交流活动	市文物保护管理所	4月、7月、12月
46	丝路琵琶甬江行	宁波中华文化促进会	5—7月
47	“东方雅韵”民国风情秀		8—10月
48	2016“东亚文化之都”中日韩书法作品展	宁波市书法家协会	9—10月
49	浙江省全民阅读节暨2016宁波书展	市新华书店、市图书馆	11月18—21日
50	甬上古建视觉艺术系列之·四明古村落摄影展	保国寺	4月18—30日
51	宁波—奈良建筑文化遗产视觉艺术交流展		12月
外派参加日韩交流活动			
52	日本奈良东亚文化之都开幕式	日本奈良	3月25—27日
53	韩国济州东亚文化之都开幕式	韩国济州	4月6—9日
54	日本奈良平城京天平祭	日本奈良	5月3—5日
55	日本奈良大学生书法交流	日本奈良	5月23—25日
56	韩国济州第二次工作对接会	韩国济州	5月26—27日
57	韩国光州边缘艺术节	韩国光州	6月23—27日
58	韩国光州建筑专家交流	韩国光州	6月27—29日
59	日本奈良东亚文化之都记者会（东京举办）	日本奈良	6月29日
60	韩国济州青少年夏令营	韩国济州	7月26—28日
61	日本奈良高中生摄影交流	日本奈良	8月5—7日
62	韩国济州国际管乐节	韩国济州	8月11—15日
63	日本奈良核心活动季开幕式	日本奈良	9月2—3日
64	韩国济州徐福文化国际大会	韩国济州	9月
65	日本奈良国际电影节	日本奈良	9月17—22日
66	日本奈良春日野音乐节	日本奈良	9月18—19日
67	韩国济州文化设计师亚洲博览会	韩国济州	10月1—3日
68	韩国济州耽罗艺术节	韩国济州	10月5—9日
69	韩国济州火山寄生音乐节	韩国济州	10月8—9日

续表

序号	活动名称	举办单位	活动时间
70	韩国济州电影节	韩国济州	10月22—26日
71	韩国济州艺术博览会	韩国济州	10月27—30日
72	韩国济州人文学交流	韩国济州	12月8—9日
73	2016奈良马拉松	日本奈良	12月10—11日
74	济州东亚文化之都闭幕式	韩国济州	12月16日
75	奈良东亚文化之都闭幕式	日本奈良	12月26日
76	姐妹学校文化交流活动	宁波市慈湖中学	1月、7月
77	晋韵流觞——中韩小学书法文化交流	鄞州区实验小学	7月
78	儒家文化交流	宁波市镇安小学	暑假
79	日本入间市-奉化锦屏中学中学生交流活动	锦屏中学	8月
80	“千校结好”——奉化市与韩国奉化郡缔结友好城市关系	奉港中学	8月
81	中韩友好学校文化交流——鄞州区东湖小学和韩国大邱市嘉昌小学	东湖小学	2月、11月
82	“纸为媒”中日韩少儿艺术文化交流	宁波艺术实验学校	3—12月
83	与韩国岭南大学交换学生项目	宁波工程学院	2月至次年1月
84	与韩国庆北大学交换学生项目		2月至次年2月
85	赴广岛大学短期研修		寒暑假
86	日本山梨学院大学交流学习项目		春秋季
87	釜山-宁波海洋经济合作方案研究		9月12日
88	暑期赴日带薪实习		7—9月
89	与韩国威德大学“7+1”交换学生项目		全年
90	赴韩国青厳高中师生访问团	宁波外事学校	7月
91	与韩国成均馆大学学生交流项目	宁波诺丁汉大学	暑假
92	韩国高丽大学暑期项目		暑假
93	与韩国梨花女子大学学生交流项目		9月

续表

序号	活动名称	举办单位	活动时间
94	赴日本杉野服饰大学毕业季体验	浙江纺织服装职业技术学院	2月
95	赴韩国灵山大学交流		5月
96	赴韩研修团		10月
97	与韩国启明大学交换生项目	浙江万里学院	全年
98	日本大阪国际大学交换生、海外学习双学位项目		全年
99	与韩国首尔文桥小学国际校际合作访问	北仑小港中心学校	4月
100	中韩学校文化交流——非遗文化之传承与弘扬	宁波市四明中学	暑期
101	首届东亚设计论坛	宁波大学科技学院	9月
102	首届中日韩大学生艺术类作品展		11月
103	红牡丹艺术文化交流	鄞州	9月
104	中日石雕文物交流		10月
105	2016年全国"龙腾狮跃闹元宵"大联动启动仪式暨宁波市舞龙表演大赛	奉化	2月22日
106	浙江省茶艺表演大奖赛	宁海	4月20日
107	宁海县首届乡村美食节暨宁海(长街)十一届蛏子节		4月
108	第五届宁波油菜花节		4—5月
109	四明山红枫樱花节	余姚	4月
110	杭州湾湿地观鸟节	杭州湾新区管委会	6月
111	非遗博览会	镇海	2月20—23日
112	青年戏剧节		3—7月
113	江南韵镇海情		上半年
114	2016年镇台"民间艺术"交流活动		6月7—11日
115	"韩情脉脉"韩国文化交流季	海曙	4月2—10日
116	"三江缘，汉江情——2016宁波韩国周"活动	宁波保税区管委会	5—8月
117	越窑故址　秘色上林——慈溪市博物馆馆藏越窑青瓷精品展	慈溪市	5—7月

续表

序号	活动名称	举办单位	活动时间
118	中日韩漆画漆器艺术展	北仑区	10月
社会力量申报活动			
119	《回望家园》——百年宁波城市影像暨风景油画作品展	宁波月湖美术馆	4—8月
120	穿越四季的旋律——小提琴钢琴二重奏	宁波文化广场大剧院	4月1日
121	韩国无言音乐喜剧《乱打厨神》		4月15日
122	“春香之约”——浙江小百花新剧《春香传》宁波大剧院首演暨中韩古典爱情文化艺术大观园	天天演文化艺术有限公司	3月18—20日
123	英国皇家摄影师宁波摄影展	启运86微电影产业园区	3—4月
124	推进“亚太文创产业创新发展”研讨会	宁波文具行业协会	3月中下旬
125	日韩文化月展演活动	宁波千秋文化有限公司	5—6月
126	从中国出发——2016年东亚文化之都交流展	华创文化发展有限公司	5—6月
127	“文化宁波”城市定向挑战赛	上海体育科技有限公司	8月
128	中韩现代油画交流展	宁波当代艺术馆	8月
129	中日韩精武文化交流大会	余姚市精武体育会	8月中旬
130	宁波市珠心算邀请赛	宁波珠心算协会	8月中旬
131	2016环球皇后（东亚赛区）总决赛	浙江骐骥文化传媒公司	9月前
132	国际鱼拓书法邀请展	宁波渔文化促进会	9月
133	中日印章交流展	宁波市篆刻艺术馆	9月下旬
134	亚洲人物摄影艺术展	宁波市天一文苑艺术馆	10月
135	2016设计师作品showroom展	宁波市服装协会	10月20—23日
136	中日韩书画艺术传统技法国际研讨会	宁波市书画研究会	11月
137	海外华人书画作品展	宁波市华侨书画院	11月
138	中日韩传统文化艺术与城市发展国际研讨会	宁波市赛佳文化	11月

续表

序号	活动名称	举办单位	活动时间
139	佛语禅心——佛教书法展	宁波同心书画院	5月1—16日
140	中日艺术交流展		11月
141	百工之城——“宁波传统工艺美术制考”系列大型情境活动	宁波承璟文化有限公司	10—12月
142	中日韩环保装置艺术展	麦尔肯品牌策划咨询有限公司	9月
143	中日韩国际集装箱创艺生活节		10月1—7日
144	宁波文化艺术幻影2.0		11月
145	中日韩书法作品交流活动	宁波市天一国画院	11月
146	飞翔的精灵——野生鸟类作品展	宁波市树人书画院	11—12月
147	枫林文化讲堂、匠人集市	海曙枫林晚文化有限公司	全年

（来源：宁波市文化广电新闻出版局）

后 记

公共文化是保障公民基本文化权益、满足公民基本文化需求的主渠道，也是建设公共服务型政府、提高中国特色社会主义文化治理能力的必然要求。“文化之都”的出现和快速推进，正符合世界各国重视城市文化建设的背景与趋势。在这一过程中，我国的“文化之都”建设，结合文化惠民的宗旨，逐步形成了以公共文化为主的显著特色。本书以“文化之都”为切入点，在公共文化设施建设、资源和服务供给、国际交流合作以及评估四大方面，论证了“文化之都”建设与公共文化发展之间的关系，总结了“文化之都”多年来在公共文化建设方面的实践经验、一般规律、主要成效与问题。在基于前述“文化之都”公共文化建设的基础上，本书探讨了我国推进“文化之都”建设的特殊性，提出我国“文化之都”公共文化创新发展的路径和未来展望。本书认为：

一是“文化之都”建设对公共文化发展具有多方面带动、促进作用。从“申都”到“创都”，在重视一般性的城市文化建设共同要素的基础上，“文化之都”城市普遍对公共文化提出了更高要求。“文化之都”城市在紧密结合城市的自身定位、文化特质、内涵和功能的基础上，进一步把握和突出了“文化之都”作为一国和区域文化中心城市的定位，加强了公共文化在文化人才、科技、媒体集聚等领域的带动作用，增强了城市文化的竞争力和全球辐射力，在全国乃至世界上发挥引领带动功能。在理念上，“文化之都”中的“文化”不是独立于城市发展的静止的、表面的元素，而是在城市文化建设中发挥了触媒作用，是对城市建设予以撬动的重要因素。在战略上，“文化之都”提升了公共文化发展的目标，建设与城市国际地位和文化活力相匹配的公共文化，深化和赋予了城市公共文化国际化、大规模的生产和服务能力，继续夯实了公共文化发展的基础。在成效上，无论是从当前还是长远看，“文化之都”的建设，健全了公共文化基础设施网络，丰富了精神文化产品，构建了城市公共文化健康运行的文化生态圈，对塑造良好的城市精神风貌、提升市民素质和国家形象均有重大意义和作用。“文化之都”对公共文化建设的重视，从一定程度上弥补了其他导向的城市建设模式造成的服务对象人群单一、服务内容脱离市民、城市整体发展失衡等缺陷。公共文化服务体系建设与“文化之都”实现了要素一致，形成了相互带动、相互支撑的格局。

二是公共文化成为构建富有特色的“文化之都”的有效渠道。“文化之都”公共文化的独特性和创新性体现在公共文化服务围绕“文化之都”这一一以贯之的特定主题，在实践中不断寻求延续文化生命力、扩大文化影响力的路径，如公共文化和文化产业的相互带动、社会力量参与公共文化服务、城市优质公共文化资源集聚、基本公共文化服务的保障以及市民文化团队和文化志愿者培育等。“文化之都”公共文化通过对城市文化氛围的改善、文化交流共享的提升、文化人才资源的吸引以及文化产品的创新，从而以公共性、公益性的资源和服务对城市的文化建设起到激活、带动和促进的作用。“文化之都”文化活动的开展无一不是面向公众的，更重要的是在内容和形式上与公众有较强的互动参与。尤其是在扩大公共文化国际交流合作的过程中，“文化之都”城市的文化国际交往和表达能力得到了提升，在国际城市交流合作中获取了更多话语权。“文化之都”在本质上具有公共性、公益性、公众性，与公共文化服务面向大众、服务大众的公益性、基本性、均等性、便利性一致。二者的目标都是要建立起文化与市民的强有力纽带，这不仅让不同形式的文化内容与大众更加亲近、对大众的需求做出回应，还可以提升市民对城市发展的凝聚力和自信心。实践证明，“文化之都”真正体现出面向大众、面向基层的文化服务，对提升市民的文化素养和城市的文化品位发挥了积极作用。

虽然本书在对“文化之都”研究上有一定开创性，但“文化之都”的相关研究基础还较为薄弱，专门性的学术成果比较缺乏，且研究对象面广量大、形式丰富，这些客观因素为研究的总体把握、精准概括带来不少难度。目前，本书存在以下不足：

一是“文化之都”涉及的城市数量较多、城市类型多样，在本书的写作过程中，由于时间和精力有限，未能亲赴海外进行更全面、大规模的调研与资料搜集，缺少与国外相关研究机构、学者和参与“文化之都”评审的各国专家进行更为深入的交流和探讨。就研究而言，不可能对各类“文化之都”的城市发展情况逐一涉及，研究资料主要来源于国外网站、公开的外文文献等一手资料及国内有限的论坛会议和调研。因此，本书的深度和广度一定程度上受制于客观条件。

二是由于缺乏统一适用的指标体系，客观上存在数据公开性差、统计数据不全、统计口径不一等现象，无法采集到关于“文化之都”的通行指标，更无互联网大数据作为各“文化之都”城市文化统计的支撑，数据采集、采纳难免存在疏漏和差错。

此外，囿于研究经验不足，笔者对“文化之都”的整体性把握仍有欠缺，缺少对这些当选城市公共文化建设的全面、长期、多维度的跟踪观察和对存在问题的更仔细深入剖析。这都需要在未来的研究中不断补充、提升和完善。